니체의 『도덕의 계보』 입문

Nietzsche's **On The Genealogy of Morals**

by

Daniel Conway

Copyright © Daniel Conway, 2008

Korean Language Translation Copyright © 2020 by Seokwangsa Publishing Company

This Korean Language Edition is published by arrangement
with **Bloomsbury Publishing Plc., U.K.**

니체의 『도덕의 계보』 입문

다니엘 콘웨이 지음 | 임건태 옮김

서광사

이 책은 Daniel Conway의 *Nietzsche's On The Genealogy of Morals* (Bloomsbury Publishing Plc., 2008)를 완역한 것이다.

니체의 『도덕의 계보』 입문

다니엘 콘웨이 지음
임건태 옮김

펴낸이 | 이숙
펴낸곳 | 도서출판 서광사
출판등록일 | 1977. 6. 30.
출판등록번호 | 제406-2006-000010호

(10881) 경기도 파주시 회동길 77-12 (문발동)
Tel: (031) 955-4331 | Fax: (031) 955-4336
E-mail: phil6161@chol.com
http://www.seokwangsa.co.kr | http://www.seokwangsa.kr

제1판 제1쇄 펴낸날 · 2022년 5월 10일

ISBN 978-89-306-1222-7 93160

옮긴이의 말

이 책은 영미권에서 영향력 있는 니체 연구자로 잘 알려진 콘웨이 (Daniel Conway) 교수가 2008년 『도덕의 계보』에 대해 쓴 해설서를 옮긴 것이다. 우리말 번역본 제목이 입문이라고 되어 있지만, 니체 원전에 대한 상당한 정도의 이해가 없으면 사실상 읽기 쉽지 않은 책이다. 그래서 반드시 『도덕의 계보』 우리말 번역본과 함께 차근차근 읽어나가기를 권한다. 해설서에 또 다른 해설을 덧붙이는 일은 사족으로 보이기 때문에 니체의 도발적 주장들을 담고 있는 『도덕의 계보』의 대략적 윤곽만 제시함으로써 옮긴이의 말을 대신할까 한다.

니체는 『도덕의 계보』 서문에서 대다수의 사람들이 통상 수행하는 지식 활동이란 낯선 것들을 익숙한 것으로 동화시키는 작업이며, 그런 작업만 지속적으로 하게 되면 익숙한 것 자체를 문제 삼기가 매우 어렵다는 점을 지적한다. 여기서 니체가 염두에 두고 있는 익숙한 것이 서구의 전통적인 도덕적 가치들이다. 그래서 『도덕의 계보』에서 니체가 시도하는 작업이 바로 우리에게 너무 익숙해져서 더 이상 문제 삼기 어려웠던 도덕적 가치들 자체의 진정한 가치와 의미를 그 가치들의 기원을 추적해 밝힘으로써 따져보는 일이다.

『도덕의 계보』는 전통적인 도덕적 가치들을 차례로 문제 삼고 의심하는 세 편의 에세이로 구성되어 있다. 우선, 좋음과 나쁨, 선과 악이라는 제목을 달고 있는 첫 번째 에세이는 도덕상의 노예 반란에 주목한다. 그런 반란이란 좋음과 나쁨이라는 이기적이고 귀족적인 가치들이 선과 악이라는 이타적이고 노예적인 가치로 전도된 과정을 말한다. 좋음과 나쁨은 귀족들(강자들)이 우선적으로 자신의 힘과 능력, 성취 등을 긍정한 다음 그 밖의 것들을 나쁘다고 판단함으로써 생겨난 능동적 가치 평가인 반면, 선과 악은 노예들(약자들)이 자신들을 억압하는 강하고 고귀한 자들을 우선 악하다고 평가하고, 그런 다음 비로소 자신을 선하다고 판단함으로써 생겨난 반동적 가치 평가라고 할 수 있다. 여기서 핵심은 노예들이 바라보는 악이 바로 귀족들이 내세우는 좋음이라는 사실이다. 니체는 이런 가치 전도를 하는 데 결정적인 역할을 했던 금욕적 사제에게 주목한다. 자신이 스스로 느꼈던 귀족들에 대한 원한을 노예들에게 심어주고, 무력함을 선으로 내세울 수 있도록 조작했던 금욕적 사제의 개입에 힘입어 도덕상의 노예 반란은 비로소 성공할 수 있게 되었던 것이다. 이런 반란이 성공한 결과 인류는 더 이상 타인들에게 두려움을 주는 야수가 아니라 범용하고 온순한 가축 무리로 길들여지게 되었고, 인류의 미래는 극히 위태롭게 되었다. 니체에 의하면 인류가 미래의 생존을 계속 보장받기 위해서는 노예 도덕이 악하다고 선언하고 비방했던 야수적 개인들의 부활에 희망을 걸 수밖에 없다.

두 번째 에세이는 양심의 가책과 죄책감을 중점적으로 다룬다. 도덕적으로 옳지 못한 행위를 하지 않도록 해줄 수 있다는 점에서 우리는 양심의 가책을 마음속에서 들리는 신의 목소리처럼 대개 긍정적으로 평가해 왔다. 그러나 니체는 양심의 가책이 비롯된 도덕과 무관한 기원을 폭로함으로써 그런 상식을 뒤집는다. 니체에 의하면 양심의 가책은 국가나 사회 속에서 작용하는 관습의 도덕이 가한 압박에 의해 잔인성의 본능을 외부로 발산하지 못하게끔 갑작스럽게 차단된 약자들이 자신을 대상으로 삼아 그런 본능을 발휘한 결과물이다. 물론 건전한 의미

의 자기 통제력이라고 할 수 있는 양심을 지닌 주권적 개인들 역시 강
제적인 관습의 도덕이 낳은 예기치 못한 열매다. 그러나 그런 자기 통
제력을 제대로 발휘하지 못하는 대다수는 자초한 고통의 의미를 묻고,
그에 대해 금욕적 사제가 내린 교묘한 해석, 즉 고통이란 그들 자신의
잘못에 대한 형벌이라는 해석을 받아들이게 됨으로써 자신에게 가한
잔인성을 통해 오히려 만족을 얻게 되는 상태라고 할 수 있는 양심의
가책이라는 질병에 걸린다. 더 나아가 금욕적 사제는 고통이라는 형벌
을 겪을 수밖에 없게 만든 궁극적 잘못이란 인간들이 지닌 동물적 본능
자체에 있다고 불쌍한 약자들을 설득시킴으로써 그들을 영원히 씻을
수 없는 죄책감을 지닌 죄인으로 전락시킨다. 물론 다른 한 편으로 니
체는 양심의 가책을 반자연적 본능과 결합시켜 그런 본능을 제압할 수
있는 능력으로 긍정적으로 평가해서 놀라운 반전의 가능성 역시 제시
한다.

세 번째 에세이에서 니체는 금욕적 이상의 의미에 대해 묻는다. 청
빈, 겸손, 절제 등 그리스도교에서 내세웠던 금욕적 이상들은 죄인들이
고통스러운 삶을 거짓된 것으로 부정하고, 이와는 또 다른 참된 삶을
지향하게 만드는 원동력이 된다. 따라서 금욕적 이상의 핵심은 바로 거
짓을 거부하고 진리를 얻으려는 진리에의 의지다. 더 나아가 니체에 의
하면 삶을 부정하는 이런 식의 역설적 삶이 가능한 이유는 인간이란 의
지하지 않기보다는 오히려 무를 의지하는 편을 선택할 수밖에 없기 때
문이다. 이런 의미에서 금욕적 이상은 무에의 의지 역시 숨기고 있다.
그렇다면 금욕적 이상과 반대되는 대안적 이상은 무엇인가? 학문이 유
력한 후보다. 그러나 신의 죽음 이후 금욕적 이상과 대립한다고 자처했
던 학문은 진리의 가치에 대한 믿음을 의심하지 않고 자명한 것으로 여
기는 진리에의 의지를 전제한다는 점에서 모든 거짓된 세계를 부정하

고 진리의 세계를 지향하는 금욕적 이상과 일치하며 금욕적 이상의 최종적 형태다. 물론 니체는 자신과 같은 학문의 수행자들이 진리에의 의지를 진리의 가치에 대한 믿음을 의심하기 위해 발휘함으로써 진리에 관한 진리가 드디어 드러나게 되면 진실성을 기반으로 삼고 있던 그리스도교 도덕의 자기 극복이 가능하다고 여긴다. 그래서 니체는 독자들로 하여금 의심하지 않고, 간직하고 있었던 진리의 가치에 대한 믿음에다 진리에의 의지를 과감하게 적용함으로써 그런 믿음을 떨쳐버리고 도덕의 자기 극복 과정에 기꺼이 동참하라고 촉구하고 있다.

『도덕의 계보』 서문 말미에서 니체는 아포리즘 등으로 구성된 자기의 글을 이해하기 위해서는 단순한 독해가 아니라 해석이 필요하고, 제대로 된 해석 기술을 연마하기 위해서는 되새김의 과정이 필요함을 강조한다. 『도덕의 계보』를 특징짓는 레토릭적 긴박성과 반대로 오히려 니체는 아주 천천히 꼼꼼하게 읽고, 깊이 사유하기를 독자들에게 요청하고 있는 셈이다.

이 책을 번역하는 과정에서 이해하기 어려운 부분이 상당히 많았다. 그 가운데 가장 중요한 몇 가지 부분에 대해서는 저자 콘웨이 교수에게 직접 이메일로 문의했고, 콘웨이 교수는 친절하게 답변해 주었다. 콘웨이 교수에게 심심한 감사를 드린다. 그렇지만 부끄럽게도 니체의 논의와 필자의 논의를 제대로 이해하고 번역했는지 의심스러운 부분이 여전히 남아 있다. 혹시 기회가 주어진다면 좀 더 보완하고 싶다.

2022년 2월
임건태

감사의 말

2006-07년 방문 교수로 있었던 국립 인문학 센터의 호의를 받아 기쁘다. 또 장학금을 준 델타 델타 델타 여학생 클럽에 고마움을 표하고 싶다. 센터에 체류할 수 있었던 것은 텍사스 A&M 대학 인문학부에서 주었던 연구년 덕분이었다.

또한 니체 철학에 대한 열정을 공유했던 많은 친구와 동료들에게 감사한다. 이 기획에 대해 특히 Christa Davis Acampora, Ralph Acampora, Roberto Alejandro, Keith Ansell-Pearson, Babette Babich, Robert Gooding-Williams, Lawrence Hatab, Paul Loeb, Robert Pippin, Aaron Ridley, Alan Schrift, John Seery, T. K. Seung, Gary Shapiro, Herman Siemens, Tracy Strong 및 John Wilcox에게 도움을 받았다. 초고를 비판해 주었을 뿐만 아니라, 지금까지 출판된 자신의 원고를 읽도록 해준 David Owen에게 특별히 감사한다. 이미 내게 모든 도움을 주었던 Claire Katz는 완성되기 전 초고에 대해 유용한 비판을 해주었다. 끝으로, 항상 계보학의 놀라움과 도덕의 위험에 대해 상기시켜 준 Olivia와 Evelyn Conway에게 감사하고 싶다.

다음 각각의 논문에서 몇 문장을 다시 활용했다. 'Wir Erkennenden: Self-referentiality in Zur Genealogie der Moral', *Journal of Nietzsche Studies*, Issue 22, Fall 2001, pp. 116-32. 'How We Became What We are: Tracking The "Beasts of Prey"', in Nietzsche's On the

Genealogy of Morals: *Critical Essays*, ed. Christa Davis Acampora. Lanjam, MD: Rowman & Littlefield, 2006, pp. 305-20.

College Station, Texas

2007년 9월

번역에 대한 주석

이 책에서는 Random House에서 Walter Kaufmann이 R. J. Holling-dale과 함께 내놓았던 『도덕의 계보』 번역본에 주로 의존했다. 몇몇 경우 좀 더 최근에 나온 다른 번역본의 개정 사항을 반영하기 위해 Kaufmann과 Hollingdale의 텍스트를 수정했다. (이 번역본들은 모두 참고문헌에 나와 있다.) 끝으로, 몇 가지 경우 특히 성(gender)을 명시하려 할 때 이제 낡았고, 시대착오적이며, 비표준적이거나, 오해를 살 만큼 비중립적인 표현(가령, policeman : 역자 첨가)을 교정하기 위해 새롭게 번역함으로써 Kaufmann과 Hollingdale의 번역을 고쳤다. 수정할 때 독일어판 니체 전집(Friedrich Nietzsche, *Sämtliche Werke : Kritische Studienausgabe* in 15 Bänden (KSA), eds G. Colli and M. Montinari. Berlin : dtv/de Gruyter, 1980) 5권 『도덕의 계보(Zur Genealogie der Moral)』를 주로 참조했다.

약어

다음은 니체 저술에서 한 인용을 확인하기 위해 사용했던 약어다. 이들 약어의 소문자는 『이 사람을 보라』에서 니체가 자기 저술을 스스로 재검토한 부분을 가리킨다.(『이 사람을 보라』의 다른 부분을 인용할 때는 'wise', 'clever', 'books', 'destiny'로 표시했다.) 니체가 쓴 다양한 서문과 제명은 각각 P와 E로 표시했다. 모든 경우에 숫자는 페이지가 아니라 장을 가리킨다. '본문 읽기'에 해당하는 부분에서는 거기서 직접 논의하는 특정한 장에서 발췌한 인용문은 아무 표시도 하지 않았다.

A : *The Antichrist*, in *The Portable Nietzsche*, ed. and trans. Walter Kaufmann. New York: Viking Penguin, 1982.

BGE: *Beyond Good and Evil: Prelude to a Philosophy of the Future*, trans. Walter Kaufmann. New York: Random House/Vintage Books, 1989.

BT: *The Birth of Tragedy*, trans. Walter Kaufmann(여기에는 *The Case of Wagner*, trans. Walter Kaufmann이 함께 실려 있음). New York: Random House/Vintage Books, 1967.

D: *Daybreak*[또한, *The Dawn*]: *Thoughts on the Prejudices of Morality*, trans. R. J. Hollingdale. Cambridge: Cambridge University Press, 1982.

EH : *Ecce Homo*, trans. Walter Kaufmann(여기에는 *On the Geneal-ogy of Morals*, trans. Walter Kaufmann and R. J. Hollingdale 이 함께 실려 있음). New York : Random House/Vintage Books, 1989.

GM : *On the Genealogy of Morals*, trans. Walter Kaufmann and R. J. Hollingdale(여기에는 *Ecce Homo*, trans. Walter Kaufmann 이 함께 실려 있음). New York : Random House/Vintage Books, 1989.

GS : *The Gay Science*, trans. Walter Kaufmann. New York : Random House/Vintage Books, 1974.

HH : *Human, All-Too-Human: A Book for Free Spirits*, trans. R. J. Hollingdale. Cambridge : Cambridge University Press, 1986.

KSA : *Sämtliche Werke: Kritische Studienausgabe* in 15 Bänden (KSA), eds G. Colli and M. Montinari. Berlin : dtv/de Gruyter, 1980.

SB : *Sämtliche Briefe: Kritische Studienausgabe in 8 Bänden*, ed. G. Colli and M. Montinari. Berlin : dtv/de Gruyter, 1986.

TI : *Twilight of the Idols*, in *The Portable Nietzsche*, ed. and trans. Walter Kaufmann. New York : Viking Penguin, 1982.

WP : *The Will to Power*, trans. Walter Kaufmann and R. J. Hollingdale, ed. Walter Kaufmann. New York : Random House/Vintage Books, 1968.

Z : *Thus Spoke Zarathustra*, in *The Portable Nietzsche*, ed. and trans. Walter Kaufmann. New York : Viking Penguin, 1982.

차례

1 부

맥락

프리드리히 빌헬름 니체(Friedrich Wilhelm Nietzsche)는 1844년 10월 15일 프러시아 삭소니(Prussian Saxony)의 뢰켄(Röcken)이라는 마을에서 태어났다. 루터파 목사의 아들이자, 손자였던 그는 어린 시절을 지역 목사관에서 보냈다. 1849년 아버지가 죽었을 때, 어머니와 가족은 나움부르크(Naumburg) 근처 동네로 이사했고, 어린 니체는 거기서 지역 고등학교에 다녔다. 니체는 나중에 포르타(Pforta)에 있는 명문 기숙 학교에 입학했으며, 거기서 고전 연구를 위한 전통 교육을 받았다. 그는 본(Bonn) 대학에서 신학과 철학을 공부한 다음, 라이프치히(Leipzig) 대학으로 옮겼고, 거기서 본 대학에서 이미 알고 있었던 리츨(Friedrich Ritschl, 1806-76) 교수의 지도 아래 고전 문헌학을 공부했다. 리츨이 추천한 덕분에 니체는 그 당시 아직 박사 학위를 취득하지 못했지만, (스위스에 있는) 바젤(Basel) 대학 고전 문헌학 학과장으로 1869년 임명되었다.

   바젤에서 니체의 교수 재임 기간은 (프러시아 전쟁의 당직 의무병으로) 군 복무, 반복되는 병치레 및 제도권 문헌학 분야에 대해 커져가는 불만으로 인해 방해를 받았다. 그럼에도 불구하고 그는 바젤에 머무는 동안 『음악정신으로부터 비극의 탄생』(1872), 네 개의 『반시대적 고찰』(1873-6), 『인간적인 너무나 인간적인』(1878)과 같은 많은 책과 에세이를 완성해 출간했다. 건강 상태가 안 좋은 것을 핑계로 니체는

1879년 대학을 그만두었다.

니체는 정신이 온전했던 남은 삶을 책을 쓰면서 유목민처럼 보냈다. 작업하기에 좀 더 적합한 기후를 계속 찾아다니면서 그는 스위스의 우퍼 엥가딘(Upper Engadine) 지역과 베니스, 니스 및 토리노를 포함해 이태리의 다양한 도시를 정기적으로 오갔다. 제도권을 벗어나 많은 책을 썼던 이 시기에 니체는『방랑자와 그의 그림자』(1880),『아침놀』(1881),『즐거운 학문』(1882),『차라투스트라는 이렇게 말했다』(1883-5),『선악의 피안』(1886),『도덕의 계보』(1887) 및 많은 새로운 서문과 부록, 시 등 여러 다른 작품들을 남겼다. 온전한 정신을 갖고 있던 마지막 해였던 1888년 그는『바그너의 경우』, (1889년에 출판된)『우상의 황혼』,『안티크리스트』, (1895년에 출간된)『니체 대 바그너』및 (1908년에 출판된)『이 사람을 보라』를 저술했다.

1889년 1월 니체의 철학적 활동은 끝났다. 전해지는 에피소드에 따르면, 그는 마차를 끄는 말을 마부의 잔인한 채찍질에서부터 보호하려고 하는 와중에 미쳤다고 한다.[1] 짧게 입원한 후, 그는 일 년간 예나의 보호 시설에 수용되었다. 그 후 그는 어머니와 함께 나움부르크의 집으로 돌아왔고, 거기서 대체로 평화로운 삶을 보냈다. 그는 가끔 방문자를 맞이했으며, 긴 산책을 했고, 몇 시간 동안 즉흥적으로 피아노 연주를 했다.[2] 1893년 니체와 어머니는 누이동생 엘리자베스(Elisabeth Förster-Nietzsche)와 나움부르크에서 합쳤다. 그녀는 남편이 자살하고 파라과이에서 시도한 그들의 식민지 개척 모험이 실패한 후 독일로 돌아왔다.[3] 높아지는 오빠의 명성을 이용하고자 엘리자베스는 니체의

---

1   Safranski, p. 316.

2   Hayman, p. 342.

3   역주−1864년에서 1870년까지 벌어진 파라과이 전쟁 이후 엄청난 사망자로 인한

책과 가르침에 대해 숭배와 흡사한 열정을 조성했으며, 니체 아카이브
(기록 보관소)의 설립을 주도했고 두 권으로 된 니체 전기를 출간했다.
1897년 어머니가 죽었을 때 그녀는 오빠와 아카이브를 바이마르로 옮겼
다. 니체는 1900년 8월 25일에 죽었다.

　『도덕의 계보』는 1887년 여름에 저술되었고, 그해 11월 출간되었다.
점차 관행이 되었던 것처럼 니체는 빠르고, 효과적으로 작업했으며,
『도덕의 계보』 전체를 불과 거의 사 주간의 집중적인 노력으로 마무리
했다.[4] 저술 작업은 차라투스트라 이후 나온 다른 책들이 다룬 주제들
과 『도덕의 계보』에서 논의된 주제의 연속성으로 인해 용이했다. 그런
다른 저술들에는 다음과 같은 것들이 있다. 그가 1886년에 출간한 『선
악의 피안』[5], 『비극의 탄생』과 『인간적인 너무나 인간적인』(I부와 II
부), 『아침놀』과 『즐거운 학문』 새로운 판에 1886년 덧붙인 회고적 서
문들 그리고 1886년 10월에 작성했던 『즐거운 학문』의 V부이다. 그러
나 이 사실이 『도덕의 계보』에 새로운 점이 없다는 것을 뜻하지는 않는
다. 『도덕의 계보』는 부수적이고 파생적인 많은 것들을 담고 있지만,
거기에 담긴 통찰의 독창성으로 인해 훌륭한 평가를 받는다.

　니체가 자인하듯이, 『도덕의 계보』는 또한 도덕의 역사에 관한 독특
한 접근을 가다듬기 위해 선행 저술들에 빚을 지고 있다. 그는 『도덕의
계보』를 1878년 『인간적인 너무나 인간적인』 출간과 함께 시작된 일련

인구의 감소를 우월한 인종으로 벌충하기 위해 파라과이 정부에서 적극적으로 추진한
식민지 프로젝트에 니체의 여동생 엘리자베스는 남편과 함께 참여했다. 그녀는 독일
인 열네 가족과 파라과이로 이주하여 정착을 시도했고, 이는 일종의 아리안족 정착 운
동으로 Nueva Germinia라고 불린다. 그러나 격리된 남미 정글에서 생존하기는 어려
웠고, 결국 남편은 약물로 자살했으며 그녀는 독일로 다시 돌아오게 된다.
4　Hayman, p. 311.
5　Kaufmann에 따르면(p. 3), 『도덕의 계보』 속표지는 다음과 같은 공언을 담고 있
다: '나의 마지막 책 『선악의 피안』을 보충하고, 해명한다고 할 수 있는 속편'.

의 탐구들이 정점에 이른 결과로 여긴다. 니체가 『도덕의 계보』의 논의
를 전개할 때, 이런 선행 연구들은 '우리가 가진 도덕적 편견의 **기원**에
관한 사유들'을 준비하고, 분명히 하도록 해주었다(GM P2). 현재 도
덕의 관행이 의식되지 않은 편견들을 이용한다는 점은 사실상 이런 일
련의 탐구들이 보여주는 중심 테마다. 우리가 볼 것처럼, 『도덕의 계
보』에서 그는 이런 도덕적 편견들이 경쟁 학자들이 감히 가정했던 것
보다 훨씬 더 복잡하고, 더 거추장스러우며, 더 흥미로운 과거를 현재
의 도덕에 부여했음을 증명하고 싶어 한다. 사실 이 맥락에서 **편견**이라
는 말을 사용하는 이유는 『도덕의 계보』가 확증하려는 니체의 믿음, 즉
우리가 최고 가치들이라고 여겨 왔던 것들의 실질적 가치는 아직 우리
에게 알려지지 않은 채 남아 있다는 믿음을 전달하기 위한 것이라고 할
수 있다.

　니체는 특히 도덕의 역사에 대한 **자신의** 접근을 '영국 심리학자들'이
선호한 접근과 열심히 구분한다(GM I: 1). 그가 (영국인이 아니라 독
일인이었던) 파울 레(Paul Rée)만 거명하고 있지만, 이 집단은 분명 다
음과 같은 인물들을 포함한다고 할 수 있다. 허치슨(Francis Hutche-
son, 1694-1746), 흄(David Hume, 1711-76), 벤담(Jeremy Bentham,
1748-1832), 그리고 밀(John Stuart Mill, 1806-73).[6] 니체는 이 선행
자들이 초자연적인 설명 원리를 자제했다는 점뿐만 아니라 획기적인
연구를 했다는 점에 감사해하지만, 그들이 그들 자신의 가치들이 지닌
우선성과 영속성을 무비판적으로 가정한 데 대해서는 비난한다. 도덕
적 가치들의 역사적 **발전**을 간파하는 데 실패한 결과, 잠재적으로 유용
했던 도덕의 역사에 관한 그들의 탐구는 '영국식' 관습과 태도의 영속

6　Thatcher, p. 588.

성을 확인하는 의례적인 연구로 항상 변질된다.

니체는 영국 심리학자들 가운데 자신의 경쟁자들처럼, 초자연적 설명 원리에 기대지 않고 도덕적 가치의 기원을 설명하기로 결정한다. 바로 일 년 전 그는 (『도덕의 계보』가 '보충하고, 해명한다'고 한) 『선악의 피안』에서 '도덕의 자연사를 향하여'라는 제목 아래 유사한 탐구를 진행했다. 그러나 동시에 도덕의 역사에 대한 대안적 접근은 선행자와 경쟁자들에게 없는 '역사적 정신'을 보여준다고 할 수 있다. 우리가 볼 것처럼, 이는 그렇게 하는 일이 이 도덕적 가치들을 익숙하지 않고 어울리지 않는 관점으로 보도록 강제함에도 불구하고, 우리가 가장 소중하게 간직한 도덕적 가치의 **진짜** 기원을 보여주겠다고 니체가 제안한다는 점을 뜻한다.

사실 니체가 **계보학**[7]이라는 제목 아래 대안적 접근을 전개한 것은 바로 이런 이유 때문이다. 선행자나 경쟁자들과 달리, 니체는 겉보기에 대립적인 가치들과 가치 체계들 간의 연관을 암시하는 것들, 즉 지금까지 간파되지 못했고 기록되지 못한 친족 관계와 유사성을 입증하고자 한다. 관례적인 어떤 계보학이든 유달리 장엄한 가계의 다루기 힘든 예상 밖의 결과를 드러낼 수밖에 없듯이, 도덕 계보학은 유력한 가치들의 하찮고, 평민적인 기원을 폭로하는 것 같다. 그래서 그의 주장에 의하면, 우리가 지금 존중하는 '비이기적' 가치들은 사실상 원한으로 가득 찬 노예 도덕에서부터 유래되었던 반면, 우리가 지금 기피하는 '이기적' 가치들은 지배적인 고상한 도덕의 **에토스**에 있어 한때는 불가결한 요소였다.

---

7 역주—본문에는 계보학이라고 옮겼으며, 여러 가지 맥락에서도 계보학으로 번역하는 것이 적절해 보인다. 하지만 기존의 번역본 제목이 『도덕의 계보』로 되어 있어서 책 제목을 옮길 경우에 한해서 계보라고 했다.

확실히 도덕의 **계보학**이라는 바로 이 개념은 우리에게 이상한 인상을 줄지 모른다. 결국 계보학은 친족 관계와 가족 혈통에 관한 학문 내지 연구다. 그것은 가장 일반적으로 집안 가축의 족보를 결정하고, '원시' 부족과 민족의 친족 구조를 보여주며, 유전적 연속 계열을 기록하고, 안정적인 의미의 정체성을 찾기 위해 개인과 가족들의 조상이 되는 뿌리를 발굴하기 위해 실행된다. 또한 계보학적 용어와 이미지들은 좀 더 비유적이긴 하지만, 관념과 문화적 창조물들의 전달을 확인하고 학설의 전파를 서술하며 저술가, 사상가 및 예술가들의 역사적 영향을 파악하기 위해 사용된다.

니체가 계보학이라는 학문에서 가장 흥미롭게 여긴 것은 계보학이 현재를 과거의 주장들과 이미 항상 연루되었다고 이해하는 점이다. 어떤 계보학이든 목표는 개인들을 그들이 유래한 가족들이라는 더 큰 맥락 안에 위치시키는 일이다. 이 가족들은 결국 그들이 속한 더 확장된 친족 네트워크에 자리한다. 이런 더 큰 네트워크가 드러남에 따라, 개인들은 단순히 그들이 속하는 특정한 가족과 친족 네트워크 덕분에 어떤 기회들이 그들에게 열렸다(혹은 닫혔다)는 점을 발견하는 것 같다. 왕위에 대한 권리를 주장하는 사람들은 그들이 올바른 (혹은 그른) 계통에 속한다고 발견할 수 있는 한편, 유산 청구인들은 그들의 통제를 넘어선 이유들로 인해 스스로 자격이 있다고 (혹은 자격이 없다고) 여길 것이다. 유전 테스트는 어떤 개인들이 단순히 그들이 가진 혈통의 우연 덕분에 유리하다(혹은 불리하다)는 점을 밝혀줄 수 있을지 모른다.

도덕 계보학자로서 니체는 현재 도덕의 관행이 과거에 의해 형성된 다양한 방식을 밝히는 데 관심이 있다. 그가 독자들에게 **도덕**[8]이라는 용어에 대한 표준적인 어떤 정의도 주지 않고 있지만, 가장 도덕의 두 드러진 특징으로 간주하는 것에 관해 독자들의 주의를 자주 환기시킨다. 가령, 서문에서 그는 '동정, 자기 헌신 및 자기희생의 본능'에 부여된 긍정적 가치를 지목한다(GM P5). 첫 번째 에세이에서 그는 **선하다**는 것과 **악하다**는 것 사이의 익숙한 대립이 비롯된 기원이라고 간주하는 **원한**의 창조적 표현과 도덕을 연결시킨다. 그는 두 번째 에세이에서 도덕의 실행이란 계속 증폭되는 죄책감이 제공한 동기에 위험하게 의존한다고 폭로한다. 세 번째 에세이에서 그는 자기 제어의 삶을 인간 번영의 최고 기준으로 존중하는 금욕적 이상에 도덕이 의존한다고 드러낸다.[9] 끝으로, 『도덕의 계보』 말미에서 니체는 도덕이 전제하고, 표현하는 **무에의 의지**를 폭로한다. 이런 과정이 암시하듯이 도덕의 성격은, 니체가 독자들로 하여금 이전에는 알려지지 않았고 상상할 수 없는 도덕의 진리를 스스로 경험하도록 도발함에 따라 『도덕의 계보』가 진행되면서 점차로 나타난다고 할 수 있다.

그래서 그는 『도덕의 계보』에서 우리가 도덕에 대해 할 수 있는 어떤 판단보다 앞서서 우리를 사로잡고, 형성하는 공유된 문화적 유산으로서의 도덕으로 안내하는 일을 목표로 삼고 있다. 전통적 계보학이 우리가 우리 자신에 관해 선택할 수도 없고 변화시킬 수도 없는 것, 즉 우리 조상들의 정체성과 지배적인 속성들을 드러내듯이, 니체의 도덕 계보학은 우리가 우리의 공유된 문화적 유산에 의해 미리 형성된 정도를 폭로한다고 할 수 있다. 그는 특히 『도덕의 계보』에서 우리가 단순히 도덕이라는 최상의 가치를 당연하다고 여기는 만큼, 도덕이 우리의 정체

---

8 Kaufmann과 Hollingdale이 대개 **morality**로 번역한 독일어는 **Moral**이다. 물론 그들은 『도덕의 계보』 제목에서는 **morals**를 선호한다. 이는 『선악의 피안』 5부에 니체가 붙인 제목을 번역한 Kaufmann의 관행을 따른 것이다.
9 니체가 '도덕'으로 의미했던 내용에 대한 좀 더 확장된 설명을 위해서는 Leiter, pp. 78-81 및 Owen, pp. 69-70을 보라.

성을 구성하게 되었던 복잡하고 다양한 방식을 드러내는 데 관심을 갖는다.

　그러나 우리는 『도덕의 계보』에서 니체의 유일한 관심사가 의심되지 않았고 지금까지 의심할 수 없었던 내용, 즉 도덕이 우리 삶에서 하는 역할을 단순히 알려주는 일일 뿐이라고 결론을 내려서는 안 된다. 그는 또한 도덕의 관행에 대한 계속되는 우리의 참여가 인간 현존에서 남아 있는 모든 의미, 목적 및 희망을 앗으려고 위협하는 만큼, 우리의 공유된 문화적 유산이 지니고 있는 잠재적으로 **치명적인** 부담을 우리에게 납득시키기를 바란다. 도덕은 우리가 좀 더 온전히 문명화되도록 부추겼으며, 그럼으로써 우리가 계속 생존하기 위한 조건을 확보하게 했지만, 이는 바로 인류의 미래를 불확실하게 만들어서 그렇게 했던 셈이다.

　니체는 『도덕의 계보』를 **논쟁**[10]으로 선포함으로써 세 가지 관련된 주장을 전달하고자 한다. 우선, 그는 현재 도덕과 그 옹호자들에게 싸움을 걸고자 한다. 그가 도덕에 대항하여 제기한 소송은 도발적이며 공격적이고, 집요하며 감상적이 아니고, 설득력 있으며, 가장 중요한 점은 승리로 끝난다는 사실이다. 즉 논쟁으로서 『도덕의 계보』는 그런 논쟁을 위해 쏟은 에너지와 감정의 덕을 보았다고 할 수 있는 도덕에 대항한 일종의 소송을 제시한다. 그래서 니체는 냉철한 학자풍 연구의 관행과 대개 맞지 않는 과장된 레토릭에 몰두한다. 이것은 그가 『도덕의 계보』에서 내놓은[11] 가설들의 개연성과 진리에 대해 무관심하다는 사실을

10　니체는 나중에 『도덕의 계보』란 '하나의 "논쟁"이기도 했던' 쇼펜하우어의 『의지와 표상으로서의 세계』에 대한 답변의 일종이라는 점을 암시한다(GM P5).
11　니체는 '아이슬란드의 영웅 전설(sagas)'이 '주인 종족의 도덕에 관한 [그의] 가설과 이론들을 확증하기 위해 많은 내용'(Brandes, p. 87)을 제공한다는 사실을 브란데스(Georg Brandes)에게 듣고, 이 칭찬을 친구 쾨젤리츠(Heinrich Köselitz(Peter

의미하지는 않지만, 목표 청중에게 바람직한 반응을 일으키기 위해 필요한 일을 할 것이라는 점을 의미**한다**.[12] 우리가 볼 것처럼, 그는 필요하다면, 독자들의 (소박하지만) 커지는 세속주의와 영합하고 세상의 종말에 대한 거의 종교 같은 두려움의 허점을 노리며, 일하지 않고 얻은 허영을 이용하고 그들의 낙관주의가 그토록 교묘하게 은폐하는 신경증적 불확실성을 활용할 것이다.

둘째, 그가 도덕에 대항하여 제기하는 소송은 오해의 여지 없이 아주 노골적으로 **개인적**이다. 그는 열린 마음 같은 것을 지니고 도덕의 문제에 접근하는 척하지 않는다. 『도덕의 계보』를 통틀어 니체는 자신이 행하는 탐구에서 자신의 개인적 지분에 자주 주의를 집중하며, 그의 탐구를 이끄는 희망과 두려움을 빈번하게 시사한다. 그는 스스로 탐색하기로 맹세한 이타주의적 본능에 대한 자신의 '근본적 불신'을 노골적으로 내보이며(GM P5), '정확히 도덕이 위험 중의 위험이었다(그리고 그렇게 남아 있다)'(GM P6)는 의심을 공공연히 표명한다. 어떤 독자들은 니체가 벌이는 논쟁의 이런 측면으로 인해 싫어할 것이지만, 그가 끌어들이기를 바라는 독자들은 니체가 추구하는 과제들에서 개인적 지분에 기울이는 주의로 인해 흥미를 가질 것이고, 아마도 심지어 유혹을 느낄 것이다. 사실 그들이 니체의 탐구와 함께하려고 한다면, 그들 역시 그리스도교 도덕의 시의적절한 파괴에서 니체와 유사하게 개인적인 지분을 얻거나, 발전시켜야 할 것이다.

셋째, 그의 도덕의 계보학은 독자들을 동원해서 전투를 준비하도록 요구한다고 할 수 있다. 『도덕의 계보』는 명백히 과거에 초점을 맞출 뿐만 아니라 니체가 독자들을 인류의 미래에 관한 물음으로 향하게 하

Gast))에게 말했다(SB 8, p. 324).

12　Gemes, pp. 204-5 ; Leiter, pp. 180-1 ; Janaway, pp. 249-52를 보라.

려고 시도할 때처럼, 장래에 분명히 초점을 맞춘다. 즉 모든 계보학의 실행자들처럼 그는 현재에 대한 특정한 해석과 그에 상응하는 미래의 비전을 뒷받침하기 위해 과거로 돌아간다.『도덕의 계보』의 주요 논의는 우리가 처한 현재 곤경의 발생을 설명할 뿐만 아니라, 우리가 탈도 덕적 미래로 이행할 가능성을 확립한다고 할 수 있다. 그가 이 이야기를 효과적으로 한다면, 혹은 그렇게 믿는다면, 그의 독자들은 아마도 그들이 그리스도교 도덕에 대한 니체의 자기 소모적 공격에서 함께하게 될 정도로 그 논의를 수용함으로써 변화할 것이다.

그러나 독자들은 니체가 그리스도교 도덕에 대한 전쟁에 그들이 참여할 긴박성을 설득하는 경우에만 그렇게 할 듯하다. 많은 독자들이 그리스도교 도덕의 영향과 실행을 제거하려는 조직적 운동을 지지할 수 있지만,『도덕의 계보』는 특히 도덕에 대한 최종적이고, 결정적인 공격이 **스스로**를 향해 있을 수밖에 없음을 이해하는 그런 독자들을 목표로 삼는다. 즉『도덕의 계보』는 **그들 안에** 남아 있는—진리에의 의지 형태로 된—그리스도교 도덕의 잔재에 그들의 중요한 에너지를 맞서게 할 준비가 되어 있는 독자들을 소환하고, 훈련시킨다고 할 수 있다. 그리스도교 도덕의 자기 파괴에서 마지막 장면을 주도함으로써 니체와 '우리'는 탈도덕적 미래의 산출에 기여할 것이다. 혹은 그는 그렇게 기대한다. 그 과정에서 그들은 변화할 것이고, 아마도 심지어 파괴될 것이지만, 그리스도교 도덕은 더 이상 존재하지 않을 것이다.

니체가 최고 독자들에게 기대하는 내용의 측면에서 보면 우리는『도덕의 계보』의 극적이고, 레토릭적인 구조가 그들의 교육과 성숙을 용이하게 하기 위한 것으로 간주된다는 사실을 알고 놀라서는 안 될 것이다.『도덕의 계보』의 세 개의 에세이는 훈련으로 형성되어 있으며, 거기서 그는 그들의 훈련 진행을 촉진(그리고 기록)하려고 시도하려는 것처럼, 자신의 독자들에게 꾸준히 말한다. 너무 이르게 그들의 발전을 저지하지 않고, 그들이 자신들의 눈을 (그리고 다른 감각들을) 열길 바라면서 니체는 이전에는 알려지지 않은 진리와 관점으로 독자들을 점차 안내한다. 그 과정에서 그는 그들에게 아양을 떨고, 그들을 못살게 굴기도 하며, 그들에게 통고하고, 경고하며, 그들의 정신을 들었다 놓고, 자신이 나중에 밝힐 수도 있고 그렇지 않을 수도 있는 주요한 세부 사항을 숨기기도 한다. 경고와 간접적 조치를 똑같이 실행함으로써 니체는 독자들이 그들 삶에 대한 도덕의 요구들을 훨씬 더 포괄적으로 고려하도록 이끈다.

『도덕의 계보』에서 니체의 교육 프로그램은 천진함에서 경험으로 이행하도록 최고 독자들을 안내한다고 할 수 있다. 니체의 교육 프로그램은, 혹은 그가 그렇게 주장하는 바인데, 그가 스스로 여행했던 길이며 이로써 그는 『도덕의 계보』에서 서술된 여정에서 독자들을 안내할 특별한 자격이 있다고 여긴다. 독자적으로 회복한 자로서 그는 독자들의 회복을 촉진하고, 가속화하기 위해 자신의 경험에 의존한다. 사실 『도덕의 계보』를 통틀어 그는 자신이 건강하게 최근에 회복되었음을 가리키는 넘치는 힘, 지적 양심 및 명랑한 기분을 꾸준히 보여준다. 이런 식으로 건강을 쓸데없이 과시하는 일이 바람직한 효과를 가진다면, 최고 독자들은 그들이 니체와 공유하는 운명을 받아들일 것이다. '우리'로서 그들은 함께 그리스도교 도덕의 자기 파괴를 주도할 것이고, 그럼으로써 탈도덕적 인간 역사의 시기를 개시할 것이다.

2 부
주제들의 개관

서문

『도덕의 계보』[1] 서문은 니체가 가상의 독자들을 안내하기 위한 것이다. 이 목적을 위해 니체는 도덕 계보학자로서 자격을 보여주고, 도덕의 역사에 대한 새로운 접근의 발생을 설명한다. 그는 또한 도덕의 역사를 **역사적으로** 적절히 탐구하는 데 실패했던 선행자들과 경쟁자들의 방법과 결론을 비난한다.

이 서문에서 가장 중요한 니체의 목표는 자신이 도덕이라는 발견되지 않은 영역의 믿을 만한 안내자임을 보여주는 일이다. 다른 곳에서 **회복** 과정으로 서술한 자기 발전에 대한 설명을 통해 이제 니체가 최고 독자들을 이끌어준다고 제안하는 길이 드러난다고 할 수 있다. 그가 새로운 전망을 **보고**, 이전에는 들을 수 없던 요구를 **듣는** 것을 배웠듯이, 최고 독자들은 그의 지도 아래 감각을 날카롭게 하고 감수성을 세련되게 하며, 힘을 다시 얻고 전반적인 건강을 증진하며, 지혜를 추구하고 자신들을 기다리는 임무를 깨달을 수 있을 것이다. 즉 니체는 『도덕의 계보』에서 권위를 갖고 말한다. 왜냐하면 목표가 되는 청중들과 공유

1 　역주-『도덕의 계보』 우리말 번역본은 『선악의 저편, 도덕의 계보』(김정현 옮김, 책세상, 2013)와 최근에 나온 『도덕의 계보』(박찬국 옮김, 아카넷, 2021)를 참고했으며, 이 입문서를 읽는 독자들 역시 우리말 번역본을 반드시 함께 참고하기를 권한다.

하기를 원하는 진리를 그는 스스로 이미 발견했기 때문이다. 『도덕의 계보』의 주요 논의가 천진함에서 경험으로 나아가는 독자의 이행을 서술하는 과정인 만큼, 『도덕의 계보』 서문은 니체가 이제 막 시작되는 자기 발견의 여행에서 신뢰할 만한 지도자라는 점을 확신케 해준다고 할 수 있다.

첫 번째 에세이: '선과 악', '좋음과 나쁨'

개요

『도덕의 계보』 첫 번째 에세이는 니체의 유명한 구분, 즉 '좋음과 나쁨'의 차이에 기반한 **귀족 도덕**과 '선과 악'의 대립을 이용하는 **노예 도덕** 사이의 구분을 도입한다. 귀족 도덕은 자기 자신(과 자기 자신에게 관계되거나, 속하는 모든 것)을 **좋다**고 자발적으로 긍정하는 데서 성립하며, 단지 그런 다음에만 그 외의 모든 사람들과 모든 것을 **나쁘다**고 규정한다. 이와 대조적으로 노예 도덕은 항상 자신의 억압자를 **악하다**고 비난하는 데서 성립하며, 단지 그렇게 하고 나서야만 소위 스스로 견디기로 선택한 고통을 바탕으로 자기 자신을 **선하다**고 선언한다.

이런 구분을 지지하기 위해 니체는 첫 번째 에세이에서 도덕의 역사적 발전에 불가결하다고 여긴 세 가지 연관된 과정을 설명하기 시작한다. 1) 노예 도덕은 이전에 존재하던 귀족 도덕에 대응해 어떻게 생겨났는가? 2) 노예 도덕은 결국 어떻게 귀족 도덕을 이겼는가? 3) 노예 도덕은 유럽 문명의 더 큰 발전 과정 내에서 그리스도교 도덕의 기치 아래 어떻게 우세해졌는가? 이 과정을 설명하는 데서 핵심은 **도덕상의 노예 반란**에 대한 설명이다. **도덕상의 노예 반란**에 의해 노예들은 부당한 고통을 선의 가장 믿을 만한 지표로 인정했던 대안적 도덕을 정립했다. 이런 반란 덕분에 노예들은 압제자의 수중에서 그들이 견딘 고통을 최고의 덕으로 바꿀 수 있었다. 그럼으로써 노예들은 최초의 무력한 입장에서 엄청난 힘을 끌어내는 것을 배웠다. 그래서 니체는 다음과 같이 결론을 내린다. 즉 현재 도덕이 의심의 여지 없이 존경하는 **이타주의** 및 **비이기성**과 결합된 덕은 자연스럽고, 좀 더 바람직한 **이기주의**와 **이기성**이라는 '덕'을 기르는 데서 현실적으로 배제된 사람들이 실행한 노예 도덕의 맥락에서 등장했다.

『도덕의 계보』를 재검토하는 가운데 니체는 자신이 '놀라게 하는 기술'(EH: gm)에 숙달해 있다는 점에 주목하게 한다. 첫 번째 에세이의 독자에게 닥쳐올 많은 놀라움 가운데는 서구 문명의 지속적인 발전을 경쟁하는 두 가지 가치 체계들 간의 도덕과 무관한(amoral), 끊임없는 투쟁으로 제시할 수 있게 해준 역동적인 역사 모델에 니체가 의존한다는 사실이 있다. 더 나아가 니체는 이런 모델에 기댐으로써 현재 노예적 가치의 지배가 매우 길게 이어지는 역전과 교체의 이야기 속에 등장하는 단지 한 장면일 뿐이라고 여길 수 있다. 독자들이 이러한 역사 모델을 수용할 수 있으려면, 두 가치 체계 가운데 한 편이 영원히 승리할 것이라는 희망을 억눌러야 한다. 독자들은 그들의 편파적인 충성을 포기할 필요는 없는 반면(특히 니체가 '로마'와 연결시키는 능동적 힘의 주기적 부활에 대한 열정을 공유하는 경우), 이러한 경쟁하는 두 가치 체계가 결부된 도덕과 무관한 투쟁을 간과하지 않도록 주의해야 할 것이다.

장별 분석
『이 사람을 보라』에서 『도덕의 계보』를 재검토하면서 니체가 선택한 관행에 따라 나는 세 에세이를 각각 '오도하도록 **계산된**' 시작, '드디어 모든 것이 엄청난 긴장으로 쇄도하는 **격한 템포**(tempo feroce)에 도달한 **중간**' 및 '**새로운** 진리가 보이게 되는' **결말**로 나누었다(EH: gm).

시작(1-6장)

첫 번째 에세이 시작 부분에서 니체는 도덕적 가치판단의 기원에 관한 대안을 도입한다. 이 장들은 첫 번째 에세이에서 고귀한 모든 것을 단순히 선호한다는 사실을 니체가 표현하고 있을 뿐이라는 오해를 살 만하다.

  1-3장은 영국 심리학자들과 도덕의 역사에 대한 그들의 비역사적인 접근을 비판한다.

  4-6장은 전(前)도덕적 개념과 용어들이 도덕적 개념과 용어들로 바뀐 과정을 지배한 '개념적 변형 규칙'을 뒷받침하는 어원상의 증거를 제시한다.

중간(7-15장)

이 에세이 중간에서 니체는 도덕상의 노예 반란을 설명한다. 니체는 테르툴리아누스(Tertullian)와 토마스 아퀴나스가 퍼뜨린 복수의 가르침을 언급하면서 **격한 템포**에 도달한다. 이 가르침은 그리스도교가 '정신에서부터' 태어난 것이 **아니라**, '**원한**의 정신에서부터' 생겨났음을 보여준다(EH: gm).

  7-9장은 유대인들과 그들이 고귀한 가치를 전도시킨 사실에 대해 논쟁식으로 소개한다.

  10-13장은 **원한**을 지닌 자들이 소위 **선**과 **악** 사이의 대립에 입각한 새로운 도덕을 창조하는 과정을 설명한다.

12장은 본의 아닌 여담으로 여기서 니체는 도덕이 인류를 이제 종족의 미래가 의심스러운 지점까지 약화시켰을지 모른다는 우려를 표명한다.

14-15장은 그리스도교식 가치의 확립과 실행에 비밀스럽게 영향을 미친 복수(revenge)의 가르침을 폭로한다.

결말(16-17장)

첫 번째 에세이의 결말은 '로마'와 '유대' 사이에 오랫동안 계속된 투쟁에 관한 **새로운** 진리를 전해준다. 이 부분은 니체와 독자들이 '로마'에 대한 그들의 충성을 역동적이고, 도덕과 무관한 역사 발전 모델에 대한 지지와 화해시켜야 한다는 점을 확인해 준다.

16-17장은 '좋다와 나쁘다' 및 '선하다와 악하다'가 각각 대변하는 가치 체계들 간에 오랫동안 지속된 투쟁이 가진 특징을 보여준다.

두 번째 에세이: '죄', '양심의 가책' 등등

개요

이 야심적인 에세이에서 니체는 **책임** 개념의 기원과 발전에 대해 대안적 설명을 제시한다. 니체의 설명은 넓게 보면 범위상 인류학적 접근이며, 가능한 만큼 자연주의적 설명 원리를 엄격하게 고수한다고 할 수 있다. **죄**와 **부채**를 뜻하는 독일어 간의 유사성에 주목함으로써 니체는 현재의 도덕적 책임 개념의 기원을 원시적이고, 전(前)도덕적인 부채 개념으로 추적해 들어간다. 근본적으로 그는 다음과 같이 주장하고 싶어 한다. 즉 인간은 야생 동물의 사육에 비유할 수 있는 과정, 다시 말해 오랫동안 계속된 소름 끼치는 사육 과정을 통해 책임을 지게 되었다. 니체의 이런 주장에서 핵심은 (동물적 공격성의 의무적 섭취를 통한) **양심**의 기원 및 (고통스러운 강제적 주입술을 통한) **기억**의 획득을 새롭게 설명한다는 사실이다.

니체는 인간 동물의 사육이 가장 초기 형태의 시민사회가 폭력에 의해 세워짐으로써 가능했고, 바람직하게 되었다고 추측한다. 니체는 다음 사실을 제시한다. 즉 시민사회의 평화와 안정은 문명화된 인간들이 죽음이나 추방의 처벌 아래서 그들의 타고난 동물적 공격성을 외부로 (즉 다른 방향으로) 발산하는 것을 삼간다는 조건에서만 애초에 성취되었다(그리고 오늘날까지 유지된다)는 것이다. 잔인성의 본능을 타인들에게 터뜨리는 대신 문명화된 인간들은 그들의 공격성을 자신들에게 돌릴 것으로 기대된다. 그래서 니체가 믿기에, 인간은 어쩔 수 없이 내면성을 갖게 된 피조물, 이런 자기 집중의 습관을 기르기에 특히 쉬워진 피조물, 즉 **양심**을 지닌 피조물이 되었던 것이다.

그러나 공격성의 내적 발산과 연결된 고통이 너무 커서 견딜 수 없게 됨에 따라, 이런 양심을 지닌 피조물들 몇몇은 그들 현존의 의미에 대해 의문을 갖기 시작했다. 그들이 그렇게 함에 따라 '자살을 유발하는 니힐리즘(suicidal nihilism)'이라는 선택지가 점점 더 매력을 갖게 되었다. 금욕적 사제의 제안에 맞춰 이런 불쌍한 피조물들은 그들 고통의 원인을 찾았고, 뒤이어 다양한 직무 유기에서 원인을 발견했다. 양심의 부름은 자신들이 지불하지 못한 빚과 게을리한 의무를 상기시켜 준다고 해석하기를 배운 다음, 그들은 **양심의 가책**(bad conscience)이라는 종을 보존하는 질병에 걸렸다. 이 **양심의 가책**은 그들이 생존하도록 가장 잘 보장해 줄 수 있는 그런 자기 집중의 습관을 기르도록 강요했다.

양심의 가책이라는 질병에 걸림으로써 인간 동물은 책임을 지게 되었지만, 또한 훨씬 더 파괴적인 질병, 즉 죄(guilty)에 스스로 노출되었다. 스스로 채무가 있다고 간주하는 데 예상대로 익숙해짐으로써 인간 동물은 그들의 채무가 사실상 돌이킬 수 없다는 견해를 받아들이기 점점 더 쉬워졌다. 니체에 의하면, 스스로 유죄라고 여기는 일은 후천적인 의무에 대해서뿐만 아니라, 그리스도교 도덕이 돌이킬 수 없을 만큼 잘못되었다고 주장하는 우리 존재의 결함 있는 본성에 대해서도 자신이 책임이 있다고 간주하는 것이다. 더 나아가 그에 의하면, 스스로 유죄라고 여기는 사람들은 그들의 고통에서부터 황홀한 구원을 얻기를 기대할 수 있을 것이다. 왜냐하면 죄를 지은 행위자에게 어울리는 형벌은 원칙적으로 한계가 없기 때문이다. 이 사실은 그들이 자신들 내부에 존재하는 악한 충동을 억누르려고 노력할 때 큰 의미를 지닌다.

인류의 미래를 보증하기 위해 양심의 가책이 하는 역할에 대해 대체로 인정하는 반면, 니체는 그리스도교식 죄가 인간 종족에게 견딜 수 없고, 선택에 반(反)하는[2] 책임감을 부과했다는 데 주목한다. 자연이 지금까지 인간 동물을 생존을 위해 사육했다고 해도, 니체는 그리스도교 도덕이 미친 평준화하는 영향이 인류라는 종의 종말을 예정해 놓을까 봐 두려워한다.

'놀라게 하는 기술'에 숙달된 니체는 훌륭한 레토릭적 효과로 인해 몇 가지 뛰어난 통찰을 내놓는다. 우선, 독자들은 인간이 일종의 동물이며, 이 동물은 당시 대부분의 도덕 역사가들이 주장하고 싶어 했던 것보다 더 오래전부터 훨씬 더 다양하게 진화되어 왔다는 사실을 알게 된다. 둘째, 니체는 진화에 대한 설명을 바탕으로 양심의 가책과 결부된 자초한 고통이, 두 번째 에세이 말미에서 간략하게 개괄하는 의기양

---

2 역주-자연 선택에 반(反)한다는 의미로 이해하면, 결국 부자연스럽다는 말이 된다.

양하고, 탈(脫)도덕적인 자기 긍정으로 발전될 수 있을지 모른다고 **희망**한다. 셋째, 독자들은 진화에 대한 니체의 설명이 두 번째 에세이에서 그가 또한 짧게나마 보여주는 **삶**에 대한 대안적 이론에 결국 의존한다는 점을 알고 놀랄 수 있다. 니체에 의하면, 삶의 본질은 자기 보존이 아니라, **힘에의 의지**다. 살아 있는 존재는 우선 가장 먼저 자신의 축적된 힘을 확장하려고 하는데, **심지어** 뒤따르는 자기 극복의 과정에서 죽을 위험에 처한다고 해도 그렇다. 끝으로, 니체의 독자들은 그와 그들이 양심의 가책을 스스로에게 돌리게 만드는 정해진 임무와 관련해서 동등하지 않다는 사실을 알고 확실히 놀랄 것이다. 더 작은 임무가 독자들을 기다리고 있다.

장별 분석

시작(1–15장)

두 번째 에세이의 시작은 채권-채무자 관계의 발전이 어떻게 원시인으로 하여금 개인적 책임감을 얻도록 부추겼는지 설명한다. 이 부분은 오해를 살 정도로 니체가 여기서 **책임**이라고 부르는 내용이 우리가 알고 있는 도덕적 책임과 거의 상관없거나, 전혀 무관하다는 인상을 준다.

　1-3장은 원시인이 약속을 위해 기억을 획득할 필요성에 대해 특히 강조하고, 책임의 기원을 서론적으로 설명한다.

　4-7장은 채권-채무자 관계를 도입하고, 그런 관계가 명백히 **법적인** 개인적 책임감의 발전에서 한 역할을 설명한다.

　7장은 주요 논의에서 벗어난 여담이다. 여기서 우리는 자신에게 형벌로 가해진 잔인성이 공공연하고 단순했을 때, 인간이 '더 명랑했음'을 알게 된다.

　8-12장은 공동체가 구성원과의 관계를 이해하는 방식의 발전에서

채권-채무자 관계가 하는 역할을 설명하는데, 이는 특히 이런 발전이 **정의**의 자기 지양에 반영된 경우다.

11장과 12장은 주요 논의에서 벗어난 여담이다. 11장은 정의에 대한 어떤 호소든 언제나 **원한**의 표현과 어긋난다는 통념을 반박하며, 12장은 형벌의 '기원'을 '목적'과 분리할 필요성을 보여준다.

13-15장은 '지속적인' **절차**와 '유동적인' **의미** 간의 차이를 특히 강조하면서 형벌을 확장시켜 논의한다.

중간(16-23장)

두 번째 에세이 중간에서 니체는 채무 개념에서 죄 개념으로의 변형을 설명한다. 니체가 그리스도교식 죄의 가르침에 영향을 준 '의지의 광기'를 폭로할 때 **격한 템포**에 도달한다.

16-18장에서 니체는 가장 원시적인 국가가 세워진 폭력적 조건을 특히 강조하면서 **양심의 가책**의 기원에 대한 대안적 가설을 제시한다.

19-20장은 명백히 **종교적인** 의미의 개인적 책임감이 발전할 때 채권-채무자 관계가 한 역할을 설명한다.

21-23장은 명백히 **도덕적인** 의미의 개인적 책임감이 발전할 때 채권-채무자 관계가 한 역할을 설명한다.

결말

두 번째 에세이 결말은 양심의 가책의 미래에 관한 **'새로운 진리'**를 전해준다. 양심의 가책이 지닌 힘을 자신에게 돌리고, 그럼으로써 우리의 반(反)정서적 사육에 대해 전쟁을 선포하는 일이 가능해도, 우리는 이런 임무의 책임을 떠맡을 만큼 충분히 강하지 못하다.

24-25장은 양심의 가책을 스스로에게 향하게 만들기 위한 가능성을

평가하고, 언젠가 인류를 금욕적 이상의 저주로부터 해방시켜 주게 될 구원의 영웅에 호소한다.

세 번째 에세이: 금욕적 이상의 의미는 무엇인가?

개요

마지막 에세이에서 니체는 금욕적 이상이 서구 문명의 발전에 그토록 강력한 영향을 미쳐왔다는 사실이 무엇을 뜻하는지 설명한다. 그에 의하면, 금욕적 이상의 우세는 인간이 선택, 본성, 혹은 신적인 결정에 의해 금욕적이라는 점을 뜻하지 않는다. 금욕적 이상의 우세는 선택하기 위해 다른 어떤 이상도 제시되지 않았다는 사실을 의미한다. 그래서 도덕적 시기의 인간 발전 내내 금욕적 이상의 우세는 고통을 겪는 인간에게 의미를 부여하는 데서 누렸던 독점 탓이었다.

니체의 추측에 따르면, 다른 어떤 대안적 이상들도 고려 대상으로 이용되지 못했다면, 금욕적 이상이 삶 자체의 더 커다란 관심들에 이용될 수밖에 없다. 니체는 다음과 같이 설명한다. 즉 금욕적 이상은 가장 아픈 인간들에게 활력과 힘을 최대한 경험할 수 있는 최적의 조건을 제공함으로써 삶 자체의 더 커다란 관심들에 이용되었다. 이런 고통받는 자들로 하여금 삶의 가치를 폄하하게 함으로써 금욕적 이상은 그들의 비통함에서 주의를 돌리며, 그들의 피곤한 감정을 자아내고, 그들의 고통에 의미를 부여하며, 삶에 대한 그들의 감소된 긍정에 일반적으로 동조한다. 그래서 금욕적 이상은 병든 의지가 스스로를 미래로 투사할 수 있게 만든다. 생명력의 이런 인위적인 섭취에 의해 강화됨으로써 금욕주의자는 삶의 가치에 대한 공격을 증폭시킬 수 있기 위해서라면 또 다

른 날에도 살겠다고 맹세한다. 자신이 주장하는 바에 따라 가장 아픈
인간들의 보호와 상호원조를 제공함으로써 삶의 관심에 이용되는 금욕
적 사제를 니체가 생리학적이고, 심리학적으로 개괄하는 것은 바로 이
런 배경에서다. 그러나 동시에 니체는 금욕적 사제가 의사는 아니며,
그렇게 오인되어서는 안 된다는 점을 보여준다.

  세 번째 에세이에서 우리는 니체가 '놀라게 하는 기술'에 '숙달'해 있
다는 점을 아주 분명하게 확인한다. 여기서 우리는 **학문**이 금욕적 이상
의 정복자가 아니라, 금욕적 이상의 최후 피난처라는 사실을 알게 된
다. 뚜렷하게 쇠퇴하는 권위를 지닌 금욕적 이상은 이제 진리가 가진
구원의 힘에 대한 믿음을 유지하고 있는 그런 꾀바른 학자들에게만 동
기를 부여한다. 물론 이는 여전히 진리에 대한 믿음을 갖고 있는 니체
와 동료 '인식하는 자들'이 금욕적 이상의 최후 지지자라는 점을 의미
한다. 그런 지지자들은 자신들 안에 있는 진리에의 의지에 대항함으로
써만 금욕적 이상의 진정한 적대자가 될 수 있는데, 니체가 그들에게
그렇게 하도록 시도한 것이라 할 수 있다. 『도덕의 계보』에서 니체의
독자들을 기다리고 있는 마지막 놀라움이 여기 나타난다. 즉 그리스도
교 도덕에 대한 어떠한 유의미한 공격이든 자발적이고, 자멸하는 것이
어야 한다. 즉 독자들이 그리스도교 도덕의 자기 파괴를 촉진하기 바란
다면, 그들은 그런 도덕의 최종적인 치명적 자기 의문 행위를 주도할
준비가 되어야 한다. 니체가 보여주듯이, 그들이 그렇게 한다면 그들은
그들의 진리에의 의지에 생기를 불어넣은 무에의 의지를 자신들에게
발휘하는 일 외에 어떤 다른 선택도 갖지 못할 것이다. 즉 결국 『도덕
의 계보』는 그리스도교 도덕의 최종적 몰락을 보장하기 위해 생명을
걸 독자들과 '친구들'을 설득하기 위한 책이라고 할 수 있다.

장별 분석

시작(1–10장)

세 번째 에세이 시작 부분은 금욕적 이상을 일반적으로 소개하고 있으며, 예술가와 철학자에 해당하는 각각의 특수한 경우에 금욕적 이상의 의미 문제를 제기한다. 이 부분은 니체가 금욕적 이상에 반대하며, 아마도 대안적 이상을 제시하고자 하는 것처럼 오해하게 만든다.

1장은 금욕적 이상의 의미에 대한 일반적 물음을 도입하고, 이 물음에 대한 다양한 답변을 검토한다.

2–4장은 금욕적 이상이 예술가들에게 갖는 의미를 설명한다.

5–10장은 금욕적 이상이 철학자들에게 갖는 의미를 설명하고, 특히 '모성적(maternal)' 철학자들이 보여준 금욕적 이상의 쓰임새를 강조한다.

중간(11–22장)

세 번째 에세이 중간에서 니체는 금욕적 사제를 생리학적이고, 심리학적으로 개괄한다. 이 부분은 사제가 우울함을 다루기 위해 '죄책감이 드는' 방법에 의존하는 경우 그 바탕에 깔린 심리학적 원리를 폭로함으로써 **격한 템포**에 이른다.

11–12장은 금욕적 이상이 사제에게 갖는 의미를 서론적으로 설명한다.

12장은 여담이다. 여기서 니체는 철학에 대한 익숙하고 금욕적인 접근의 실패를 확인하고, 독자들에게 그런 접근이 이용하는 '개념적 허구'를 조심하라고 경고한다.

13–14장은 삶에 봉사하는 책략으로서의 금욕적 이상을 생리학적으로 설명한다.

15-16장은 삶에 봉사하는 장본인으로서의 금욕적 사제를 생리학적으로 설명한다.

17-18장은 사제의 의사 자격을 비판적으로 평가하고 있으며, 특히 우울함을 다루는 '무구한' 방법을 강조한다.

19-22장은 사제의 의사 자격을 비판적으로 평가하고 있으며, 특히 우울함을 다루는 '죄책감이 드는' 방법을 강조한다.

결말(23-28장)

세 번째 에세이에서 니체는 목표 청중들에게 **'새로운 진리'**를 전해준다. 금욕적 이상에 결코 반대하지 않은 채, 이 '인식하는 자들'은 남아 있는 금욕적 이상의 최후 지지자들에 속해 있다. 니체는 그들이 그리스도교 도덕의 자기 파괴에서 최후의 장면을 주도하는 데 그와 함께하도록 유도한다.

23-26장은 학문을 금욕적 이상의 대안 내지 대립물로 검토한다.

26장은 논쟁식 여담이다. 여기서 니체는 근대 역사가와 가짜 이상의 다른 제공자들을 맹렬히 비판한다.

27장은 그리스도교 도덕의 자기 파괴가 지금까지 역사적으로 진행된 과정을 설명하고, 니체와 독자들이 진리에의 의지가 스스로를 문제로 의식하게 만들 수 있는 기회를 특히 강조한다.

28장은 주요 논의를 요약하고, 금욕적 이상이 보호하고 표현한 **무에의 의지**를 특히 강조한다.

3부

본문 읽기

서론

1장

『도덕의 계보』서론 첫 단어는 '우리'다. 이 점은 니체가 서구 도덕에 대한 폭로를 시작하는 방식으로는 이상하다는 인상을 몇몇 독자에게 줄 수 있다. 이는 특히 니체가 주로 영웅적 개인주의의 옹호자로 알려져 있기에 더욱 그렇다. 주지하다시피 니체는 뛰어난 개인들의 영웅적 업적을 높이 존중하는 반면, 『도덕의 계보』는 좀 더 기본적인 그의 관심이 **문화**가 진정한 개인적 삶을 영위하기 위한 가능성을 규정하는 방식에 있다는 점을 알려준다. 그래서 개인은 자신의 습관과 사회화의 바탕이 되는 더 큰 '우리'에서 생겨난다. 사실 우리가 보게 될 것처럼, 니체가 바로 그리스도교 도덕에 대한 공격을 할 수 있는 것은 오직 '우리'의 구성원으로서다. 이로써 니체가 이 장에서 자신의 운명을 공유할 수 있는 뜻이 통하는 독자들에게 호소하고 있음을 확인할 수 있다.

그가 이 장에서 말하는 상대로서 '우리'는 확실히 지식 추구뿐만 아니라, 자기 이해의 인상적인 결여 때문에 주목할 만하다. 그가 『도덕의 계보』에서 말하는 '인식하는 자들'[1]은 사실상 그들 자신에게 '낯선 자

---

1 여기서는 **우리 인식하는 자들**(wir Erkennenden)을 '우리 인식하는 자들(we knowers)'이라고 옮긴 Clark와 Swensen을 따른다.

들'이다. 이는 대개 그들이 그들 자신을 알게 될 만큼 충분히 오래 지식을 모으는 틀에 박힌 일상을 중단한 적이 결코 없었기 때문이다. 더욱이 그들은 자신들의 자기소외(self-estrangement)에 대해 결코 반대하지 않은 채, 자기소외를 '영원히 적용되는' 법칙처럼 받아들인다. '진지함'과 소위 '그들 자신에 대한 "경험"'을 돌보기 위해 필요한 '시간' 양자를 결여하고 있기에 그들은 지식을 모으고, '그것을 집으로 가져오는' 일상에 몰두한다. 그들에게는 (그들 자신에 관한) 무지가 더없는 행복처럼 보일 것이다.

이런 '인식하는 자들'을 자기 이해를 결여하고 있다고 꾸짖기보다 오히려 니체는 그들 자신에 대한 경험을 반성하는 것보다 해야 할 더 훌륭한 일을 갖고 있는 듯 '신적으로 몰두해 있다'[2]고 그들을 관대하게 묘사한다. 니체가 인정하는 바에 따르면, 그들은 그들 자신을 발견하지 못했지만, 이는 단지 그들이 스스로를 '결코 찾지 않았기' 때문일 뿐이며, 이것은 그들의 경우 매우 좋은 일이다. 소크라테스라는 존경스러운 혈통 속에서 행복하게 존재를 인정받고 있는 그런 철학자들과 달리 니체는 자기 지식의 재미없는 추구를 어떤 식으로든 대개 긍정하지 않는다. 그가 다른 곳에서 설명하고 있듯이,

> **너 자신을 알라**(nosce te ipsum)가 파멸의 처방이 되는 경우 자신을 망각하고, 자신을 **오해하는 일**은⋯이성 자체가 된다.(EH: 'clever' 9)

이 발췌문에서 암시하듯이, 니체는 올바르지 않거나, 혹은 시기상조인 자기 지식의 추구에 포함된 위험을 특이하게 주목한다. 그래서 니체가

---

2   역주-독일어로는 '신적이고 정신이 나간 자(Göttlich-Zerstreuter)'라고 되어 있다.

이러한 의심하지 않는 '인식하는 자들'을 일깨우는 일이 적절하다고 여기는 것은 그가 그들에게 실행하려고 의도한 교육 프로그램의 긴박성을 보여준다. 사실 우리가 보게 되는 것처럼, 니체는 그들의 확립된 일상을 방해하면서 이런 종류의 '인식하는 자들'에게 말하고 있다. 왜냐하면 그는 그들이 그와 공유한다고 생각하는 운명을 그들 자신의 힘으로 깨닫기를 기다릴 여유가 없기 때문이다.

니체는 이런 '인식하는 자들'과 공감하고 이들과 자신을 동일시하는 근거를 상세히 설명하지 않는다. 하지만 우리는 니체가 다른 곳에서 말한 내용에서부터 자기 이해의 결여를 그들 안에서 진행 중인 눈에 띄지 않는 발전을 가리키는 유망한 표시로 간주한다고 결론지을 수 있다. 그래서 니체는 자기 자신을 오해할 그들의 **필요**를, '커다란 신중함'이 그들 안에서 소리 없이 작용하고 있으며, 그들이 자기들 '임무'의 부담을 떠맡을 준비가 완전히 될 때까지 자기 지식의 '파멸'에서부터 보호해준다는 증거로 해석한다(EH : 'clever' 9). 니체가 『도덕의 계보』 서문에서 계속 설명하고 있듯이, 그는 그들에 관해 이 점을 알고 있다. 왜냐하면 그 자신의 발전이 유사한 과정과 궤도를 따랐기 때문이다. 그들 앞에 놓인 길을 이미 여행했기 때문에 그는 자기 발견을 위한 최초의 여행에서 그들을 이끌어주겠다고 제안한다. 그와 달리 그들은 천진함에서 경험으로 이행하는 항해를 할 때 노련한 안내를 받을 수 있는 이점을 누릴 것이다.

물론 니체의 안내를 따르려고 한다면, 그들은 이 장에서 서술된 '인식하는 자들' 이상이 될 필요가 있을 것이다. 니체가 꿀을 모으는 벌들이 여기저기 날아다니는 행위에 비유한 지식의 추구에서 그들은 지금까지 단지 '어떤 것을 집으로 가져오기'에만 관심을 기울여 왔다. 니체가 다른 곳에서 설명하고 있는 것처럼, 이는 그들이 새롭고, 낯설며, 동떨어져 있거나, 이상한 것을 이미 익숙한 것과 동화시킴으로써 지식을 모은다는 사실을 의미한다(GS 355). 여기서 니체의 속뜻은 다음과 같다. 즉 '집으로 가져오기'는 이미 익숙한 것을 우리가 알 수 있거나, 알아야 하는 내용의 척도로 삼는다.

니체는 지식을 추구하는 이런 특정한 접근에 대해 일반적 반론을 표명하기를 원치 않는다. 우리 대부분에게 '어떤 것을 집으로 가져오기'는 우리의 필요에 상당 기간 완전히 적합했다. 더 나아가 이미 익숙한 것을 고수함으로써 우리는 새롭고, 이상한 것과 지속적으로 접촉하는 경우 생겨날지 모르는 예기치 않은 놀라움과 상처를 피한다. 지식을 모으기 위한 접근법으로 '어떤 것을 집으로 가져오기'는 우리가 이미 가장 익숙한 것, 즉 간직하고 있는 '보물' 혹은 그 보물을 저장해 놓은 '집'에 대해 더 많이 알기를 원하는 경우에만 사실상 문제가 된다. 니체는 다른 곳에서 다음과 같이 설명한다.

> 친숙한 것은 우리가 익숙해진 것이다. 그리고 우리가 익숙해진 것은 '알기'가 가장 어렵다. 즉 문제로 보기가 어렵다. 다시 말해 낯설고, 동떨어져 있고, '우리 밖에 있다'고 보기 어렵다.(GS 355)

물론 지식을 추구하는 대부분의 사람들에게 친숙한 어떤 것을 '문제로' 보기를 바라는 일은 말이 안 될지 모른다. 우리가 보았듯이, 지식을 추구하는 행위의 전반적 요점은 '낯설고', '동떨어진' 것을 우리에게 이미 친숙한 것과 동화시키는 일이다.

여기서 분명해지는 사실은 니체가 가장 친숙한 것을 탐구할 준비가 되어 있는 그런 드문 '인식하는 자들'에게 『도덕의 계보』를 말해주고자 한다는 점이다. 니체의 바람은 단순히 그들이 '어떤 것을 집으로 가져오기'보다는 도덕 자체를 '문제로' 봄으로써 그와 함께하는 데 동의하는 일이다. 그러나 그러기 위해 그들은 도덕이 처음으로 익숙하지 않게 나타날 수 있게끔 우선 도덕과 비판적 거리를 두어야 한다. 일단 그들이 필요한 비판적 거리를 두게 되면, 그들은 지금까지 단순히 당연하게 여겨 왔던 도덕의 **진정한** 가치를 평가하는 가운데 니체와 함께할 수 있을 것이다.

2장

이 장에서 니체는 도덕 계보학자로서 자신의 발전을 설명하기 시작한다. 우리가 보았듯이, 이 이야기는 독자들에게 그가 그들 앞에 놓인 길을 이미 여행했고, 따라서 믿을 만한 안내자라는 점을 설득시키기 위한 것이다.

자신이 선호하는 생산력의 이미지, 즉 나무를 이용해서 니체는 자신이 믿기에 도덕에 관한 가장 최초의 사유들과 가장 최근 노력의 연속성을 설명해 주는 도덕에 관한 견해들의 '공통 뿌리'를 밝힌다. 세 번째 에세이에 나오는 생산적인 모성적 '철학자들'에 대한 논의를 미리 보여주면서 니체는 동료 '철학자들'로서 말을 건네고 있는 독자들에게 그들이 맺은 '열매'에 대한 다른 사람들의 견해에 휘둘리지 말라고 경고한다. 니체가 독자들에게 바라는 것은 열매를 맺은 나무, 임신한 어머니 그리고 영감을 받은 예술가들처럼, 자신들의 창조적 노력이 제공한 증거, 즉 '**하나**의 의지, **하나**의 건강, **하나**의 땅, **하나**의 태양에 대한 증거' 속에서 그런 노력을 적절하게 정당화하는 일이다.

3장

철학자로서 자신의 발전을 이끌었던 필연성을 보여주고 싶어서 니체는

'[그의] 삶에 아주 일찍 등장했고', 도덕에 대해 그토록 가차 없이 회의 하도록 만들었던 '의혹'에 대해 마지못해 주의를 환기시킨다. 이런 회 의주의를 일찍 표명함으로서 니체는 신에게 '악의 **아버지**'라는 '영예'를 부여했다. 나중에 '세계 배후에서 악의 근원을 찾지' 않게 된 다음 니체 는 『도덕의 계보』에 나타난 접근의 특징이라고 할 수 있는 극히 자연주 의적인 탐구 노선을 정교하게 만들기 시작했다.

인간은 어떤 조건에서 선하고, 악하다는 이런 가치판단을 고안해 냈는가? **그리고 그런 가치판단 자체는 어떤 가치를 갖는가?**

이런 방법론적 돌파구에 힘입어 니체는 곧장 자신의 도덕 탐구가 '누구 도 그 존재를 상상하지 못했던 비밀 정원처럼 매우 상이하고, 성대하 며, 번영하는 세계'를 낳았다는 점을 발견했다. 놀랍게도 그는 자신이 이제 독자들을 함께 탐험하도록 이끄는 '나라', '땅'을 혼자 힘으로 얻었 던 셈이다.

4장

자전적 스케치를 계속하면서 니체는 독자들이 도덕의 역사에 관한 기 존 연구에 주목하도록 한다. 니체는 특히 『인간적인 너무나 인간적인』 (1878)을 언급하는데, 이는 어느 정도 소위 자신의 경쟁자들을 독자들 에게 소개하기 위한 것이다. 이 책은 당시 니체의 가까운 친구였던 파 울 레(Dr. Paul Rée, 1849-1901)[3]가 쓴 『도덕감정의 기원』(1877)에 대

---

3   니체는 소렌토에서 1876-7년 겨울을 파울 레와 함께 보냈으며, 그때 도덕의 역사 에 관한 유사한 견해들을 논했다(Clark and Swensen, p. 122). 니체는 서문 2장에서 이 겨울을 언급하고 있지만, 파울 레를 이런 맥락에서 언급하지는 않는다.

한 응답이었다. 니체에 의하면, 파울 레의 책은 '진짜로 **영국적인** 유형'을 대변하는 가설, 즉 '뒤죽박죽이고, 왜곡된 계보학적 가설'을 특징으로 삼고 있다. 이와 대조적으로 니체는 자기 저술들이 『도덕의 계보』에서 탐구 중인 도덕 현상을 감상적이지 않은 방식으로 훨씬 더 낫게 설명한다는 사실을 독자들에게 알려준다.

니체의 **회복**에 해당되는 이 시기에 대한 또 다른 자전적 설명은 『비극의 탄생』, 『인간적인 너무나 인간적인』(I부와 II부), 『아침놀』 및 『즐거운 지식』의 1886년 판에 붙인 새로운 서문에 나온다. 그는 1888년에 쓴 『이 사람을 보라』 1장('나는 왜 이렇게 지혜로운가')에서 유사하게 회복 이야기를 하고 있다. 이런 설명들을 비교해 보면, 니체가 계보학적 접근을 가다듬는 일과, 삶을 위협하는 병을 겪고 건강을 회복한 일을 연결시키고 있음을 알게 된다. 이런 설명에서 얻을 수 있는 일반적 교훈은 니체식의 계보학 실행이 도덕 역사가가 되려는 대다수 사람들이 결여하고 있는 건강을 전제한다는 사실이다. 그래서 니체는 『도덕의 계보』에서 독자들의 감각을 교육하고, 정제하는 데 그토록 심혈을 기울이고 있는 것이다. 온전한 기능을 발휘하는 감각의 배열과 강하고, 회복력 있는 체질을 갖고 있는 사람들에게만 『도덕의 계보』가 제시하는 진리는 쓸모가 있다.

5장

파울 레와 다른 사람들이 '가설에 열중하는 데' 만족했던 반면, 니체는 '도덕의 **가치**'에 관한 좀 더 진지하고, 선례가 없는 탐구를 했다. 니체는 자신의 '위대한 스승' 쇼펜하우어(Arthur Schopenhauer, 1788-1860)가 맹신했던 **동정**, **자기 헌신**, **자기희생** 같은 '비이기적' 본능의 진짜 가치를 간파하는 데 특히 몰두한다.

이 장에서 니체는 '인류에 대한 **커다란** 위험'을 거기서 처음 발견했던 '비이기적' 가치들의 의심받지 않은 (그리고 정당화되지 않은) 우선성과 도덕이 불가분하게 결부되었다고 파악한다. 사실 니체에 의하면, 이기주의에 대한 이타주의의 의심받지 않은 승리는 '종말의 시작'을 나타낸다. 그래서 이 장에서 니체는 자신이 하는 도덕 비판의 지속적 초점이란 도덕이 **동정** 및 이와 관련된 모든 비이기적 본능을 의심하지 않고 과대평가했다는 사실이 될 것이라는 점을 공언한다. 특히 니체는 '동정에 대한 선호'에 넌더리를 낸다. 왜냐하면 도덕이 고통을 '전염'시키고, 그럼으로써 지배 영역을 확대한 것은 바로 동정에 의해서이기 때문이다(A 7).[4]

6장

이제 니체의 설명에 의하면, 자신과 쇼펜하우어의 단절은 매우 중요하다. 왜냐하면 동정에 대한 반박 덕분에 '아주 새로운 전망'이 열렸기 때문이다. 니체가 도덕에 대한 아찔한 '불신'을 따랐을 때, '새로운 요구'를 '들을 수 있게' 되었다.

우리는 도덕적 가치들에 대한 **비판**을 필요로 한다. **이런 가치들 자체의 가치를 우선 의심해야 한다.**[5]

---

4   역주-여기서 필자가 지적하고 있는 부분에서 다음과 같은 내용을 확인할 수 있다. "동정은 삶의 느낌이 주는 에너지를 증대시키는 강장제 같은 격정과는 대립된다. 동정은 의기소침하게 만든다. 동정을 할 때 사람들은 힘을 잃는다. 이미 고통이 자체적으로 삶에 끼치는 힘의 손실은 동정하는 것으로 인해 더욱 커지고, 몇 배로 불어난다. 고통 자체가 동정에 의해 감염되며, 경우에 따라서는 동정에 의해 삶과 생명력의 총체적 손실이 생길 수도 있다.…동정은 니힐리즘의 실천이다. 다시 한번 말하자면 이런 의기소침하고 전염적인 본능은 삶을 보존하고, 삶의 가치를 높이려는 것을 목표로 하는 본능들과 어긋난다.", KSA 6(『안티크리스트』), 7.

니체는 이런 새로운 요구를 받아들임으로써 도덕의 역사에 대한 새로운 접근을 발전시키고, 채택하게 되었다. 이런 접근을 통해 니체는 스스로 검토하고 있는 도덕적 가치들이 지닌 의식되지 않고, 흔히 상상하지 못했던 역사적 배경을 드러낼 것이다. 니체가 깨달은 바에 따르면, 도덕적 가치들의 가치를 의심하기 전에 우리는 우선 '그런 가치들이 자라났고, 진화하여 변화된 조건과 상황'을 이해할 필요가 있다. 물론 이런 준비 지식을 얻기 위해 가치는 사실상 자라나고, 진화하며, 변화할 수 있다는 가능성을 순순히 받아들여야 한다. 우리가 보게 되듯이, 『도덕의 계보』에서 니체는 자신의 경쟁자들이 영원하고, 불변하는 것으로 여겨야 한다고 주장하는 그런 가치들의 우연성과 가변성을 입증하는 데 특히 관심을 둔다.

학자의 태도를 벗어난 자신의 공감을 드러내는 과장된 레토릭으로 니체는 이런 비판의 긴박성을 내세운다. 이는 도덕이 걱정스러울 만큼 우리를 집어삼키려고 위협하기 때문이다. 점점 더 견딜 수 없는 '선한 개인'을 뒷받침함으로써 도덕은 **'미래를 희생시켜'** 현재를 살려낸다. 그래서 니체가 경고하듯이, 이런 비판을 수행하는 경우 우리는 인간이 **'최고의 힘과 탁월함 및 역량'**에 도달하는 것을 도덕이 실제로 방해했다는 사실을 발견할 용의가 있어야 할 뿐만 아니라, 또한 '정확히 도덕이 위험들 가운데 위험'이라는 결론을 내릴 준비가 되어야 한다. 여기서 다음 사실을 염두에 두는 편이 좋다. 즉 니체는 **위험**을 성장과 발전을 위한 유일하고, 가장 효과적인 기폭제로 간주한다는 점이다(TI 9: 38). 그래서 독자들은 도덕이 대변하는 전례 없는 위험과 직면함으로써, 니체가 그리스도교 도덕을 공격할 때 그와 함께하려는 경우 필요한 지략

---

5 그는 다른 곳에서 다음과 같이 분명히 한다. '우리의 임무는 도덕을 **의심하는** 일이다.' (GS 345)

을 발전시킬 수 있게 된다.

7장

최근 드러난 '도덕이라는 땅'[6]의 탐사를 도와줄 '학구적이고, 대담하며,
부지런한 동료'를 구하기를 바라면서 니체는 앞서 언급한 파울 레 박사
를 함께하도록 끌어들였다. 그러나 파울 레는 거절했고, 대신 계속 '무
턱대고 허공을 바라보기'[7]를 선택했다.

니체는 이제 이런 모욕을 다시 거론하면서 파울 레의 반응이 다윈의
자연 선택설을 오독하고, 남용한 탓이라고 여긴다. 파울 레는 인간의
진화 과정이란 근대인이 우리가 유래한 동물과 '점잖게 손잡을' 수 있
을 만큼 비교적 재미없고, 특별한 사건 없는 과정을 따랐다고 확신했기
때문에 『도덕의 계보』에서 니체의 관심을 끌었던 '도덕의 문제들'을 심
각하게 고려하지 못했다. 인간의 진화를 평면적으로 이해하는 파울 레
의 견해를 공유하지 않는다는 점을 시사하면서 니체는 어떤 것도 이 문
제들만큼 진지한 주의를 기울일 만한 가치가 없다고 선언한다. 그의 설
명에 의하면, 이 문제들을 진지하게 고려해서 '얻을 수 있는 보상 가운
데' 다음과 같은 것이 있다. 즉 '우리는 언젠가 아마도 그 문제들을 **명
랑하게** 고려해도 될 것이다.' 그래서 니체는 그의 진지함을 위해서만이
아니라, 또한 진지함이 곧 낳을 수 있는 것, 즉 '즐거운 학문'의 실행과
연결되는 **명랑성**을 위해서 새로운 계보학적 접근을 권한다.

니체가 명랑성 자체도 매력적으로 여기고 있지만, 이 맥락에서 명랑

---

6   GS 382를 보라.
7   역주-독일어에는 바라보기라는 말이 없는 것으로 짐작하건대 이는 필자의 의역으
로 보인다. 이 구절의 의미는 파울 레는 니체의 제안에도 불구하고 계속 헛된 영국식
가설에 매달렸다는 것이다.

성이란 새로워진 힘과 회복된 건강의 믿을 만한 지표이기 때문에 중요하다. 그가 다른 곳에서 설명하고 있는 것처럼, '힘의 유일한 증거'는 '정도를 넘어선 책임투성이의 우울한 사태'에 접근할 때 갖는 '명랑성'의 형태를 띨 수 있는 '힘의 과잉'이다(TI P).[8] 즉 가장 진지하게 고려하기도 했던 그런 물음과 문제들을 명랑하게 고찰할 수 있고, 기꺼이 그럴 때, 우리는 강하다는 점을 알게 될 것이다. 그래서 니체에 의하면, 이런 도덕의 문제들을 진지하게 고려하는 일은 우리를 더 강하게 만들 것이며, 우리 힘의 개선은 결국 진지함이라는 무겁고, 지상에 묶인 중력에서부터 우리를 해방시킬 것이다. 니체는 여기서 자신이 아직 온전한 '보상'을 얻지 못했다고 여긴다. 하지만 그럼에도 불구하고 그는 순간적으로 솟아나는 명랑성을 지닌 계보학적 탐구를 강조할 수 있다. 앞으로 보게 되듯이, 자신의 훌륭한 명랑성으로 인해 니체는 도덕 발전의 역사에서 진정한 차이가 나는 순간들에 관한 가설을 세우고, 그런 순간들을 서술할 수 있었다. 파울 레와 달리 니체는 우리가 감히 '손잡고' 싶지 않아 하는 진짜 동물(brutes)에서 비롯된 우리의 혈통을 추적한다.

　니체가 이 장에서 '명랑성'이라는 보상에 대해 언급하는 것을 보면 『도덕의 계보』의 기획이 '신의 죽음'에 대한 긍정적 반응을 뒷받침하려는 더 큰 전략과 주제상 연결되어 있음을 확인할 수 있다. 니체는 『도덕의 계보』에서 '신의 죽음'을 명시적으로 언급하고 있지 않지만, 다른 저술들에서 '신의 죽음'이 『도덕의 계보』 기획의 역사적 배경과 긴박성을 제공한다고 주장한다. 사실 앞으로 보게 될 것처럼, 그는 그리스도교 신에 대한 신앙의 뚜렷한 쇠퇴가 그와 최고 독자들이 진리 자체에

8　이 문장에서 니체는 또 '명랑성'을 '들뜬 기분(Übermut)'과도 연결시킨다(TI P).

대한 유례없는 비판을 행함으로써 풀려고 시도하게 될, 혹은 니체가 시도하라고 제안하는 '새로운 문제'를 제시한다고 해석한다(GM III : 24).

니체가 다른 곳에서 설명하고 있는 것처럼, '신의 죽음'은 현실적 신의 죽음을 가리키는 것이 아니라, 우리의 도덕 체계를 지지하는 기본적 믿음 구조에 대한 확신의 위기가 커짐을 뜻한다. 이런 신뢰성이 부식됨으로써 '우리 유럽 도덕 전체'의 '몰락'이 임박하게 된다(GS 343). 다시 말해 신의 죽음을 고지함으로써 니체는 인간의 도덕적 역사의 종말과 인간의 탈도덕적 역사의 여명을 예고하려고 한다. 그의 설명에 의하면, 다른 사람들이 신의 죽음을 의식하지 못하는 것은 충분히 이해할 만하다. 왜냐하면 이 사건의 온전한 의미는 아직은 대개 효력을 발휘할 수 없기 때문이다.

> 이 사건 자체는 너무 거대하며, 너무 멀고, 일반 대중의 이해 능력을 너무 벗어나 있어서, 그 사건에 관한 소식이 **도달했다**고 생각할 수조차 없다.(GS 343)

일반 대중과 대조적으로 니체와 이름 없는 친구들은 신이 죽었다는 점을 알고 있다. 더 중요한 사실은 그들이 '이제 막 임박한 길고 많은 일련의 와해, 파괴, 몰락 및 대재앙'(GS 343)을 인정하면서도 신의 죽음을 긍정적이고 해방적인 사건으로 받아들였다는 점이다. 사실상 이 문단의 제목이 나타내듯이, '[그들] 명랑성의 의미'는 신의 죽음에 대한 그들의 긍정적인 반응 속에서 발견할 수 있다(GS 343). 니체의 믿음에 따르면, 그들이 명랑하다는 말은 신적 질서에 대한 믿음이 예전에 제공했던 지지와 강화를 더 이상 요구하지 않는다는 사실을 뜻한다. 그들의 명랑성은 그들의 힘과 건강의 귀환을 증명하며, 그렇기에 그들은 자신들 앞에 놓인 '열린 바다'를 지금 자유롭게 탐험할 수 있게 된다.

　이런 논의를 염두에 두고 『도덕의 계보』 서론 7장 결론에 나오는 문장들을 고려해 보자. 이 구절에서 니체는 우리의 진지한 노력이 가져오는 '보상'에는 '우리 자신의 도덕 역시 **희극의** 일부'라고 인정하는 일이 포함될 것이라고 암시한다. 그런 날이 오면 우리(혹은 우리 후손들)는 지금까지 그래 왔고, 앞으로도 그럴 것처럼 이른바 '옛 희극 시인이 쓴 우리 존재에 관한 장대하고, 영원한' 더 큰 드라마 속의 한정된 장면으로 도덕을 바라보게 될 것이다. 엉뚱하게 표현되기는 했으나, 이교도 신에 대한 이런 언급을 통해서 우리는 니체가 인간사에 대해서 가끔씩 잔인하지만, 끊임없이 강한 흥미를 보여주는 신성한 구경꾼을 선호하고 있음을 정확히 확인할 수 있다. 사실 이런 언급이 암시하듯이, 우리가 신을 우리의 도덕적 결함 때문만이 아니라, 도덕 자체의 결함 때문에도 비난할 수 있다면, 인류의 미래는 훨씬 더 안전할 것이다.

8장

니체는 독자들이 『도덕의 계보』를 이해하는 데 어떤 실패를 하든 간에 그런 실패를 전적으로 그들 책임으로 돌리지 않고 서론을 마무리한다. 죄, 부채, 책임의 기원을 다루는 책에서 니체는 특정한 독자가 『도덕의 계보』를 이해하지 못하는 경우, 독자에게 반드시 그 책임이 있는지 묻는다.

　서론 마지막 장에서 니체는 또한 『도덕의 계보』의 장래 독자들이 '우선 자신의 초기 저술들을 읽었으며, 그렇게 하는 데 노력을 아끼지 않았다'고 가정한다. 앞으로 보게 되듯이, 니체는 『도덕의 계보』를 통틀어 자신이 도덕에 대항하여 짓기를 원하는 건축물을 위해 분명 필수 불가결한 이런 초기 저술들에 의존하고 있다. 그래서 그는 독자들이 초기 저술들을 얼마나 잘 이해했는지 판단할 수 있는 몇 가지 진단 테스트를 권한다. 가령, 그의 **차라투스트라**[9]를 실제로 '안다'고 주장하는 누구든 '그 안의 모든 말로 인해 어떤 때는 깊이 상처받고, 어떤 때는 깊이 기뻐'해야 할 것이다. 니체는 다음과 같이 계속한다. 좀 더 아포리즘적인 방식으로 된 자신의 저술들은 '해석'과 그에 상응하는 '해석의 기술'을 요구하며, 그런 기술에 숙달됨으로써 독자들은 잊어버린 '반추'의 습관을 기를 수 있을 것이다. 앞으로 볼 것처럼, 『도덕의 계보』는 목표 청중에게 정해진 읽기 기술을 훈련시키는 데 유용하다. 사실 레토릭적 긴박성에도 불구하고, 니체는 『도덕의 계보』 독자들이 읽고, 반성하고, 말하고, 스스로 미래를 준비할 때, **속도를 늦추라**고 권하고 있다.[10]

함께 생각해 볼 물음

1. 니체가 『도덕의 계보』 서문에서 언급하고 있는 '우리'의 본성은 무엇인가?
2. 니체가 도덕의 가치를 탐구했을 때, 결국 어떤 '새로운 요구'를 '들을 수' 있게 되었는가?
3. 니체는 왜 **도덕**을 '위험들 가운데 위험'이라고 여겼는가?
4. 니체는 왜 도덕의 문제들을 그토록 진지하게 고려하는가?

---

9   역주-니체의 대표작이라고 할 수 있는 『차라투스트라는 이렇게 말했다』를 가리킨다.

10   D P5를 보라.

첫 번째 에세이: '선과 악', '좋음과 나쁨'

1장

니체는 첫 번째 에세이를 달래는 어조로 시작한다. 곧 드러나는 것처럼, 니체가 서론에서 풍자했던 영국 심리학자들은 사실상 **흥미롭다.** 니체는 그 영국 심리학자들이 이용 가능한 가장 덜 돋보이는 용어로 계속해서 서술하는 '우리의 내면세계'에서 치부만 찾아내려는 경향에 특히 매혹되었다. 이런 경향은 분명 그들 연구의 동력인 인간 혐오를 드러내 주지만, 니체의 희망은 그런 경향이 또한 "진리, 즉 **모든** 진리, 심지어 가혹하고, 추하고, 역겹고, 비(非)그리스도교적인 비도덕적 진리를 위해 모든 바람직함을 희생시키는" 결단을 반영했으면 하는 것이다. 니체의 암시에 따르면, 도덕에 관한 달갑지 않은 진리를 폭로하는 조직적 활동을 하는 경우 그는 영국 심리학자들을 기꺼이 잠재적 동료로 간주할 것이다.

그 밖의 어떤 경우에도 영국 심리학자들은 니체에게 유용하다. 니체는 그들의 획기적인 연구 때문만이 아니라, 그와 같은 창조적 격렬함으로 대응하게끔 도발했다는 점에서 신세를 지고 있다. 반동적 힘의 작용에 대한 잘 알려진 반감에도 불구하고 니체는 사실 대부분 자신의 경쟁자가 지닌 결함에 반발할 때 『도덕의 계보』에서 가장 유리한 상황에 있게 된다.[11] 그래서 결국 니체는 영국 심리학자들을 묵살할 수 없는 셈이다. 우리가 다음 장에서 아주 분명하게 볼 것처럼, 그들의 도발은 『도덕의 계보』의 레토릭적-극적 구조와 니체가 제시하는 도덕 계보학의 전반적 진행 과정에서 불가결하다.

---

11   여기서 다음에 나온 내용을 따른다. Ansell-Pearson, pp. 97-101.

2장

영국 심리학자들이 잠재적으로 자신과 유사한 종류의 정신이라는 점을
확인하고 니체는 이제 그들이 '**역사적 정신** 자체'를 결여하고 있다는
혐의를 제기한다. 즉 그들은 과거에다 먼저 현재의 가치, 편견, 경건함
을 투사하지 않고서는 과거를 탐구할 수 없다. 흔히 그들이 과거에서
발견한다고 주장하는 내용은 스스로 알아차리지 못한 채 늘 하던 대로
탐구하는 장소에 끼워 넣은 일련의 시대착오적인 생각일 뿐이다. 결과
적으로 그들의 계보학적 설명은 그들 자신의 것과는 아주 다른 가치와
도덕의 어떤 증거도 찾아내는 데 언제나 실패한다. 물론 그들은 자신들
의 가치가 역사적으로 지속되었다고 설명하기 위해 매우 기발하고, 개
연성 떨어지는 이론을 고안해 낼 수밖에 없다.

　　그들이 **좋다**는 개념(및 그에 상응하는 판단)의 기원을 설명하고자
할 때 역사적 정신의 이런 결여는 특히 뚜렷하다. 이 개념의 기원을 원
래부터 **유용하다**고 여겨진 것으로 추적하면서 그들은 오래도록 (**좋다**
와 **유용성** 간의) 이런 관계가 잊혀져 있었다고 주장한다. 그래서 그들
의 주장에 의하면 '비이기적 행위들', 즉 그런 행위들에서부터 이익을
얻은 사람들의 유용성을 기반으로 애초에 **좋다**고 여겨진 '비이기적 행
위들'이 이른바 내재적 가치를 바탕으로 결국 **좋다**고 여겨지게 된 셈이
다. 영국 심리학자들은 특히 **자기중심적**(혹은 **이기적**)으로 여겨진 행
위들에 비해 **이타적**(혹은 **비이기적**)이라고 여겨진 행위들이 흔히 갖는
우선성을 이런 방식으로 설명한다.

　　니체는 이런 유래에 대해 두 가지 반론을 제기한다. 우선, 영국 심리
학자들은 '"**좋다**"는 판단이…"**좋음**"을 유용하다고 경험한 사람들에게
서 생겨났다'고 가정함으로써 그야말로 잘못을 범했다. (우리가 보게
되듯이, 이런 특정한 유형의 잘못은 니체의 경쟁자들에게서 전형적으

로 나타난다.) 따라서 그는 '"좋다"와 "나쁘다"의 대립 기원'을 '"좋은 사람들" 자신의 경험'으로, 더 정확하게는 귀족 사회의 위계적 구조에 영향을 미친 거리의 **파토스**에 대한 표현으로 추적하는 대안적 유래를 제안한다. 즉 니체에 따르면, **좋다**와 **나쁘다**의 개념(과 그에 상응하는 판단)은 자기 자신들 및 자신들과 관련된 모든 것을 **좋다**고 부르는 반면, **나쁘다**라는 말은 그 외의 모든 이와 모든 것을 위해 남겨 놓은 그런 '고귀하고, 힘 있으며, 높은 지위에 있는 고결한' 개인들에게서 생겨났다. 앞으로 볼 것처럼, 사실 고귀함의 가장 핵심적 특징은 '더 낮은 계층과의 관계에서 더 높은 지배 계층'에 자신이 속하는 것을 기꺼이 경험하는 일이다.

니체는 이런 대안적 유래에서 다음과 같이 결론을 내린다. 즉 **좋다**는 개념은 우리가 **이타적**(혹은 **비이기적**)이라고 부를 수 있는 가치나, 행위들과 원래 결부되어 있지 않았다는 것이다. 대신 **좋다**는 표현은 귀족들이 비할 데 없는 그들 자신의 자부심과 타의 추종을 불허하는 사회적 지위를 자기중심적으로(혹은 이기적으로) 주장함으로써 생겨났다. 더욱이 그들이 자신들을 **좋고**, 나머지 모든 이를 **나쁘다**고 여기는 만큼, 그들은 영국 심리학자들이 아무 증거도 없이 일어났다고 주장한 것처럼 좋음을 유용하다고 여길 수 있는 누구에게든 좋음을 보여주는 일을 극도로 꺼렸다. 그래서 니체는 이기적 행위와 비이기적 행위 간의 통속적인 대립이 통용되는 것은 '귀족적 가치판단'의 **쇠퇴**와 그에 따른 '**무리 본능**'의 우세 때문이라고 여긴다. 그러면서 니체는 영국 심리학자들의 수수께끼에 대해 예비 해결책을 제시한다. 그들 자신의 무리 중심적 가치 지평을 넘어서 볼 수 없었기 때문에 그들은 단지 비이기적 가치판단을 암시하는 증거를 발견하고, 다룰 수 있었을 뿐이다. 그런 식으로 그들은 고귀한 귀족정의 이기적 가치를 스스로 혐오했기 때문에 번영

하는 문화, 민족, 혹은 도덕의 중심에 이런 가치를 둘 수 있는 어떤 가
정도 받아들이지 못했다. 그래서 우리는 니체가 경쟁적 계보학자들에
비해 갖는 주요한 이점이, 우리 자신의 가치와는 다른 가치들이 도덕
발전에 필수 불가결했을지 모른다는 여지를 열어 놓은 점이라는 사실
을 알게 된다.

3장

이제 두 번째 반박으로 돌아가서 니체는 영국 심리학자들이 내놓은 유
래가 '고유한 심리학적 불합리함'을 갖고 있다고 주장한다. 그는 다음
과 같은 의문을 갖는다. 즉 비이기적 행위의 좋음이 그 행위가 가진 유
용성 때문이라고 알려져 있었다면, 종을 보존하는 이런 단순한 사실은
영원히 기념하도록 표현되었어야 하지 않을까? 니체의 반박에 의하면,
이런 행위의 유용성은 단지 그 '어느 시점, 혹은 다른 시점에' 유용성이
실제로 소멸했을 경우에만 잊혀질 수 있었을 것이다. 그러나 명백히
'이와 반대의 경우가 참이다.' 왜냐하면 비이기적 행위의 유용성은 잊
는 것이 거의 불가능해졌기 때문이다.[12] 여기서 아이러니는 니체가 비
이기적 행위의 유용성을 극히 과장된 것인 **동시에** 인간의 의식에 지워
지지 않게 각인된 것으로—혹은 그와 거의 유사한 것으로—간주한다
는 점이다.

　니체가 믿기에, 스펜서(Herbert Spencer, 1820-1903)[13]가 '훨씬 더
합리적인' 설명을 한다. 스펜서는 영국 심리학자들과 유사하게 **좋음**을

12　역주-니체의 주장에 의하면, 영국 심리학자들은 좋음의 기원으로서 유용성이 잊
혀졌다는 전제하에 논의를 전개하고 있다.
13　역주-허버트 스펜서는 영국 출신의 사회학자이며 철학자이자 심리학자다. 오귀
스트 콩트의 체계에 필적하는 대규모의 종합사회학 체계를 세워 영국 사회학의 창시
자가 되었다.

유용성에서 도출하자고 제안했다. 스펜서에 의하면, '"좋음"과 "나쁨"의 판단'은 흡사 우리에게 '유용하고─실질적인 것과 유해하고─터무니없는 것'에 관한 없어서는 안 될 도표 같은 **'잊히지 않았고, 잊을 수 없**는 인류의 경험'을 보여준다고 할 수 있다. 그래서 스펜서에 의하면, **좋다**와 **나쁘다** 같은 도덕적 표현은 인간의 진보와 번영을 가장 잘 (혹은 가장 못) 가져오는 그런 덕, 가치 및 행위들을 가리키는 축약된 표기법의 일종이다. 이런 설명은 위에 나온 심리학적 불합리함을 피하기는 하지만, 스펜서 역시 '잘못된' 길을 간다. 왜냐하면 그 역시 **좋다**라는 개념의 기원을 자신들에게 좋음이 유용하다고 입증된 사람들의 경험으로 추적하기 때문이다.

4장

반박을 제시한 다음 니체는 이제 **좋다**는 개념의 대안적 유래를 옹호하고자 한다. 그의 설명에 따르면, **'올바른 길의 이정표'**는 자신이 주장하듯이, 그 모두가 **'동일한 개념적 변형'**을 보여주는 **좋다**는 개념의 다양한 언어적 표현들을 연구함으로써 분명해졌다. 그래서 그는 다음과 같이 주장한다.

> 사회적 의미의 '고귀한', '귀족적'이라는 말은 '귀족적 영혼을 가진', '고귀한'이라는 의미의 '좋다'라는 말이…필연적으로 발전되어 나왔던 기본 개념이다.

그는 낮은 사회적 지위를 나타내는 개념(가령, '천한', '평민의')이 저속하거나, 야비한 도덕적 조건을 가리키는 개념으로 변형된 앞의 경우와 상응하는 발전을 탐색한다. 그래서 니체는 지금 탐구하고 있는 **도덕적**

표현들의 기원은 그런 표현들이 유래한 **도덕 이전의**(즉 사회적이고 정
치적인) 표현들로 추적될 수 있고, 그래야 한다고 결론짓는다.[14]

그는 이런 통찰이 '도덕 계보학'의 올바른 실행을 위해 **근본적**이라고
선언하며, 그런 통찰에 뒤늦게 도달한 이유는 '모든 기원 물음을 다룰
때 근대 세계의 민주주의적 편견이 이를 지연시키는 영향'을 미쳤기 때
문이라고 여긴다. 니체는 (역사적) 정신이 빈곤한 자들에 대해 했던 이
전의 비난(GM I : 1)을 자세히 설명하면서 이제 그들 빈곤의 원인 내지
근원을 확인한다. 그는 민주주의적 편견의 중력에서 벗어날 수 있었던
반면, 선행자와 경쟁자들은 모든 가치의 탄생과 우세를 주도하는 저속
하고, 평민적인 힘을 발견하는 것밖에 다른 선택지가 없었다. 이런 편
견에 의하면, 무슨 수를 써서라도 우리는 비민주적이고 반(反)민주적
인 가치들을 존중했던 과거에서 우리 최고 가치들의 기원을 발견하는
일을 피해야 할 것이다. 왜냐하면 그런 식의 어떤 유래든 민주주의적
편견의 통용을 심지어 문화적 쇠퇴의 증후로 해석하는 지점까지 우리
가치들의 **가치**를 의심하게 만든 것이기 때문이다. 따라서 영국 심리학
자들의 수수께끼에 대한 어떤 해결책이든 그들이 민주주의적 편견의
속박에 저항할 수 없다는 점을 고려해야 한다.

5장

첫 번째 에세이의 논의에 독자들을 처음 포함시키면서 니체는 (버클
(Buckle)[15]의 화산 같은 **평민주의**와 대조적으로) '소수의 귀'에 들리는

14   여기서 Clark의 도움을 받았다. 이에 대해서는 Clark and Swensen, p. xxvi을 참고.
15   역주-버클(Henry Thomas Buckle, 1821-1862)은 영국의 실증주의 역사가로서
일반화나, 비교에 의한 현상 법칙의 정립을 시도했다. 그의 문명사 연구는 지리나 풍
토의 요인을 특히 중시하는 일종의 지리적 유물론의 태도를 보여준다고 할 수 있다.
니체는 바로 앞 4장에서 버클에 대해 다음과 같이 비난하고 있다. "영국에서 유래한

'조용한 문제'로 여기는 '우리의 문제'를 언급한다. 독자들을 치켜세운 다음 니체는 이제 전 장에서 제시한 근본적 통찰을 자세히 설명한다.

　고귀한 개인들은 아주 흔히 '단지 그들이 가진 힘의 우위에 의해서만 스스로를 표현하지만', 그들은 또한 사회의 낮은 계층과 자신들을 구분해 주는 그런 **'전형적인 성격적 특징들'**[16]을 끌어들임으로써 그렇게 하기도 한다. 여기서 니체는 고귀한 유형들이 높은 신분과 지위를 상징한다고 여겼던 그런 특징들을 고려하기 위해 어원학적 탐구의 초점을 좁힌다. 예컨대 그는 그리스 귀족이 우월한 사회적 지위를 표현하기 위해 사용한 개념의 변형을 제시한다. 그의 설명에 의하면, 자신을 **좋다**[17]고 표현하는 일은 **존재하며**, 현실성을 갖고 있고, 실제적이며, 참된 자신에게 주목하게 하기 위한 것이었다고 할 수 있다. 나중에 이 표현이 좀 더 주관적인 의미를 얻게 되었을 때, 이는 '진실된' 자로서, '거짓말하는 저속한 인간'과 구분되는 자신에게 주목하게 하기 위한 것이었다. 끝으로, 귀족이 몰락한 다음 **좋다**는 귀족 정치와 흔히 연결되었던 물질적이고, 사회적인 조건들과 독립하여 '영혼의 고귀함을 가리키게' 되었다. 단지 그런 경우에만 천한 개인들은 자신들을 감히 **좋다**고 칭했다. 니체가 암시하듯이, 그런 자들은 비할 데 없는 자부심에 대한 자기중심적이고 이기적인 긍정을 바탕으로 해서가 아니라, 고통과 궁핍에 대한 그들의 경험이 보여주듯이, 타인에 대한 이타적이고 비이기적인 존중을 기반으로 자신들을 좋다고 칭했다.

근대적 정신이 지닌 평민주의가 다시 한번 그 고향 땅에서 진흙으로 뒤덮인 화산처럼 폭력적으로 그리고 지금까지 모든 화산이 거리낌 없이 말해왔던 저 파괴적이고, 시끄럽고, 천박한 요설로 폭발했던 것이다.", KSA 5(『도덕의 계보』), I: 4.

16　역주-원래 독일어는 typischen Characterzuge이다.

17　역주-필자가 여기서 좋다라고 옮긴 원래 단어는 그리스어 에스트로스(ἐσθλός)다. 이 말은 ἀγαθος와 매우 유사하며 좋은, 용감한, 고귀한 등의 의미를 가진다.

이런 예가 보여주고자 하는 것처럼, 우리는 도덕적 용어와 개념들의 유래에 면밀히 주목함으로써 비이기적 가치들에 부여된 가치가 전혀 긍정적이지 않았던 태곳적 고상한 도덕의 흔적을 식별할 수 있을 것이다.

6장

지금까지 논의를 요약하고 니체는 다음과 같은 개념 변형의 '규칙'을 제시한다.

> 정치적 우위를 가리키는 개념은 영혼의 우위를 가리키는 개념으로 항상 변형된다.

이런 변형 과정은 또한 전자의 개념을 통해 이전에 자신의 우위를 표현했던 귀족의 몰락을 반영한다. 귀족들의 정치적이고 물질적인 운이 쇠락함에 따라, 그들이 선호했던 스스로에 대한 표현들은 외적이고, 신체적인 증거가 거의 요구되지 않는 내적 상태 및 덕과 훨씬 더 긴밀히 연결되었다. 그래서 다른 천한(ignoble) 이들이 이 표현들을 도용할 기회가 무르익게 된다. 이런 표현을 뒷받침하기 위해 고귀한 행위와 업적이 더 이상 기대되지 않는다면, 우리가 보게 될 것처럼 노예를 포함한 누구든 이전에는 우월한 사회적 지위를 가리켰던 표현들을 통해 스스로를 지칭할 수 있을 것이다. 그래서 이런 변형 과정은 훨씬 더 추상적이고 일반적인 개념들을 산출하며, 이는 그런 개념들이 영혼의 우위를 가리키기에 점점 더 적합하게 되었다는 것을 뜻한다.

이런 규칙을 명시하고, 귀족의 쇠퇴라는 주제를 꺼냄으로써 니체는 이제 다음과 같은 첫 번째 에세이의 핵심 테제를 발전시킬 준비가 된 셈이다. 즉 **좋다**라는 표현은 **귀족 도덕**에서 생겨났으며, 귀족이 쇠퇴하고 난 후에야 현재 도덕이 유래한 **노예 도덕**과 결부되었다. 이런 테제를 발전시키는 가운데 니체는 **좋다**라는 개념의 대안적 유래를 좀 더 익숙한 유래의 배경으로 담는다. 그의 주장에 의하면, 비이기적 행위들이 그 행위에서 이익을 얻는 사람들에 의해 **좋다**고 여겨지기 오래전 이기적 행위들은 그 행위를 수행한 고귀한 개인들에 의해 **좋다**고 여겨졌다는 것이다. 물론 이 주장만으로는 귀족 도덕이 노예 도덕보다 더 나았고, 더 낮다는 점을 증명하지는 못한다. 이를 증명하기 위해 니체는 별도의 논증을 할 필요가 있을 것이다.

그런 다음 니체는 '최고 계층이 동시에 **사제 계층**'인 곳, 즉 아마도 예외적인 귀족 사회를 고려한다. 그의 설명에 의하면, 그런 사회에서는 **순수한 것**과 **불순한 것**의 개념이 사회적 지위를 가리킬 뿐만 아니라, 또한 그 개념들이 가리키는 지위를 분리시키는 거리를 반영한다. 앞서 언급한 개념 변형의 규칙에 따라 **순수한 것**과 **불순한 것**이라는 도덕 이전의 개념은 사회적 지위와는 독립적으로 부여된 **좋다**와 **나쁘다**는 익숙한 도덕적 표현으로 변형된다. 여기서 니체는 자신의 논의가 '좋다와 나쁘다'라는 귀족적 영역에서 아직 벗어나지 않았음을 독자들에게 상기시킨다. 두 가지 형태의 귀족정, 즉 기사 귀족정과 사제 귀족정 모두 거리의 **파토스**를 나타내는 명백히 고귀한 가치 평가를 보여준다. 앞으로 볼 것처럼, 사실상 두 계층 중 어떤 계층도 사회의 낮은 계층에게 혹은 서로에게 호의적이지 않다. 서로에 대한 그들의 적대감은 분명 경쟁하는 (그리고 상호 배타적인) 고귀함에 대한 주장이라는 단순한 문제다. 두 계층 가운데 어떤 계층도 사회적 위계질서에서 종속적 지위를 기꺼이 수용하려 하지 않는다.

니체는 시간 낭비하지 않고 자신의 카드를 펼쳐 보여준다. 그는 사제 유형을 좋아하지 않으며, 사제 계층을 자신이 분명하게 선호하는 기사 계층이라는 상대에 대한 은밀한 위협으로 여긴다. 그래서 그는 사회적 역할이나 종교적 기능과 관련하여 사제 계층을 끌어들이는 것이 아니라, 세 번째 에세이의 분석을 미리 보여주면서 병이나 퇴보와 연결시키는 **생리학적** 유형으로 사제 계층을 소개하고 있다.[18][19] 니체는 '사제들을 항상 괴롭혔던 내장의 병적 상태와 신경 쇠약'을 조심스럽게 지적하는 반면, 사제들이 스스로에게 처방했던 '치료법', 즉 '그들을 행위로부터 차단했던 습관, 곱씹음과 감정적인 폭발 사이를 오가는' 습관의 함양을 폭로하는 데 훨씬 더 관심을 둔다. 그래서 그는 사제들이 행위를 병적으로 혐오하고, 그들을 괴롭히는 병을 진단하는 데 놀랄 만큼 서투르다고 여긴다. 사실 이런 이중적 결함으로 인해 그들이 처방한 치료법은 '치료한다고 주장했던 병보다 결과적으로 백배 더 위험한' 것으로 판명된다. 앞으로 볼 것처럼, 이는 사제들이 그들의 치료법을 타인들에게 처방했고 그 타인들이 유사하게 처참한 결과를 맞이했기 때문이다. 그래서 니체는 도덕상의 노예 반란의 선동자들이 이용한 구조적 변형[20]의 유래라고 할 수 있는 자초한 불안정[21]이 생긴 장소가 사제 귀족정이

---

18   사제에 대한 이런 설명에 영향을 주었던 한 문장에서 니체는 사제들의 병이 관습의 도덕에서 그들이 이탈했다는 공동체의 판단을 스스로 내면화한 탓으로 여긴다 (D 9).

19   역주-필자가 각주 18에서 지적하고 있는 『아침놀』의 아포리즘은 관습의 도덕이라는 제목을 달고 있다. 거기서 구체적으로 어떤 문장을 가리키는지 명확하지 않지만, 내용상 다음 문장이라고 추측해 볼 수 있다. "관습의 도덕이 지배하는 상황에서는 어떠한 독창적인 정신도 양심의 가책을 느꼈다.", KSA 3(『아침놀』), 9.

20   역주-저자에게 직접 이메일로 문의한 결과 구조적 변형은 먼저, 고귀함에 대한 두 표현(가령, 기사는 신체적 탁월함을 통해 고귀함을 표현하는 반면 사제는 영혼의 순수함을 통해 고귀함을 표현한다) 간의 불일치를 가리키며 둘째로, 자신들이 억압하는 사람들이 그들에게 가한 비난(가령, 악하다는 비난)에 대한 기사 귀족들의 민감성을 뜻한다.

21   역주-저자에게 직접 이메일로 문의한 결과 니체의 주장에 의하면, 여기서 자초한 불안정이란 사제 유형을 항상 괴롭히는 생리학적 조건을 가리킨다. 요컨대 사제들은

라고 간주한다.

　사제 유형을 낮게 평가하고 있음에도 불구하고 니체는 다음과 같은 중요한 양보를 하면서 이 장의 결론을 내린다.

> 인간이 **흥미로운 동물**이 된 것은 바로 이러한 **본질적으로 위험한** 형태의 인간 현존, 즉 사제 형태라는 토양 위에서였으며, 오직 여기에서만 비로소 인간 영혼은 더 높은 의미에서 **깊이**를 얻었고, **악하게** 되었다. 그리고 이것들이 인류가 지금까지 다른 짐승들보다 우월했던 두 가지 기본적 측면이다.

우리가 앞으로 볼 것처럼, 니체는 사제들의 유독한 영향이 사실상 인류를 탈도덕적 역사 시기의 문턱으로 데리고 갔다는 사실을 보여주고 싶어 한다. 그의 논박이 사제를 악당으로 간주하도록 부추기지만, 니체의 계보학적 논의는 그들이 여전히 아직 끝나지 않은 이런 이야기의 비밀스러운 영웅으로 드러날 수 있음을 암시한다. 어쨌든 니체는 사제들의 영향이 스스로 옹호하기를 원하는 설명을 전개하는 데서 핵심 역할을 한다는 사실에 대해 이해하기를 바란다.

7장

사제 유형에 대한 이런 진단에 비춰보면, 사제 귀족의 가치 평가와 기사 귀족의 가치 평가 사이의 갈등이 불가피하다는 사실을 알고 놀라지 말아야 할 것이다. 여기서 니체는 사제 계층과 기사 계층이 힘과 눈에 가장 잘 띄는 중요한 자리를 위해 경쟁하는 불안정한 정치 체계를 가정한다. 이런 두 계층이 자연스럽게 상호 대립하게 됨에 따라 그들 각각

그들 자신의 귀족으로서의 지위를 의심하지 않고서는 자신들의 고귀함을 내세울 수 없다는 것이다.

이 하는 가치 평가 방식의 차이는 점점 더 대조적으로 나타난다.

　이런 두 계층의 갈등을 전망함으로써 니체는 기사 귀족의 가치 평가의 생리적 조건을 확인하는 기회를 얻게 된다.

> 강력한 신체, 성대하고 풍부하며, 심지어 흘러넘치는 건강 및 그런 건강을 유지하는 데 도움이 되는 것: 전쟁, 모험, 사냥, 춤, 군사 훈련 그리고 보통 활기차고, 자유로우며, 즐거운 활동을 포함한 모든 것.

대조적으로 사제 계층의 가치판단은 내면성, 금욕, 자기 제어 및 행위에 대한 혐오를 전제한다. 이런 두 계층 간의 갈등이 아주 폭력적인 전투로 증폭된다면, 기사 귀족 계층이 압도적으로 유리할 것이다.

　그러나 고귀한 기사들의 확실한 승리를 기록하는 대신 니체는 다소 수수께끼처럼 '**가장 사악한 적**'으로 여기는 **사제들**로 돌연 논의의 초점을 옮긴다. 니체가 이런 특정한 표현에 기대는 것은 주목할 만하다. 왜냐하면 그는 이 표현을 노예 도덕의 '기본 개념'이자, 특징적 '창조물'로 간주하기 때문이다(GM I: 10). 노예 도덕이 이 표현을 가장 강한 사람들(즉 기사 귀족들)을 위해 남겨 둔 반면, 니체는 여기서 이 표현을 가장 덜 강한 자들(즉 사제들)에게 부여한다. 그래서 니체가 시사하는 바에 따르면, 사제가 가진 힘의 비밀은 예상치 않게도 좀 더 기본적인 무력함이라는 조건에서부터 힘이 생겨났다는 사실이다. 그래서 니체는 다음과 같이 설명한다. '사제들은 **가장 사악한 적**이다.' 왜냐하면 그들의 무력함이 다른 사람들 안에서 자신들이 복제할 수 있는 비할 데 없는 유독성을 지닌 증오를 그들 안에 낳기 때문이다. 사제의 증오가 특히 두려운 점은 그런 증오가 오직 반동적일 뿐인 사제의 힘이 의존하는 모든 것을 파괴하기 위해 목표로 삼는다는 사실이다. 앞으로 볼 것처럼, 이는 사제가 어떠한 통상적인 적도 아니라는 점을 의미한다. 왜냐하면 그는 어떤 것도 남겨 두지 않기 때문이다.[22] 그는 자신을 확대하기 위해서가 아니라, 단지 자신의 원한을 일으킨 건강, 힘, 그리고 강력함의 모든 징후를 말살하기 위해 적들을 공격한다.[23][24] 그럼으로써 사제가 그 자신의 존재 조건을 파괴한다는 사실은 그의 일을 고무시키는 **무에의 의지**의 증거이다.

　이런 통찰을 갖춤으로써 이제 우리는 니체의 논의에 있는 틈을 메울 준비가 된 셈이다. 기사 귀족과 전쟁의 가능성에 직면했을 때, 무력한 사제들은 그들의 습관대로 내부로 향함으로써 반응했다. 기사 귀족들에 대한 그들의 증오는 '가공하고, 이상할 정도로' 커졌으며, 결국 교활한 전쟁에서 우세를 점할 수 있게 해준 무기와 전략을 낳았다. 특히 우리가 보게 될 것처럼, 그들의 증오는 가장 뚜렷하게는 **사악한 적**(GM I: 10)이라는 발명품을 포함하는 새로운 가치를 낳게 되는 지점까지 자라났다. 여기서 우리는 니체가 기사 귀족들의 승리를 기록하지도 않고, 축하하지도 않을 것이라고 짐작할 수 있다. 왜냐하면 이런 승리는 사제식 보복이라는 최후의 심판일 장치를 작동시키기 때문이다. 즉 사제들을 진압하는 가운데 기사 계층은 훨씬 더 흥미롭고, 위험스러운 발전 궤도를 따르도록 인간의 역사를 개시했지만, 부지불식간에 자기 자신을 파괴하는 씨앗을 뿌린 셈이다.

22　A 38을 보라.

23　1888년 니체 저술들의 중요한 테마는 건강한 사회와 문화가 무력화시키기 위해 선제 조치를 취해야 하는 **찬달라**와 사제를 동일시하는 작업이다.

24　역주—여기서 찬달라는 불가촉천민(不可觸賤民)을 뜻한다. 불가촉천민은 산스크리트어 찬달라(chandala)를 번역한 한자어이며, 찬달라는 '부정 타는 자', '닿으면 안 되는 (미천한) 것'이라는 뜻을 담고 있고, 사용이 금기시되는 단어다.(불가촉천민은 인도의 카스트 제도에 포함되지 못하는 계급이다.)

두 번째로 경로를 변경하면서 니체는 갑자기 유대인들, 즉 '사제 민족'을 고려하기 시작한다. 그리고 니체는 '**가장 정신적인 보복** 행위', 즉 고대의 고귀한 민족과 국가를 지탱해 왔던 귀족적 가치의 **전도**를 이들 탓으로 돌린다.[25] 모든 역경에 대항하여 유대인들은 이런 전도를 추구했고, 결국 그런 전도는 실제로 대안적 '가치 방정식'을 낳았다. 팔복(至福)[26]을 다른 말로 풀어서 표현하고 있기 때문에 니체가 누구를 염두에 두고 있는지는 의심의 여지가 없지만, 귀족적 가치의 유대식 전도를 계승한 자의 이름을 거명하지 않고 당분간 만족하면서 니체는 '유대인들과 더불어 **도덕상의 노예 반란**이 시작된다'고 선언한다.

8장

독자들이 노예의 승리를 간파할 수 있을지 의심하면서 니체는 '**오랫동안 계속된** 모든 것은 보기 어렵고, 전체를 보기 어렵다'는 사실을 인정한다. 멀리 있는 물체를 잘 보는 원시(遠視)가 작동하지 않는 독자들을 돕기 위한 것처럼 니체는 다시 한번 『도덕의 계보』에서 이따금씩 사용하는 수목(樹木) 이미지에 다시 한번 도움을 요청한다. 여기서 니체는 '유대식 증오'를 서구 도덕이라는 나무의 몸통으로 간주한다. 여기서는 아직 거명되지 않은 그리스도교가 약속하고, 실천한 '**새로운 사랑**'이 이 몸통에서부터 싹튼 것이다.[27] 이 이미지가 암시하듯이, 니체는 그리

---

25 그는 나중에 이런 '전도'가 '모든 가치들의 재평가'(GM I: 8)를 포함한다고 언급한다.

26 역주—예수 그리스도가 산상 설교에서 제시한 행복 선언의 내용으로 마음이 가난한 자에게 복이 있을 것이라는 항목 등을 포함하며, 마태복음의 산상 수훈에 나온다.

27 그는 나중에 『도덕의 계보』를 재검토하면서 훨씬 더 명확히 다음과 같이 설명한다. '첫 번째 [에세이의] 진리는…**원한**의 정신에서부터 그리스도교의 탄생이다.'(EH: gm)

스도교 도덕을 자신이 유대인들과 연결시키는 사제식 증오에서 나온 유기적 결과물로 이해한다. 이런 증오가 운 좋고, 태생이 좋으며, 자기 확신에 찬 기사 계층의 전사들을 향해 있는 만큼 니체는 여기서 그리스도교 역시 모든 고상한 것과 대립한다고 주장하고 싶어 한다. 그래서 니체가 주장하고 싶어 하는 바에 의하면, 유대인과 그리스도인이 공유하는 것은 정확히 두 번째 성전 시대[28]의 유대 사제들에게서 시작되었고, 그리스도교 도덕이라는 '표식' 아래 만개했던 '도덕상의 노예 반란'이다.

그래서 니체는 그리스도인의 사랑을 유대 사제의 증오가 개량되고, 완성된 것으로 설명한다. 더 나아가 그는 '나사렛 예수', 즉 '가장 분명한 유대인의 대립자이자 파괴자' 역시 사실상 유대인에 의해 '복수의 도구'로 비밀스럽게 **이용되었다**고 주장하기까지 한다. 예수를 '자신의 육화된 사랑의 복음'이 증오에 찬 보복의 가르침으로 일그러진 '구세주'라고 이처럼 표현하는 것은 니체가 그리스도교의 진정한 설립자로 간주하는 비유대인들의 사도, 즉 바울(c.3-c.65)을 암시하기 위해서라고 할 수 있다. 니체에 의하면, 사실상 '유대인의 반대자들' 앞에 예수를 매달고, 정확히 그럼으로써 그들이 '주저하지 않고 바로 이 미끼를 삼키고 이로써 그리스도교 도덕의 독을 섭취할 수 있도록' 했던 자는 바로 바울이었다. 그래서 니체는 (아직 거명되지 않은) 그리스도교의 '표식' 아래 '유대인이…이제까지 계속해서…모든 **더 고상한** 이상에 대해 승리를 거두어 왔다'고 선언한다. 콘스탄티누스 황제(c.285-337)의 개종에 대한 이런 암시는 노예 반란이 그리스도교가 로마 제국의 공식 종교로 확립되었던 서기 4세기까지 확장되었음을 확인해 준다.[29]

---

28   역주-516 BCE-70 CE.

29   Thatcher가 주장하듯이(p. 589), **이 표식 아래(sub hoc signo)**는 아마도 콘스탄

이 장은 또한 첫 번째 에세이를 왜곡시키고 있으며, 잠재적으로 선동적인 반(反)유대적 레토릭에 니체가 기대고 있는 사실에서 확인할 수 있는 그럴싸한 요점을 드러내 보여준다.[30] 스스로를 유대주의의 대립자로 여기기를 원한 그런 그리스도인들은 이제 니체가 이전에 유대인들에게 귀속시켰던 사제식 증오(GM I: 7)를 좀 더 완전하게 발전시킨 실행자로 자신들을 간주할 수밖에 없다. 여기서 우리는 니체가 첫 번째 에세이에서 유대인들에게 쏟아부은 많은 비난이 좀 더 공정하게 보자면 귀족성에 대한 증오를 비할 데 없이 격렬하게 치솟게 했던 초기 그리스도인들에게 돌아간다는 점을 사실상 알게 된다.[31] 사실 니체가 반유대적 레토릭을 사용하는 목적은 그리스도교식 반유대주의가 사실상 **자기혐오**의 복잡한 표현이라는 당혹스러운 진리를 드러내기 위해서라고 할 수 있다.

9장

니체는 이 장을 간주곡으로 활용하고 있으며, 도덕상의 노예 반란을 설명한 데 대해 가상적인 '자유정신'이 보이는 반응을 언급한다. 적어도 첫눈에는 자유정신은 꽤 믿을 만하게 (혹은 니체가 말하듯이, '정직하게') 보인다. 왜냐하면 그는 자신이 우연히 선호한 지나간 문화나, 무너진 제국에 어떠한 감상적 가치도 부여하지 않기 때문이다. 더욱이 통상 **자유정신**이라는 표현은 니체가 동료 인간들에게 부여하는 최고의 표현

티누스의 모토, 즉 **이 표식에 의해 승리하리라(in hoc signo vinces)**라는 구절을 상기시키기 위해서였을 것이다. Clark and Swensen, p. 135를 보라.

30   Yovel, pp. 145–52를 보라.

31   Yovel(pp. 149–50)이 언급하듯이, 니체가 유대식 증오의 예로 들고 있는 사항들—가령 요한 계시록, 예수, 베드로, 바울, 마리아라는 사인방—은 사실 좀 더 일반적으로는 초기 그리스도교의 전형으로 이해된다.

가운데 속한다. 물론 우리가 보게 될 것처럼, 그런 표현은 또한 자기 이해의 확실한 결여(GM III : 24)를 함축하기도 한다.

이런 자유정신은 존경스럽게도 '사실들을 고수하기'를 원한다. 그래서 자유정신은 도덕상의 노예 반란에 대한 니체의 설명을 유럽 문명의 진행에 관한 설명으로 받아들인다고 주장한다. 그는 '우리'가 '사랑하기'를 배웠던 '독'을 전하기 위한 체계와 거의 다름없다고 여기는 교회를 더 이상 필요로 하지 않으며, 명백히 유신론에 대한 자신의 거부를 그런 모든 형태의 신앙으로부터의 독립 선언으로 여긴다. '진보'를 역사의 단순한 운동과 동일시하면서 그는 역사의 운동이 빈번하게 내려가는 포물선을 그린다는 니체의 주장을 고려하기를 당연히 꺼린다. 그가 명백히 주장하고 싶어 하는 바에 따르면, 승리한 가치와 이상들은 단지 승리**했어야** 했던 것들일 뿐이다.

그러나 분명 사태는 자유정신이 믿고 싶어 하는 것처럼 단순하지 않다. 우선, '사실들'에 대한 그의 충실함은 기껏해야 선택적이다. 인류가 도덕상의 노예 반란을 지금껏 **견뎌냈다**는 사실은 이러한 '중독' 과정이 **성공적**이었다는 증거가 전혀 아니다. 둘째, 존재하는 것(가령, 교회의 '조야하고, 천박한' 방식)과 존재해야 하는 것(가령, '진정 근대적인 취미') 사이를 **그가** 구분하고자 할 때, 자신의 실증주의를 편의대로 제자리에 두지 않는다. 셋째, 민주주의적 공감에 대한 그의 비일관적인 지지는 다른 사람들보다 우월하다고 느끼려는 자신의 비민주주의적인 바람과 사실상 배치된다. 그래서 자유정신은 거기에 비해 자신의 이상이 무색해지는 고대의 '고상한 이상들'에 대한 니체의 호소를 즉각 거부하지만, 여전히 교회를 필요로 하는 사람들에 대한 자신의 우위를 자신만만하게 긍정한다. 사실 이런 마지막 요점이 확인해 주듯이, 우리의 자유정신은 노예 반란에 대한 자신의 해석을 선호한다. 왜냐하면 그런 해

석은 **그를** '역사의 목표이자 정점, 즉 역사의 의미로'(GM I: 11) 간주
하기 때문이다. 그가 지금까지 니체가 한 설명에서부터 올바르게 추측
했듯이, 노예 반란의 성공 혹은 실패는 그(him) 안에 반영되어야 한다.
이런 관점에서 우리는 그렇게 하는 것이 스스로 섭취했던 '독'에 대한
'사랑'을 고백할 수밖에 없게 한다고 해도, 그가 노예 반란의 완전한 성
공을 주장한다는 사실을 알고 너무 놀라서는 안 될 것이다.

　이런 자유정신이 니체의 안내를 계속 받으려 한다면, 그는 자신의
민주주의적 공감을 다시 검토할 필요가 있을 것이다. 특히 그는 자신
의 우월감이 자신의 성취라기보다는 전 세계적 유행병 같은 인류 전
반의 평준화와 관련이 있다는 점을 인정할 필요가 있다. 니체가 나중
에 명백히 하듯이, 지금은 '절망적으로 범용하고, 활기 없는' 인간들이
'잘못된 체질을 지니며, 병들고, 피곤하며, 소진된 민족의 악취를 풍기
기 시작하는 유럽'(GM I: 11)보다 자신이 우월하다고 기뻐할 때가 아
니다.

10장

'침묵하고 있는 많은 것'(GM I: 9)이 있지만, 니체는『도덕의 계보』에
서 가장 독창적이고, 도발적인 주장들 가운데 하나를 제시하면서 이 장
을 시작한다. 이전 논의로 돌아가 니체는 다음과 같이 설명한다.

> 도덕상의 노예 반란은 **원한** 자체가 창조적으로 되고, 가치를 낳을 때 시작
> 된다. 이는 진정한 반응, 즉 행위의 반응이 부정됨으로써, 오직 상상적 복수
> 으로만 자신을 보상하는 존재들이 지닌 **원한**이다.

우리가 보게 되듯이, 도덕상의 노예 반란은 단지 새로 생긴 이런 가치

들을 옹호했던 노예들이 그 가치들을 결국 구현했기 때문에만 성공했다. 니체는 이제 이런 낯선 가치들이 **어떻게** 우선은 노예들에게 그리고 뒤이어 그들의 압제자들에게 두 번째 본성이 되었는지 설명해야 한다. 그는 이 새로운 가치들의 부계(父系)를 여기서 추정하지 않지만, **금욕적 사제**가 노예들의 **원한**을 수태시킨 책임의 당사자라고 여길 만한 충분한 이유가 있다. 금욕적 사제는 세 번째 에세이까지 형식상 논의에 등장하지 않지만, 이 경우처럼 그의 소행으로 인해 생긴 것들은 임신, 생식, 결실 및 발생의 이미지로 『도덕의 계보』라는 텍스트 안에 자주 나타난다. 사제 유형이 무력하다고 서술되어 있지만(GM I: 7), 『도덕의 계보』의 주요 논의는 금욕적 사제가 자신의 가치들을 다른 사람들 안에서 재생산하고, 그 사람들이 자신과 똑같이 행동하도록 만들 수 없었다면, 별 의미가 없을 것이다. 사실 우리가 보게 될 것처럼, 금욕적 사제가 행한 무성 방식의 생식이 주로 큰 영향을 미쳐서 노예 도덕의 가치들은 문화적으로 전달되었다.

 이 장에서 또 니체는 **귀족 도덕**과 **노예 도덕** 간의 유력한 구분을 가장 분명하게 제시한다.[32][33] 이런 구분을 상세히 설명하기 위해 니체는 이 장에서 (그리고 다음 장에서) 이 각각의 도덕이 발전되어 나온 '가치 평가 방식'을 집중적으로 고려한다.

---

32 이런 설명을 하면서 니체는 BGE 260에 나오는 이전 내용에 주로 기댄다. 거기서는 **주인 도덕**(master moral)과 **노예 도덕**을 병치하고 있다.

33 역주-각주 32에서 지적하고 있는 부분은 다음과 같다. "나는 여기에 바로 다음과 같은 점을 덧붙이고자 한다. 즉 고도로 발달되고, 혼합된 모든 문화에서는 이 두 가지 도덕을 매개하려는 시도도 나타나고 있으며, 또 종종 그 두 가지의 뒤섞임이나 상호 간의 오해도 나타나며, 가끔씩은—심지어 같은 인간 안에서나 하나의 영혼 안에서—그것들의 굳건한 병존도 나타난다고 할 수 있다.", KSA 5(『선악의 피안』), 260.

모든 귀족 도덕이 자신에 대한 의기양양한 긍정에서부터 자라난[34] 반면, 노예 도덕은 처음부터 '외부의' 것, '다른' 것, '자신이 아닌' 것…에 대해 아니오라고 말한다.

니체가 이런 대조적인 가치 평가 방식을 구분하는 것은 대개 편의상의 문제이다. 그런 구분 자체는 각각의 도덕을 발생시킨 핵심을 분명하게 조명해 주지만, 인위적이다. 니체가 나중에 강조하는 것처럼(GM I: 16), 여기 서술된 순수한 형태로 된 두 가지 도덕의 현재 사례를 만나리라고 기대해서는 안 될 것이다.

이 두 가지 방식의 가치 평가와 그런 가치 평가가 산출한 도덕들 간의 가장 중요한 차이를 간단히 검토해 보자.

- 귀족 도덕은 개인이 자발적으로, 반성에 앞서 자기 자신을 **좋다**고 평가하는 데서 유래하는 반면, 노예 도덕은 타자를 향해, 타자를 부정하면서 소위 노예의 압제자를 본래 **악하다**고 평가하는 데서 생긴다. 귀족 도덕은 뒤이어 자신과 낯선 모든 것을 **나쁘다**고 간주하는 반면, 노예 도덕은 뒤이어 자기 자신을 나중에 덧붙인 것으로 **선하다**고 여긴다. 물론 이는 앞선 상황에서 유도되는 방식으로만 이루어질 뿐이다.
- 노예는 단지 결핍에 의해서만 그리고 그가 **악하다**고 여긴 그런 외부 압제자들의 속성을 부정함으로써만 자신의 정체성을 얻는다. 노예가 자기 자신에게 부여한 **선**은 오직 그의 압제자들과 그를 구분해 주는 (소위 자발적인) 고통과 수동성에 의해서만 확인된다.

---

34   여기서 Clark와 Swensen이 제안한(p. 19) 번역어를 선호한다. 이 번역어는 **herauswächsen**이라는 동사의 유기체적 함축을 더 잘 전달해 준다.

- 귀족 도덕이 스스로 만나는 세계의 상황과는 독립해서 존재하고 자신을 표현하는 반면, 노예 도덕은 '항상 먼저 적대적인 외부 세계를 필요로 한다.' 결과적으로 노예 도덕은 자신을 향한 적대성의 중단을 위해 노력할 수 없는 것은 물론이고, 그런 중단을 결코 확실하게 바랄 수도 없다. 따라서 노예의 정체성과 자인한 '선'은 자기 자신이 영속적인 포위 상태 아래 살고 있다는 (자아도취적인) 자각에 의존한다.
- 귀족 방식의 가치 평가는 '자발적으로 작용하고, 자라나는' 반면, 노예 방식의 가치 평가는 작용 범위상 **반동성**의 영역에 제한되어 있다. 그래서 귀족은 자신의 '행위'가 가져오는 만족을 향유하는 데 반해, 노예는 '상상적 보복'이라는 보상적 향유에 스스로 만족해야 한다.
- 니체가 노예 반란의 심리학을 간파할 때 핵심은 '자기 자신으로 시선을 돌리는 대신 외부로 시선을 향하게 만들 **필요**'가 본질인 **원한**의 창조적 역할을 강조한다는 점이다. 이런 '필요'는 분명 노예가 직접적이고, 자발적으로 긍정할 만한 어떤 것도 자기 자신 안에서 알아차리는 데 실패했기 때문에 생긴다. 귀족에 대한 **원한**을 표현하는 가운데 노예는 **어느 누구도** 귀족에게 적합한 특권을 누리지 못할 것이라고 확신하기를 매우 열렬히 바란다. 즉 노예는 자신이 거기서 발견하는 것을 **부정**하고, 궁극적으로 **파괴**할 수 있기 위해 시선을 '외부로' 돌린다. 삶, 강함, 건강, 힘, 아름다움, 영속성 내지 고귀함의 번성을 만나는 어디서든 그는 스스로 그런 번성을 근절하는 데 헌신해야 한다.
- 노예가 **또한** 자신의 정체성을 위해 '적대적인 외부 세계'에 의존한다는 사실은 노예 도덕의 핵심에 놓여 있는 **무에의 의지**를 드러낸다.

사실 노예가 적들의 도발에 의존하고 있는 만큼, 모든 고귀한 것을 파괴하려는 그의 조직적 활동은 자신의 파괴를 보장하는 간접적 수단이다. 자신이 반응할 수 있는 '어떠한 외적 자극'도 없다면, 노예는 행위하는 데 전적으로 무력할 것이다.

- 귀족 도덕의 실행자들이 니체가 기꺼이 '대담한 무모함' 및 '열정적 충동'과 연결시키는 '조절하는 무의식적 충동의 완전한 기능'에 좀 더 일관적이고 직접적으로 의존하는 반면, (니체가 이제 **'원한'의 인간**'으로 간주하고 있는)[35] 노예 도덕의 실행자들은 '훨씬 더 큰 정도로 영리함을 존중한다'는 특징을 지닌다.[36]

- 고귀한 개인들이 자신의 적들을 '존중'과 '존경'을 갖고 대하고 자신의 힘과 고귀함을 재는 외적 척도로 대하는 반면, 노예는 자신의 '악한' 적들을 악마로 만들며, 단지 그럼으로써만 자신의 파생적 '선'을 확보한다.

- 귀족 도덕의 '나쁘다(schlecht)'와 노예 도덕의 '악하다(böse)'의 차이를 통해 니체는 '좋다good(gut)'는 표현은 두 가지 도덕에 공통적이지만, 각각의 도덕에서 아주 다른 것을 의미한다고 결론을 내린다.

앞으로 드러나는 것처럼, 노예 도덕이 **악하다**고 여긴 개인은 귀족 도덕이 **좋다**고 여긴 개인과 다르지 않다. 그래서 니체는 '"악한 적", "**악한**

---

35 '**원한**'의 인간'이라는 표현은 좀 더 정확히 말하면 사제에 의해 변형되고, 이어서 무기처럼 된(weaponized) 노예들을 가리킨다. 이 표현은 사제 자신을 포함할 수도 있지만, 반드시 포함할 필요는 없다.

36 여기서 니체 자서전의 1장 제목이 '왜 나는 이토록 영리한가'라는 사실에 주목하면 흥미롭다.

자"'³⁷ ³⁸라는 개념이 도덕상의 노예 반란의 근거가 된 '행위'이자, 그런 반란을 표시하는 주목할 만한 '창조물'이라고 여긴다. '선한 자'를 포함한 다른 모든 개념은 파생적이다.

11장

이런 통찰은 첫 번째 에세이의 중요한 진전을 나타낸다. 왜냐하면 여기서 니체는 귀족 도덕의 실행자들을 바라보는 경쟁적인 두 관점 및 그에 상응하는 평가를 확인하고 있기 때문이다. 귀족들은 자신들을 **좋다**고 여기는 반면, 그들 공격의 희생자들은 그들을 **악하다**고 선언한다. 앞서 '노예'라는 표현을 '**원한**의 인간'이라는 표현으로 대체한 후, 이제 니체는 '노예 도덕'이라는 표현을 '**원한**의 도덕'이라는 표현으로 대체한다.³⁹ 우리가 보게 될 것처럼, 이 두 경우 용어상의 변화는 노예의 **원한**을 다루는 일을 임무로 하는 사제가 원한의 도덕을 형성하는 데 끼친 중요한 영향을 나타내기 위한 것이다. 앞으로 볼 것처럼, 사제는 상호 부조와 안락함으로 이루어진 공동체 내지 **무리**를 형성함으로써 이런 임무를 수행하며, 기사 귀족들과 그들의 고유한 가치 평가 방식에 대항해 보복

---

37 이는 예수가 '악한 자'를 '밭'(=세상)에다 잡초(='악한 자의 아들들')를 심었던 '적'으로 여기는 신약의 우화를 암시할 수도 있다(마태복음 13.24-30, 36-9; 요한의 첫 번째 편지 5.19와 비교해 보라). 또 니체는 이 우화를 『차라투스트라는 이렇게 말했다』 II부 첫 번째 연설에서 언급하고 있다.

38 역주-각주 37에서 언급하고 있는 성경 가운데 핵심적인 부분이라고 할 수 있는 마태복음 13장 37절에서 40절까지의 내용은 다음과 같다. "예수님께서 이렇게 이르셨다. '좋은 씨를 뿌리는 이는 사람의 아들이고, 밭은 세상이다. 그리고 좋은 씨는 하늘 나라의 자녀들이고 가라지들은 악의 자녀들이며, 가라지를 뿌린 원수는 악마다. 그리고 수확 때는 세상의 종말이고 일꾼들은 천사들이다. 그러므로 가라지를 거두어 불에 태우듯이, 세상 종말에도 그렇게 될 것이다.'" 여기서 물론 가라지는 잡초를 뜻한다.

39 그는 다른 곳에서 '원한의 도덕은…순수하고, 단순한 그리스도교 도덕이라는 점'(A 24)을 인정한다.

하려는 조직적 활동을 위해 나중에 이 **무리**를 동원한다.

희생자의 관점 혹은 가치 평가 방식을 지지하지 않지만, 니체는 **원한**의 인간이 적을 **악하다**고 여길 만한 충분한 이유를 갖고 있다는 점을 인정한다. 도덕 이전의 '야생' 상태로 돌아가면, 이런 고귀한 개인들은 '우리에 갇히지 않은 야수보다 더 나을 것이 없다.' (그래서 니체는 두 번째 에세이에서 중요한 역할을 하게 될 **야수**라는 표현을 **원한**의 인간이 지닌 비뚤어진 관점을 이해하고자 도입한다.) 시민사회의 평화와 거리가 먼 타고난 야생 상태에서 이런 귀족들을 만나게 되면, 우리는 그들이 스스로 자인한 좋음을 순수한 야수성의 표현으로 자연스럽게 경험할 수 있을지 모른다. 즉 야생 상태에서 이런 귀족들은 피에 굶주린 다른 어떠한 포식자와도 실제로 구분되지 않을 것이다.

그러나 광란하는 야수는 '악한 자'와는 거리가 멀며, 니체는 여기서 (혹은 다른 곳에서) **원한**의 인간이 지닌 극히 도덕화된 관점을 옹호하려고 하지 않는다. 이런 야생의 야수가 저지른 잔혹 행위를 나열한 직후 니체는 사실 '이런 고상한 종족들에게서 야수, 즉 약탈품과 승리를 찾아 어슬렁거리는 멋진 **금발의 야수**'를 식별할 수 있다고 주장한다. (이런 야수를 **문자 그대로** 금발이라고 여기는 오해를 불식시키려는 듯 니체는 즉시 '로마, 아라비아…[그리고] 일본 귀족'을 모든 고귀한 민족과 문화의 핵심에 도사리고 있는 '야수'의 사례로 든다.) 여기서 요지는 야수와 비유할 수 있는 유형의 인간이 건강하고, 번영하는 민족 내지 문화의 발전을 위해 절대적으로 본질적이라는 점이다. 그래서 니체는 야수의 공격성을 '이따금 발산할 필요가 있고,' 어떤 고귀한 민족이든 갖고 있는 '숨겨진 핵심'으로 여긴다. 그래서 니체에 의하면, 이런 야수를 악하다고 선언하는 것은 고귀한 민족 내지 문화의 가능성 자체에 대해 전쟁을 선포하는 일이다. 그리고 앞으로 보게 될 것처럼, 이것이 바로 정확히 **원한**의 인간들이 저질렀던 짓이다.

여기서 니체가 이 장에서 서술된 귀족들이 위태롭게 분열된 삶을 영위한다는 생각을 넌지시 도입하고 있다는 사실에 주목해야 할 것이다. 그들이 '고삐 풀린 야수'와 비교되게끔 행동하는 경우는 '낯선 것, **낯선 사람**이 발견된 외부로 나갈' 때뿐이다. 이것은 아마도 **다른** 서식지, 즉 시민사회라는 서식지에서 귀족들과 만나게 되면, 그들은 거의 야수로 여겨지지 않을 것이라는 점을 의미한다. 귀족들이 야생성 속에서 '스스로를 보상'해야 한다는 사실 자체는 우리가 보았듯이, '상상적 보복을 통해 스스로를 보상'할 수밖에 없는 노예들과 그들을 분리시키는 거리가 좁아짐을 가리킨다.

그래서 니체는 '**야수**'라는 표현을 통해 귀족 도덕의 전성기에 나타나는 매우 상이한 두 순간을 암묵적이지만 구분할 수 있다. 헤시오도스와 마찬가지로 니체는 단일한 역사적 시기를 두 시기처럼 취급한다. 1) 자신의 희생자들 앞에서 악당 같은 자연의 힘으로 나타나면서 형식을 창조하는 야수의 시기(GM II: 17)[40] 2) 희생자들의 **악한 적들**로 매도되는 시간제 야수의 시기[41] 그래서 귀족 도덕의 전성기에 나타나는 이 두 시기를 분리시키는 거리는 귀족적 공격성의 희생자들이 **환자**에서 **죄인**으로 점차 변형된 사건을 반영한다. 이런 변형이 진행됨에 따라, 귀족적 공격성의 희생자들은 이전에는 자연적이고, 도덕과 무관한 것으로 여겼던 개인과 사건들에 대한 철저하게 도덕화된 해석을 훨씬 더 집요

40　역주-필자는 form-giving으로 옮기고 있는데, 2장 17절에서 니체는 야수적 인간을 예술가와 비교하면서 그가 형식을 창조하는 행위, 형식을 새기는 행위(Formen-schaffen, Formen-aufdrücken)를 한다고 서술하고 있다. 그래서 형식을 창조한다고 옮겼다.

41　이런 구분은 5장에 나오는 '개념적 변형'의 두 가지 국면을 재현하기 위한 것일 수도 있다.

하게 계속 요구한다.

이런 특정한 노선의 해석은 금욕적 사제가 주장했지만(GM III: 20)[42], 야수는 그런 해석의 개연성을 보장하기 위해 부지불식간에 자기 몫을 했다. 야생 상태와 시민사회 사이에 시간을 구분함으로써 그들은 약탈하는 습관적 일상을 사실상 자유롭게 중단했다는 혐의, 즉 결국 그로 인해 스스로 유죄 판결을 받게 되는 혐의를 초래했다. 물론 아이러니한 점은 적들이 자신들을 **악하다**고 선언하도록 부추겼던 지친 귀족들은 결국 실상은 단지 주말 전사들[43]일 뿐이라는 사실이다. (야생 상태에서) **자유**와 (시민사회에서) **유용성**이라는 두 가지 경쟁적 요구는 그들의 영혼에 깊은 고랑을 냈고, 신체적 역량을 격감시켰다. 그들은 아주 가끔씩만 '야수의 무구한 양심'으로 돌아갔으며, 단지 극히 드문 제한된 맥락의 야생성 속에서만 편안함을 누렸을 뿐이다. 즉 그들은 '희롱하듯' 야수성을 과시하는 짓에 대해 비난을 받았지만, 이미 자기 자신과 불화를 겪고 있었다.

귀족 도덕의 '좋은' 개인들이 야수와 닮았을 수 있다고 인정한 다음, 니체는 이제 그들 운명의 안부를 묻는다. 니체의 주장에 의하면, '**모든 문화의 의미**가 "인간적" 야수를 길들여지고, 문명화된 동물로 축소하는 것'이라면, '반응과 **원한**의 그런 모든 본능'이 사실상 '**문화의** 실질적 **도구**'라는 점은 당연하다. 그러나 이는 우리가 '이런 본능의 **담지자들**', 즉

---

42   강요된 고역에 의해 귀족들을 장악했던 **원한**의 인간들은 '야생 상태'에서 '의기양양한 괴물'로 나타나는 '우리에 갇히지 않은 야수'로서 귀족들을 직접 경험하지 못했다(GM I: 11). 그들은 야생 상태의 이러한 '야수'와 만났던 사제에게 이 노획물에 대해 배웠음에 틀림없다(GM III: 15).

43   역주-사전적 의미는 격렬한 운동을 주말에 몰아서 하는 사람을 가리킨다. 여기서는 아마도 자신의 야생성을 발휘할 수 있는 여지가 극히 제한된 야수들 내지 귀족 도덕을 실행하는 좋은 개인들을 뜻하는 것으로 보인다.

원한의 인간들을 문화의 진정한 대변자로 인정할 수밖에 없다는 점을 뜻하지는 않는다. 특히 이는 원한의 인간들이 사실상 '인류의 **퇴행**을 대변하기' 때문이다. 여기서 니체의 요점은 약간 모호하다.[44] 왜냐하면 최초에 한 주장의 진리를 그가 받아들이지 않기 때문이다. 사실 우리가 보았듯이, 그는 문화의 핵심에 잠복해 있는 금발의 야수를 길들이고자 하지 않는 문화에 대한 접근을 옹호하기를 바란다. 그러나 그가 처음 위에서 한 주장의 진리를 받아들인다고 해도, 그는 여전히 **원한**의 인간들을 진정한 문화의 도구로 인정하기를 거부할 것이다. 왜냐하면 그런 인간의 확산은 문화에 역효과를 내기 때문이다. 그의 주장에 의하면, '인류로 인해 **고통을 겪기**'보다는 '금발의 야수'에 대한 **두려움** 속에서 사는 편이 훨씬 더 나을 것이며, 이것이 바로 그가 독자들과 공유하는 운명이다.

12장

여기서 니체는 자신의 논의를 중단하고, 억누를 수 없는 '탄식과 마지막 희망'을 표명한다.[45] 니체가 털어놓는 바에 따르면, 자신의 탐구를 계속하려면 '**인류**를 정당화시킨 한 인간…을 단지 **한 번만이라도** 보기'가 그에게 허용될 필요가 있을 것이다. 우리가 방금 알게 되었듯이, 그런 인간은 두려움과 감탄을 똑같이 불러일으킬 것 같다.

---

44 역주-여기서 필자가 왜 니체의 요점이 모호하다고 주장하는지 이해하기 어렵다. 왜냐하면 니체의 요점은 나름대로 분명하기 때문이다. 즉 원한의 인간이 기존 문화의 도구이기는 하지만, 그렇다고 니체가 염두에 두고 있는 진정한 문화의 대변자가 될 수는 없다는 것이다.

45 다른 곳에서 유사한 레토릭적 구조를 통해 니체는 다음과 같은 좀 더 명시적인 관심을 도입한다. '오늘날 그리스도인으로 존재하는 것은 품위 없는 짓이다. **그리고 여기서 나의 역겨움이 시작된다.**'(A 38)

이런 시점의 고백은 그가 원기를 회복할 필요성이 이전 장에서 나타난 관점의 역전과 관련되어 있음을 암시한다. 우리가 상기하듯이, 거기서 니체는 '**원한**의 앙심에 찬 눈'(GM I: 11)으로 고상한 개인들을 **악하다**고 선언했던 자들의 관점을 취했다. 우리가 이제 알게 되었듯이, 이런 관점의 역전은 큰 대가를 요구했다. 왜냐하면 그런 역전은 니체가 악화와 쇠락이 낳은 '나쁜 공기'를 들이마시도록 요구했기 때문이다. 자신의 경험을 일반화하면서 니체는 이제 독자들에게 그들 역시 인류에게 '지치게' 될 위험에 처해 있다고 경고한다. 결국 그럴 수밖에 없는 것처럼, 그들 역시 유사한 관점의 역전을 행하기 위해서 비싼 대가를 치를 것이다. 경고를 곁들인 니체의 고백이 시사하듯이, 사실상 그가 독자들에게 권하는 관점의 역전은 가정해보는 연습에 전혀 제한되지 않는다. 낯선 관점을 택하는 일은 다른 사람들이 하는 것처럼 살고, 느끼고, 생각하고, 고통스러워 할 수 있기 위해 낯선 방식의 사태를 떠맡는 것이다. 전 장에서 서술된 극단적인 경우에 니체는 관점의 역전으로 인해 '**원한**의 인간들'이 익숙해졌던 유독한 공기를 삼킬 수밖에 없었다.

이 장이 도움이 되도록 명확히 하는 것처럼, **니힐리즘**은 니체와 니체가 말하고 있는 대상으로서 우리를 괴롭히는 상황을 일컫는다. 과거 2000년 동안 유럽 문명의 지배적 도덕은 타인들에게 두려움을 자아내는 그런 인간들을 길들이는 일을 목표로 삼아왔다. 그러나 그런 몇몇 인간들이 두려움을 일으킬 수 있는 기반을 제거함으로써 도덕은 또한 인류 자신이 가장 위대한 본보기들의 업적을 통해 우리의 계속적인 '사랑', '존경', '희망' 그리고 자신의 미래에 대한 '의지'를 고무시킬 수 있는 유일한 기반 역시 뿌리째 뽑아 버렸던 것이다. 그래서 인류에 대한 유일한 정당화, 인류의 미래에 대한 유일한 보증은 타인들의 마음에 두려움을 일으킬 수밖에 없는 그런 야수 같은 개인들에게 있다. 그러나 니체와 그의 '우리'가 이제 깨닫고 있듯이, 이런 개인들은 걱정스러울 만큼 거의 소멸하고 있다.

13장

주요 논의로 돌아가 니체는 이러한 '좋은' 개인들, 즉 이런 야수들이 어떻게 **악하다**고 알려지게 되었는지 설명한 내용을 요약한다. 여기서 그는 야수와 약하고, 맛있는 양에 관한 유명한 우화를 언급한다. 양들이 야수를 '싫어'할 것이라는 점은 분명 이해할 수 있다. 그들의 '혐오'가 야수에 대한 도덕적 '비난'을 정당화하는 데 충분하다는 것은 전적으로 또 다른 문제이다. 그러나 니체는 양들이 이런 표현들을 '그들 사이에서' 간직하는 경우 야수를 **악하다**고 하고, 양들을 **선하다**고 하는 표현들을 바탕으로 이루어진 '이상의 설립을 잘못이라고 여길 아무런 이유도 없다'고 주장한다.

그러나 양들의 사적인 원한이 새로운 도덕을 공적으로 보급하기 위한 근거가 될 때 무슨 일이 일어나는가? 급습을 감행하는 야수가 원한다면 마음대로 맛있고 작은 양들을 낚아채지 않을 수 있는 것처럼, 소름 끼치는 자연적 약탈 장면에다 도덕적 표현을 적용하는 것은 터무니없는 일이 될 것이지만, 니체는 정확히 이런 종류의 표현이 인간의 경우에 어떻게 가능하고, 믿을 만하게 되었는지 설명하고자 한다. 작은 양들이 여기서 단지 '그들 사이에서만' 말하고 있는 것으로 묘사되고 있다는 사실은 그들이 지닌 보복의 환상을 공적으로 유통되는 도덕으로 바꿀 수 있는 방법을 제삼자가 그들에게 보여주었음을 암시한다. 이런 양들이 자신들의 약함을 '자발적 성취'로 내세우는 억압당하고, 짓밟혀, 격분한 자들로 나중에 뒤바뀌는 만큼, 우리는 사제가 이처럼 변형시키는 데 미친 영향을 추론할 수 있다. 이 장에서 거명되지는 않지만, 사제는 '무력함이 낳은 위조와 자기기만' 덕분에 현재하고 있는 셈이며, 이런 위조와 자기기만으로 인해 약자와 짓밟힌 자들은 자신들의 본질적 약함을 마치 '의지되고, 선택된 것, 즉 **행위**'인 것처럼 내세울 수 있게 된다.

　주제에서 약간 벗어나 니체는 노예 도덕의 대표적 특징인 잘못된 믿음을 폭로한다. 창조적인 '**원한의 인간**'에 의하면—여기서 또한 우리는 사제의 영향을 추론해야 한다—강한 자는 **원한다면 마음대로** 약할 수 있기에 그들이 야기한 고통에 대해 **책임이 있다**. 약자들이 자기 자신들과 다른 사람들에게 그런 자유를 부여하는 일은 확실히 이해할 수 있다. 왜냐하면 그들은 자신을 정의하는 약함을 마치 '자발적 성취이며 의지되고 선택된 **행위**, 즉 **칭찬할 만한** 행위'인 것처럼 해석할 **필요가 있기** 때문이다. 사실상 도덕상의 노예 반란의 심리학적 핵심은—물론 사제의 지도를 받은—노예들 편에서 하는 주장, 즉 그들이 자신들의 선함을 나타내는 난공불락의 지표로 내세우는 주장, 즉 자신들의 고통을 **선호한다**는 대담한 주장이다. 혹은 그들의 이야기는 다음과 같이 진행된다. 즉 그들이 원한다면 보복할 **수 있겠지만**, 그 대신 그들은 고통과 자기 제어라는 올바른 길을 선택한다는 것이다. 아무리 불합리하게 들릴지라도 노예들은 스스로 기른 덕에 대해 어떤 보상도 구하지 않는다고 주장한다.

　이런 주장을 반박하기 위해 니체는 대개 '번개와 번갯불을 구분하고, 후자를 **행위**로 간주하는' '대중적 정신'이 가진 유사한 기발함에 기댄다. 유사한 (그리고 유사하게 잘못된) 중복은 대개 "마치 **원한다면 마음대로** 힘을 표현하거나, 그러지 않을 수 있는 강자의 배후에 중립적인 기체(基體)가 존재하는 것처럼, 힘과 힘의 표현을 분리시키는" '대중적 도덕'에 의해 범해진다. 주시하다시피 '그런 어떠한 기체도 없다'고 단언하고 니체는 '행위가 모든 것이다'라고 주장한다. 그래서 그는 독자들에게 양들이 하는 겉보기에 무해한 주장, 즉 야수는 **원한다면 마음대로** 약탈하지 않을 수 있다는 주장에 숨겨진 위험한 가능성들에 대해 경고하고 있는 셈이다. 이런 식으로 자유를 귀속시키는 일은 양들이 '야수가 야수로 존재하는 것에 대해 **책임을 질 수 있게** 만들도록' 해준다. 니체는 이제 그들이 **어떻게** 그렇게 할 수 있는지 설명해야 한다.

14장

이전 장에서 언급된 우화를 뒷받침하는 증거를 제시하기 위한 것처럼 니체는 '**이상들이** 지상에 어떻게 **만들어졌는지** 그 비밀을 조사'하는 일을 누가 하고 싶어 할지 묻는다. 그는 참을성 없는 독자들을 꾸짖고, 이런 '어두운 작업장'에서 나오는 '거짓되고, 보는 각도에 따라 색깔이 변하는 빛'에 눈을 익숙하게 만들라고 주의를 준다. 이런 모험은 니체가 11장에서 행한 것과 유사한 관점의 역전을 독자들에게 하라고 요구하기 때문에 '용기'를 필요로 한다. 따라서 그들이 어두운 작업장으로 내려가는 일은 **원한**의 인간이 지닌 관점을 취하려는 니체 자신의 이전 시도를 재현하고, 패러디한 것이라고 말할 수 있다.

　독자들과 입장을 바꾸어 니체는 상상의 응답자가 자신이 발견한 내용들을 알려줄 때 듣는다. 당연히 응답자는 니체의 이전 후렴구를 반복한다. '나쁜 공기! 나쁜 공기!'(GM I: 12) 더욱이 니체의 재촉에 그의 응답자는 '[그의] 귀를 다시 열고' 이러한 **원한**의 인간들이 어떻게 그들의 '증오와 보복'에서부터 **정의**를 형성했는지 들어본다.[46] 끝으로, 응

46　응답자가 들은 내용은 니체가 나중에 이런 작업장을 언급하는 부분을 미리 보여준다. 니체는 그 작업장에 거주하는 대장장이들이 '정의의 이름으로 **보복**을 인가하

답자는 귀족 도덕의 '좋은' 인간이 어떻게 그 자신에게조차 노예 도덕의 '악한 자'로 알려지게 되었는지에 관한 설명, 즉 『도덕의 계보』 첫 번째 에세이 10장에서 시작된 설명의 완성을 니체가 미룰 수밖에 없게 만든 중요한 어떤 내용을 듣는다. 그의 응답자에 따르면, 아래서 일하는 제작자들은—그들이 분명히 보상의 형태로 이해하고 있는—'예견된 미래의 지복'을 '"최후의 심판", **그들의** 왕국, 즉 "신의 왕국"의 도래로' 언급한다. 즉 **원한**의 인간이 지닌 관점을 택할 때, 우리는 그들이 고통과 자기 제어에 대해서 보상받기를 기대하며 그것도 당당하게 그런다는 사실을 발견한다. 물론 이는 그들이 고통을 단순히 그 고통 때문에 가치 있게 생각하지 않는다는 점을 의미한다. 두 번째 에세이에서 보게 될 것처럼, 이런 식으로 이야기를 독특하게 전개시킴으로써 니체는 **책임** 개념의 기원과 발전을 채권-채무자 관계라는 피비린내 나는 맥락 안에 위치시킬 것이다.

15장

여기서 니체는 끝으로 명백히 그리스도교적인 가치들을 고려한다. 드러나는 것처럼, **믿음**, **사랑**, 그리고 **소망**의 덕은 내재적 가치 때문이 아니라, 보복에 굶주린 사람들을 기다리고 있는 보상적 '지복'을 약속하기 때문에 높이 평가된다.

전 장에서 우리가 우연히 그들의 말을 듣게 되었던 '약한 자들'은 강한 자들의 판을 뒤집기 위해 '어떤 날, 혹은 다른 날'을 충분히 벼른다고 할 수 있으며, 이는 고통과 박탈의 삶을 **선호한다**는 자신들의 주장과 모순된다. 사실 그들은 단지 '"믿음과 사랑과 소망 속에서" 지상의

고…, 보복뿐만 아니라, 모든 **반동적** 정서 일반을 되살리고자' 시도하는 일을 비난한다(GM II: 11).

삶'을 견뎌낸 데 대해 '영원히 보상받게 될' '그들의 "왕국"이' '죽음을 넘어서' 도래하기 위한 전제 조건으로서만 그런 삶을 견뎌낸다. 그러나 우리가 보게 될 것처럼, 그들이 이런 덕을 기르도록 부추겼던 사제는 사후 세계의 통화로 보상받으려는 그들의 바람을 공유하지 않는다. 사제 역시 보복을 추구하지만, 그는 세속적인 권력이라는 너무나 인간적인 통화로 보상받기를 기대한다. 여기서 니체가 '약한 자들도' 사제도 그들의 덕에 대해 보상받기를 바란다고 비난하지 않는다는 사실에 주목해야 한다. 두 번째 에세이를 고찰할 때 볼 것처럼, 이런 바람을 표현하는 것은 채권-채무자 관계를 구동시킨 유인책 체계 내에서 사육된 동물에게는 아주 자연스러운 일이다. 여기서 니체가 관심을 갖는 것은 덕을 덕 자신의 보상으로 기르는 것처럼 가장하는 데 포함된 자기혐오가 모든 사람에게 치르게 한 대가이다.

그래서 니체는 그들이 **왜** 그리고 **어떻게** 덕에 대해 보상받아야 하는지 묻지만, 이 물음에 대한 답을 두 번째 에세이까지 미룬다. 그리스도인이 자신들의 덕에 대해 보상받을 필요가 있다는 주장을 지지하기 위해 니체는 존경스러운 두 권위자를 인용한다. 그들은 토마스 아퀴나스(Thomas Aquinas, c.1225-74)와 테르툴리아누스(Tertullian, c.155-c.230)[47]이며, 이 중 후자는 신의 왕국이 도래하면 약자와 억눌린 자들이 이전 억압자들이 당하는 영원한 고통에서 기쁨을 얻게 될 것이라는 점을 아주 상세하게 확인해 준다.[48] 특히 '로마'에 대한 공공연한 충성이라는 관점에서 니체가 이러한 보복의 가르침을 모국어인 독일어로

47　역주-퀸투스 셉티미우스 플로렌스 테르툴리아누스(Quintus Septimius Florens Tertullianus) 또는 터툴리안(Tertullian)은 그리스도교 교부이자, 평신도 신학자이다. '삼위일체'라는 신학 용어를 가장 먼저 사용했다고 알려져 있으며, 그의 라틴어 문체는 중세 교회 라틴어의 표본으로 간주된다.

48　A 45를 보라.

번역하지 않고, 원래의 라틴어로 그냥 남겨 두었다는 사실은 주목할 만
하다. 지금까지 그리스도교에 대해 말하기를 거부했기 때문에 니체는
그리스도교가 제국의 전용 언어로 스스로에 대해 말하도록 한다.

16장

니체는 **대립하는 두 가치**' (혹은 가치 체계) 간의 '무시무시한 투쟁'이
지난 2000년간 유럽 문명의 과정을 대체로 결정해 왔다고 내세우면서
첫 번째 에세이를 결론짓는다. 이런 주장에 중요한 단서를 붙이면서 니
체는 다음 사실을 허용한다. 즉 이런 투쟁은

> 점점 더 고조되었고, 따라서 점점 더 심오하고, 정신적으로 되었다. 그래서
> 그런 의미에서 분열되어 [즉 스스로 분열되어] 있고 그런 대립된 가치들의
> 진정한 전장이라는 점보다 **더 높은 본성**', 더 정신적인 본성의 더 결정적인
> 어떤 표시도 오늘날 없다.[49]

이런 단서가 『도덕의 계보』에서 니체의 기획에 대해 갖는 중요성은 아
무리 강조해도 지나치지 않을 것이다. 우선, 그는 문자 그대로 귀족과
노예 간의 전장 자체가 존재했더라도, 그것은 내면화되고 정신화된 갈
등으로 오래전에 대체되었다고 주장한다. 우리 각자 내부에서 귀족적
충동과 노예적 충동은 지배와 우세를 위해 경쟁한다.[50] 우리가 보게 될
것처럼, 사실상 새로운 탈금욕적인 철학자에 대한 기대는 '모성적' 철
학자들이 금욕적 사제로 가장하면서 비밀스럽게 길러냈던 **정신**의 해방
과 직접 관련된다(GM III: 10). 끝으로, 이런 정신화된 갈등은 귀족정

---

49   이 장의 기반이 되는 BGE 260을 보라.
50   BGE 200을 보라.

의 물질적 조건이 거의 결여된 오늘날에도 계속 맹위를 떨치고 있다. 이는 니체와 독자들이 고귀함을 독특하게 상징하는 거리의 **파토스**를 자신들 안에 창조하기를 확실히 바랄 수 있음을 뜻한다.[51]

수천 년에 걸쳐 지속된 이런 투쟁을 아직 볼 수 없는 사람들에게(8장과 비교) 니체는 다음 '상징'을 권한다: **로마 대 유대, 유대 대 로마.** 이런 읽기 쉬운 상징은 독자들을 유럽 서력기원 역사 전체를 대립하는 가치들 (혹은 가치 체계들) 간의 투쟁으로 환원시키도록 해준다. 즉 **로마**와 **유대**라는 이름이 거론되었다는 사실은 니체의 독자들 가운데 가장 안목이 낮은 사람들에게조차 중요성을 갖는다. 그가 계속 설명하고 있는 것처럼, '로마'의 이상과 능동적 힘은 로마 제국, 르네상스, 반(反)종교개혁, 프랑스의 **구체제** 및 나폴레옹을 통해 연속해서 전형적으로 나타났다. 반면, '유대'의 이상과 반동적 힘은 그리스도교, 종교개혁, 프랑스 혁명 및 그 여파에 의해 강화되었다. 두 번째 에세이에 나오는 니체의 분석을 빌어 오면 '로마'가 힘에의 의지의 우위를 주장하는 능동적 힘을 대변한다고 할 수 있고, '유대'가 현존에의 의지를 표현하는 반동적 힘을 대변한다고 할 수 있을지 모른다. 힘에의 의지는 이국적인 특이성의 출현 가능성을 위해 '대중'을 희생시킴으로써 표현되는 반면, 현존에의 의지는 대중을 보존하지 않을 때 생길 수 있는 특이성을 희생하여 '대중'을 보존한다(GM II: 12).

물론 이런 상징은 또한 몇몇 독자들이 친(pro)로마적이고, 반(反)유대적인 공감을 훨씬 더 확고히 갖게 만들 수 있을지 모르며,[52] 이는 결국 유럽 문명 과정을 결정해 왔던 도덕과 무관한 투쟁에서 초점을 돌리

---

51 BGE 257을 보라. 거기서 니체는 '거리의 계속적 확장에 대한 영혼 자체 내의 열망'을 시사하는 '신비스러운 **파토스**'를 언급하고 있다.
52 Yovel, p. 179.

게 만들 수도 있다. 더욱이 이런 공감은 『도덕의 계보』에서 니체가 염두에 둔 교육 프로그램에서 상당히 이탈했다고 할 만큼 너무 단순하다. 독자들이 미묘한 변이의 정도, 비대립적인 차이를 지닌 성긴 흔적 그리고 역사적 기록이 가진 깊이를 모르는 회색에 익숙해지도록 훈련시킨 다음, 니체는 이제 그들이 '모든 인간 역사를 넘어 읽을 수 있는 문자로 쓰여진' 상징에 눈을 열도록 촉구하고 있는 셈이다. 이런 상징의 묘사가 니체 스스로 경멸했던 사도 바울[53]의 교육적 접근을 떠올리게 한다는 사실은 제시된 상징이 요구하는 것보다 더 큰 어떤 섬세함과 세련됨도 발휘할 것 같지 않은 독자들을 니체가 불러 세우려고 작정한 것일지 모른다는 점을 암시한다. 이런 독자들에게 니체가 시작하면서 내린 지시 — '이제 결론을 내려 보자' —는 첫 번째 에세이를 가리킬 뿐만 아니라, 또한 그들이 임시로 등록되었던 교육 프로그램을 가리킬 수 있다.

그러나 동시에 이런 상징의 특정한 **내용**은 그 상징이 부추기는 것처럼 보이는 당파성을 완화시키는 데 도움을 줄 수도 있다. 우선, 이런 상징이 표현하는 대칭은 문제의 대립하는 가치들(혹은 가치 체계들)이 뒤따랐던 투쟁에 대해 똑같이 책임이 있으며, 불가결했다는 사실을 가리킨다. 도덕상의 노예 반란은 이스라엘의 유대 사제들에게서 생겨났을 수 있지만, 이는 단지 로마 제국이 부추김으로써만 그랬다. 유대인들이 이전에 억압당했었고, 노예화되기도 했었던 반면, 그들은 기원후 1세기 '로마'의 영향에 의해서만 노예 반란의 창조적 **원한**을 갖게 되었다. 그래서 이런 상징이 표현하는 대칭은 영웅과 악당 및 승자와 패자를 가리키려는 어떤 시도도 어렵게 만든다.

더욱이 니체가 대표적 권위자들을 선택한 것은 이러한 '치명적 모순'

이 두 경쟁자가 저항하는 데 분명히 무력한 상호 오해에 뿌리박고 있음을 보여준다. 여기서 역사가 타키투스[54]가 대변하는 '로마'가 유대인들에 대해 잘못을 범했듯이, 성 요한이 대변하는 '유대'는 로마 제국과 로마 제국이 합병한 민족들에 대해 잘못을 저질렀다. 이런 의심스러운 권위자들의 증언이 확인해 주는 것처럼, 둘 중 어떤 경쟁자도 통상적인 어떤 의미에서든 정당하지 않았다. 사실 이런 상징의 내용은 그들이 참여했던 (그리고 참여하는) 투쟁에서 그들이 세계사적으로 **짝을 이룬다**는 사실에 주의하게 해준다. 다른 경쟁자에 대한 영원한 승리를 보장하기 위해 경쟁자 가운데 어느 한 편을 드는 것은 그 투쟁이, 결국 문명 자체가 끝나리라는 바람을 주장하는 일이다.

17장

'이로써 상황이 지나갔는가?' 이전 장에 나온 나폴레옹에 대한 니체의 개괄은 상황이 지나가지 않았음을 암시한다. 그가 암시하는 바에 의하면, 유럽 데카당스의 현재 위기는 그 장면에 예견되지 못했고, 생각할 수 없는 기괴함처럼 불쑥 나타났던 나폴레옹의 출현에 대한 예측할 수 있는 반응이다. 더욱이 **다른** 길을 가리키는 마지막 이정표'로서 그의 등장은 귀족 혈통이 여전히 독자적으로 생존 가능하며, 그 '고전적 불꽃'이 아직 타오르고 있음을 확인시켜 준다.

나폴레옹이 '로마'를 상징하는 능동적 힘이 가장 최근에 부활한 사건을 나타내는 만큼, '유대'를 상징하는 반동적 힘이 나폴레옹이 구현하게 된 '비인간(inhuman)[55]과 위버멘쉬(superhuman)의 종합'을 **방해하**

---

54   니체가 7장에서 권했던 BGE 195를 보라. 또 Yovel(p. 151)과 Clark and Swensen (p. 138)을 보라.

55   역주-독일어로는 Unmensch이다. 이는 길들여진 인간이 아닌 야수를 뜻한다고

는 데 주로 관심이 있다는 점을 우리는 분명히 이해하게 된다고 할 수 있다. 달리 말해 '유대'는 이제 문화 자체를 평균화하고, 제한하는 힘과 동의어다. 즉 정확히 니체가 두려워했던 것처럼, 이제 **모든 문화의 의미**는 '"인간적 야수"를 …**가축**으로 축소하는 데'서 발견된다(GM I: 11).

그러나 이제 이해할 수 있게 된 것처럼, 유럽 문명을 정의한 투쟁의 도덕과 무관한 리듬이 결국 '로마'의 능동적 힘을 다시 한번 유리하게 만들 것이다. '유대'의 반동적 힘이 나폴레옹이 구현한 가공할 만한 종합의 또 다른 부활을 막으려는 조직적 활동 속에서 스스로 소진됨에 따라, 문화 자체는 몰락할 것이고, 쉽게 가늠할 수 없는 데카당스의 시기가 뒤따를 것이다. '로마'의 능동적 힘이 이 투쟁에서 승리함에 따라, 두려움을 일으키는 종합은 다시 한번 가능하게 될 것이다. 능동적 힘의 우위를 표현하는 모든 것처럼, '로마'의 다음 에피소드는 영광스럽고, 너무 짧을 것이며, 또 다른 긴 시기의 쇠퇴가 뒤따를 것이다. 그런 것이 이 투쟁의 리듬이다.

그래서 나폴레옹에 대한 니체의 짧은 개괄은 유럽 데카당스의 현재 위기가 나폴레옹이 동시대인들과 관계했던 것과 마찬가지로 우리와 관계하는 누군가를, 즉 전례 없는 위상과 창조력을 지닌 대척적 인물을 낳을 가능성이 있다는 점을 암시한다. 니체의 레토릭적 물음이 암시하듯이, 사실 '로마'의 예견된 부활은 필연성의 문제로서 일어날 **수밖에 없다**. 결과적으로 그는 독자들이 가장 강렬한 '열망'과 '의지'를 이런 만일의 사태에 쏟기를 촉구하고 있는 셈이다. 그들은 이러한 오래전에 타오르던 불꽃이 '훨씬 더 강하게' 타오르게 **만들고자** 바랄 필요가 없다.

볼 수 있다.

왜냐하면 그런 불꽃이 일어난 다음에 오는 큰 불길은 이미 타오르고 있기 때문이다. 그들은 단지 그렇게 되기를 원할 필요가 있을 뿐이며, 우리가 보게 될 것처럼, 이는 그들이 그리스도교 도덕의 최종적 몰락을 원해야 한다는 사실을 의미한다(GM III : 27).

니체는 '**도덕**에 대한 **역사적** 연구를 앞당기'게 될 '일련의 학술 현상 논문'을 권하는 '주석'으로 첫 번째 에세이의 결론을 맺는다. 『도덕의 계보』 첫 번째 에세이가 자신이 염두에 두고 있는 수상을 위해 아마도 가장 마음에 드는 글이라고 할 수밖에 없지만, 니체는 관심 있는 저자들이 응할 수 있는 물음을 제시하기도 한다.

> "언어학 그리고 특히 어원학 연구는 도덕적 개념이 진화한 역사에 어떤 실마리를 주는가?"

나중에 **생리학자**로서 의기양양하게 등장하는 모습을 미리 보여주면서 니체는 '모든 가치 목록'에 대한 '**생리학적인** 탐구와 해석'을 요구한다. 끝으로, 그는 '**가치문제**를 해결하고, **가치들 간 위계질서를 결정**'하기 위해 모든 학문적 연구를 전반적으로 재조직하기를 권한다. 우리가 보게 될 것처럼, 니체는 자신과 알려지지 않은 친구들을 위해 진리 자체의 가치를 의심하는 임무를 남겨 둔다(GM III : 24).

요약

니체는 **좋다**는 개념의 대안적 유래를 설명함으로써 노예 도덕이 반발하여 일어났던 귀족 도덕의 역사적 현존과 작용을 드러내 보인다고 할 수 있다. 귀족 도덕의 기본적 가치판단이 **좋다**와 **나쁘다** 간의 구분에 입각하고 있는 반면, 노예 도덕의 기본적 가치판단은 **선하다**와 **악하다**

간의 구분에 기초해 있다.

니체는 이런 두 도덕을 병치함으로써 현재 도덕이 이타주의와 결부된 가치에 부여한 우선성은 (필연적이라기보다) 우연적이고, (절대적이라기보다) 상대적이며, (자연적이라기보다) 획득된 것이고, (주어진 것이라기보다) 역사적이며, (맥락과 독립된 것이라기보다) 맥락에 의존적인 것임을 확실히 해두려고 한다. 니체는 서력기원 내내 유럽 문명 과정이 이런 두 도덕과 각각 연결된 가치 체계들 간의 지속적인 투쟁에 의해 결정되어 왔다고 주장하면서 첫 번째 에세이를 결론짓는다. 노예 도덕이 현재 승리했다는 사실을 부인할 수 없지만, 서구 역사의 교체하는 리듬은 귀족 도덕의 부활로 장식된 미래에 대한 니체의 희망을 들뜨게 한다.

연구해 볼 물음

1. 니체는 **좋다**라는 개념의 근원을 어떻게 설명하는가?
2. 니체가 말하는 '도덕상의 노예 반란'은 무엇을 의미하는가?
3. 원한은 무엇이며, 그 특징적 효과와 표현은 무엇인가?
4. **귀족 도덕**은 어떤 측면에서 **노예 도덕**과 가장 크게 다른가?
5. 니체는 어떤 투쟁에 대해 '로마 대 유대', '유대 대 로마'라는 상징을 제안하는가?

두 번째 에세이: '죄', '양심의 가책' 그리고 기타

1장

두 번째 에세이는 한 쌍의 도발적인 물음으로 시작한다.

약속하도록 허용된[56] 동물을 기르는 일 — 이것은 자연이 인류의 경우에 스스로 설정했던 역설적 과제가 아닌가? 그것은 인류**에 관한** 실질적 문제가 아닌가?

첫 번째 물음을 통해 니체가 인간이 자연에 의해 사육을 필요로 하는 동물로 취급되었다고 여기려 한다는 점을 알 수 있다. 그래서 도덕적 책임의 기원을 설명할 때 니체는 오직 동물-인간 심리학의 자연주의적 원리에만 의존하고자 한다. 더 나아가 이 물음은 두 번째 에세이에서 **약속하도록 허용된** 동물을 산출하는 분명히 도덕적인 기획과 자연의 과제가 수렴하는 데 니체가 초점을 맞추고 있다는 사실을 보여준다. 두 번째 물음이 암시하는 바에 의하면, 자연이 이 과제를 계속해 왔다는 사실은 인류가 마주치고, 스스로 그것이 되었던 '문제'의 근원이다. 이 과제를 진지하게 고려함으로써 우리는 왜 인류의 미래가 문제가 되는지 이해할 수 있을 것이다.

니체는 여기서 레토릭적 물음들에 기대며, 이로써 자연의 과제에 대한 언급이 함축하는 듯 보이는 의인화에서 어느 정도 비판적 거리를 두게 된다. 니체는 인간 종족의 진화와 관련해 자연이 과제를 지향하는 것이라고 여기지만, 그가 제시하는 사육 과정은 인간 중심의 익숙한 (즉 인지적이고, 목적 지향적인) 어떠한 디자인 모델에도 입각해 있지 않다. 자연이 지금까지 인간 동물을 생존하도록 선택해 왔다고 해도, 인간 종족이 절멸의 위협에서 벗어나게 해주는 미리 정해진 어떤 계획을 바탕으로 그렇게 한 것은 아니었다.[57] 우리가 볼 것처럼, 사실상 니

---

56   Clark와 Swensen(p. 35)을 따라 '약속할' '권리'보다는 약속하도록 '허용'된이라는 말을 반영하기 위해 Kaufmann과 Hollingdale의 번역을 수정했다. Diethe의 '특권'이라는 제안(p. 35) 역시 권리보다는 낫다. 또 Acampora(pp. 148-50)의 도움도 받았다.

체는 오직 인류를 지금 모습으로 만들었던 오랜 일련의 우연적이고, 예견되지 않은 전개를 고려함으로써만 자연의 과제를 규정한다. 약속하도록 허용된 동물의 사육은 통상적인 어떤 의미에서도 자연 선택의 **목적**은 전혀 아닌 반면, 지금까지 인간 종족이 거친 진화와 일치할 것이다.

우리가 볼 것처럼, 이 과제는 **역설적**이다. 왜냐하면 자연의 사육 기획은 비자연적이거나, 반자연적으로 보이곤 하는 두 가지 발전을 담아내야 하기 때문이다. 인간 종족의 희미한 선사 시대에 발생했던 첫 번째 발전은 (16-18장을 보라) 인간 동물이 타고난 본능에서 멀어지게 만들었다. 니체의 추측에 의하면, 이런 발전 이전에 인간 동물은 가장 기본적인 유기적 기능을 자동적으로 조절하기 위해 본능에 의존했다. 일단 본능에서 멀어지자 인간 동물은 절멸의 위협 아래 기억을 얻을 수밖에 없었고, 자기 조절 노력을 통제하게 될 기본 원칙과 계율을 잊지 않으려 했다. 즉 인간의 경우 자연의 과제는 본능 이후의 생존이 의존하는 약속을 위해 온전히 기능하는 기억을 갖춘 동물을 사육하는 일이다.

그렇다면 왜 니체는 이런 과제를 끝나지 않고 계속되는 것으로 제시하는가? 실제로 모든 사람은 약속을 할 자격이 있으며 (혹은 그렇게 느끼며), 약속을 지키는 관습은 현대 도덕의 초석으로 폭넓게 간주된다. 이는 인간 동물의 진화에서 명백히 반자연적인 두 가지 발전 가운데 두 번째 발전과 직면하게 한다. 본능 이후의 현존을 살아내기 위해 인간 동물은 양심의 가책이라는 병에 걸렸으며, 이 양심의 가책은 결국 인간 동물이 그리스도교식 죄의 가르침을 받아들이게 만들었다. 그리스도교 도덕의 영향으로 인해 이제 인간 동물은 죄책감이라는 참담한 부담 아

---

57   이런 일반적인 노선의 해석에 대해 Richardson(특히 pp. 11-15)에게 도움을 받았다.

래 시달리게 된다. 미래를 보증하는 특권을 얻은 다음 인간 동물은 이제 자신의 미래에 대한 의지를 스스로 결여하고 있음을 알게 된다. 자신의 약속들에 대해 책임을 지게 되는 과정에서 인간 동물은 **자신**에 대해 무책임하게 되었던 것이다.

이 과제가 왜 아직 끝나지 않고 남아 있는지 제대로 인식하도록 준비시키기 위해 니체는 기억이 맞서 싸워야 하는 대립적인 강력한 힘을 독자들에게 상기시킨다. 그 힘은 바로 **망각**이다. 동물 유기체의 본능적 조절과 관련해 망각 행위는 기억 행위보다 더 자연적이고, 더 효과적이다. 망각 행위는 타성적인 힘이나 결함이 결코 아니며, 사실 개인들이 새로운 경험을 흡수할 때 의식을 우회하도록 허용함으로써 심리학적 소화 과정을 용이하게 하는 '능동적' 힘이다. 그래서 망각의 능동적 힘은 '심리적 질서'를 유지함으로써 망각이 온전히 작동하는 그런 동물들의 '**튼튼한** 건강'에 기여한다.

이 마지막 요점이 시사하듯이, 니체는 기억을 획득함으로써 이전에 자연스럽게 누렸던 건강에서 인간 동물이 필연적으로 이탈하게 되었다고 여긴다. 니체는 일관되게 기억의 확립을 독자적인 생리학적 트라우마로 여길 뿐만 아니라, 또한 내부로 향해진 동물적 공격성의 발산과 연결된 좀 더 기본적인 병에 대한 보상 반응으로 취급한다(GM II: 16). 그런 다음 한편으로 니체는 기억의 획득이 기억과 대립하는 망각의 힘을 단순히 중단시키기 위해 엄청난 에너지 소모가 필요하다는 측면에서 놀랄 만하고, 비개연적인 사건이라고 주장한다.[58] 다른 한편으로 니체는 기억의 획득이 본능 이후의 삶에서 인간 동물이 생존하기 위해 절대적으로 근본적이라고 여긴다. 절멸의 위협 아래서 인간 동물은

---

58 Acampora, pp. 148–50.

망각의 능동적 힘을 중단시키기 위해 의존할 수 있는 '대립하는 능력, 즉 기억'을 습득하는 데 포함된 고통을 가까스로 견뎌냈다.

2장

여기서 니체는 이전 장에서 확인한 과제, 즉 약속하도록 허용된 동물을 사육하는 과제가 인간을 '어느 정도 필연적이고, 단일하며, 유사하고, 규칙적이며, 결과적으로 예측할 수 있게' 만드는 '준비 과제'를 실제로 전제한다는 점을 보여준다. 자신들의 의무에 책임질 수 있게 되기 위해 원시인들은 특정한 약속이나, 맹세를 존중하는 역량을 믿을 만하게 평가할 수 있는 방식으로 자기 자신들과 관계하는 능력을 우선 습득할 필요가 있었다. 이제 이런 준비 과제를 고려하기 위해 니체는 도덕적 책임에 관한 현재 개념의 기원을 인간 동물이 거친 도덕 이전 선사 시대의 발전으로 추적하려는 의도를 공표한다. 그래서 그는 이전에 했던 책임에 대한 설명(GM I: 13을 보라)이 단지 비교적 최근의 발전, 즉 그 역사와 선사 시대를 재구성하는 것을 이제 자신이 목표로 하는 발전에만 적용된다는 사실을 알려준다.

인간을 예측할 수 있게 만드는 준비 과제는 도덕의 문명화 기획과 자연의 과제가 수렴하는 것보다 앞서 인간 종족의 선사 시대에서 수행되고 완성되었다. 여기서 니체는 초기 저술들에서 관습과 전통에 맞는 규범들을 인간 행위에 대한 유일하게 타당한 기준으로 존중하는 윤리적 삶의 형태라고 여긴 **관습의 도덕**[59]을 언급한다. 개인적 책임과 반성적 숙고를 높이 평가하는 현재 도덕과 달리 관습의 도덕은 집단적 책임을 강조했고, 기존의 관습 및 전통적 관행들을 무비판적이고, 무조건적으

---

59   역주-독일어로는 Sittlichkeit der Sitte이다. 이를 필자는 morality of mores로 옮기고 있다.

로 고수하는 것을 강조했다.[60] 니체의 설명에 의하면, 관습의 도덕이 뒷받침하는 가운데 원시인들은 그들이 익숙해졌던 전통을 지지한다는 암묵적 약속에 대한 기억을 갖춘 미래 지향적 피조물로 형성되었다. 따라서 개개인이 독자적으로 예측할 수 있게 됨으로써 원시인들은 자신들의 집단적 미래에 관해 예측하는 능력을 습득했다.

이런 '엄청난' 과정의 의미와 정당성은 단지 관습의 도덕이 예기치 않게 자신들의 집단적 삶을 정의했던 관습과 전통에 대한 강력한 반항 속에서 '[그들] 자신의 미래를 보증하기'(GM II: 1)로 결정했던 개인들을 산출했던 과정의 끝무렵에 명확해졌다. 약속을 하는 유순한 동물 집단을 창출하기 위해 사용된 조치는 실제로는 이 동물들 가운데 몇몇이 개인들로서 자신들을 집단의 관습과 도덕으로부터 해방시킬 수 있게 했다. 다시 말해 결국 관습의 도덕은 스스로 가장 엄격하게 금지했던 것, 즉 자신의 타자를 산출하는 일을 주도했다.[61] 이 열매들 가운데 가장 '성숙한 것'은 주권적 개인이며, 그런 개인의 예상치 못한 출현은 강제된 단일성의 조건에서 고양된 '자기 통제'의 경험을 도출하는 자연의 위력을 확인시켜 준다. 더 이상 '유사하지' 않고, 교환할 수 있는 익명의 집단 구성원이라고 할 수 없는 주권적 개인은 '자기 자신과만 같다.' 즉 그는 관습의 도덕에 의해 개인적 의무감과 책임감이 부여된 셈이다. 관습의 도덕에서 해방됨으로써 주권적 개인은 '자율적이고, 초관습적이다.'[62] 이는 그가 자신의 삶을 영위하기 위해 관습이나 전통과 다

60　관습의 도덕에 대한 더 진전된 논의를 위해서는 Clark and Swensen, pp. 140-1, Leiter, pp. 226-9를 보라.

61　『도덕의 계보』 독자들에게 권하는 『아침놀』 한 장에서 니체는 관습의 도덕이 '자유로운 인간'을 '부도덕'(D 9)하다고 판단했다고 설명한다.

62　'초도덕적'보다는 '초관습적'이라는 번역어가 덜 우아하긴 하지만, **übersittliche**를 좀 더 문자 그대로 옮긴 번역어일 것이다.

른 어떤 것, 즉 독특하고, 자기 자신에게 특유한 어떤 것에 기댄다는 사
실을 의미한다. 그래서 주권적 개인은 전통의 지혜를 따져 보고, 통용
되는 관습 가운데 어떤 것을 따르고 따르지 않을지 독자적으로 결정하
는 데 있어 스스로 정당하다고 여긴다. 그는 필요한 허가를 **스스로** 부
여하며, 자연에 의해 그렇게 하도록 사육되었던 것이다.

주권적 개인의 가장 독특한 점은 자기 인식과 자기의식이 '가장 깊은
곳까지 관통해서 본능, 즉 지배적 본능이 되었다'는 사실이다. 이것은
단지 관습과 전통만이 인간 동물들에게 '본능이 될' 것을 보장한다고
했던 관습의 도덕이 실제로는 몇몇 동물들에게 관습이나 전통으로부터
독립해서 작용할 수 있는 지배적 본능을 제공했다는 사실을 뜻한다. 그
래서 주권적 개인은 "모든 근육 안에서 전율하는 자랑스러운 의식, 즉
결국 그에게서 성취되었고, 구현되었던 것에 대한 자랑스러운 의식, 다
시 말해 인류가 완성되었다는 하나의…느낌[63]"을 갖고 있다고 할 수 있
다. 더욱이 지배적 본능의 이름을 말하라는 요구를 받으면 그는 의심하
지 않고 그것을 **양심**이라고 부를 것이며, 자신을 인도하는 내적 목소리
와 이것을 동일시하고자 할 것이다. 즉 그는 최근 생겨난 개인적 책임
감을 부담이 아니라, '특권'으로 경험하게 해주는 양심에 힘입어 약속
하도록 허용된 것이다. 그래서 주권적 개인이라는 열매는 자연의 과제
가 처음 잠정적으로 완성된 상태를 나타냈던 것이다.

주권적 개인은 어떤 측면에서 첫 번째 에세이에 나온 귀족과 분명히
닮아 있다.[64] 그는 귀족식 가치 평가 방식에 특징적인 거리의 **파토스**를

---

63   역주―독일어로는 Gefühl인데, 필자는 이를 sensation으로 옮기고 있다.
64   니체가 권했던 『아침놀』 부분은 특히 주권적 개인과 **사제** 귀족 계층 간의 관계를
암시한다. 가령, 『도덕의 계보』 첫 번째 에세이 6장에 나오는 사제를 규정하는 내용들
은 『아침놀』 14번 아포리즘에 나오는 내용과 강한 유사성을 띤다. 우리는 기사 귀족
들이 집단의 관습과 전통에 대한 자신의 위반에 의해 상대적으로 마음이 흔들리지 않

3부 본문 읽기 103

기반으로 자신의 가치 평가를 소유하고, 형성한다. 가령, 다른 사람들에 대한 그의 '우월'감과 다른 사람들 안에 불러일으키는 '신뢰', '두려움', '존경'에 대한 그의 의식을 확인해보자. 더욱이 그는 귀족들처럼 '그 [자신의] **가치 척도**를 소유하고' 있으며, 이는 그가 자신의 본질적 의미를 규정하는 정체성과 목적의식을 위해 다른 사람들에게 의존하지 않는다는 점을 의미한다. 더 나아가 그 자신과 타인들에 대한 그의 가치 평가는 귀족식 가치 평가 방식의 투박한 단순성을 떠올리게 한다. 귀족들처럼 그는 사회적 세계를 그와 같은 사람들, 즉 '강하고 믿을 만한' 사람들과 그렇지 못한 사람들, 가령 그의 경멸을 받는 무책임한 '떠버리와 거짓말쟁이'로 나눈다. 끝으로, 유사하게 약속을 할 자격이 없는 사람들을 향한 폭력 행위를 인가하는 주권적 개인의 의식, 즉 약속을 하도록 자신이 허용되었다는 주권적 개인의 의식은 그리스 귀족들이 '진실된 자로서' 자기 자신을 '거짓말하는 평민'과 구분했다고 말할 수 있는 근거를 떠올리게 한다(GM I: 5). 이런 관점에서 보면 주권적 개인을 첫 번째 에세이에서 나온 귀족들의 선사 시대 조상이라고 생각할 수도 있다.[65]

3장

주권적 개인이 자기 통제의 성취를 자신의 **양심**과 결부시킬 것이라는 사실이 독자들에게 얼마나 이상하게 들릴 수밖에 없는지 니체는 즉시

고, 아마도 그런 위반을 잊어버린 주권적 개인으로부터 유래했다고 볼 수 있으며, 사제 귀족은 공격당한 집단의 분노를 내면화한 주권적 개인에서 유래했다고 생각할 수도 있다.

65 주권적 개인에 대한 대안적 해석에 관해서는 Hatab, pp. 37-9; White, pp. 144-7; Acampora, pp. 146-56; Owen, pp. 96-107; 그리고 Janaway, pp. 116-20을 보라.

인정한다. 결국 독자들은 다음과 같이 대응할 수 있다. 즉 양심은 정확히 주권적 개인에게 결여된 것이 아닌가?

이 대꾸가 보여주듯이, 독자들은 양심의 부름을 자기 통제의 성취를 가로막는 장애물로 간주할 가능성이 훨씬 더 크다. 니체의 깨달음에 의하면, 양심이 우리에게 잘못과 실패를 상기시켜 줄 때처럼 대개 양심을 경험하는 것은 잔인한 타이밍을 보여 주는 감시 장치, 즉 형벌을 가하기 위한 위협적인 감시 장치를 경험하는 일이다. 우리가 우리 자신에 대해 좋다고 느끼고 다른 사람들보다 우월하다고 느끼며, 우리의 성취를 자랑스럽게 여기고, 우리의 독립과 자립을 기리며, 우리의 의지를 반영할 미래를 마음속에 그리고 대담하고 유의미한 약속을 표명하는 등 주권적 개인을 닮아가기 시작하는 바로 그 순간 양심이 끼어들어 우리의 지복에 독을 뿌리고, 미래에 대한 우리의 희망을 수축시킨다.

여기서 니체의 레토릭적 목적은 양심에 대한 특정한 해석, 즉 단지 최근에야 권위를 지니게 된 **양심의 가책**에 독자들이 무비판적으로 의존하는 정도를 보여주려는 것이다. 그의 주장에 의하면, 도덕적 시기의 인간 역사 이전에는 양심에 대한 대안적 해석이 가능했고, 선호되었다. 주권적 개인의 예가 보여준다고 할 수 있는 것처럼, 이런 대안적 해석은 잠재적으로 심신을 약화시키는 양심의 가책이 아니라, 강건한 양심이 제공하는 자기 통제를 위한 추동력을 강조한다. 그래서 주권적 개인을 원시적 소시오패스로 묵살하기 쉽지만, 우리는 여기서 그 역시 양심을 가진 피조물일 가능성을 고려해야 한다. 안내와 허가를 제공하는 **좋은** (혹은 **무구한**) 양심을 그가 소유하고 있다는 사실은 **양심의 가책**이, 우리를 문명화된 존재로 특징짓는 (확실히 고통스러운) 내적 이중성의 경험에 대해 우리에게 허용될 수 있는 유일한 해석도 아니고, 최고의 해석도 아니라는 점을 보여준다고 할 수 있다. 이런 경험을 지불되지 않은 부채의 증거로 해석하거나, 그리스도교 도덕의 경우처럼 우리의 잘못된 존재에 대한 증거로 해석하는 행위는 단지 도덕적 시기의 인간 발전에 속해 있는 상황의 반영일 뿐이다. 더욱이 이런 시기 안에서조차 양심의 건설적인 역할은 제대로 탐구되지도, 기록되지도 않은 채 남아 있다.

물론 이는 우리가 주권적 개인의 무구한 양심으로 돌아갈 수 있다거나, 니체가 우리에게 그렇게 하도록 권한다는 점을 암시하지는 않는다. 인간 동물이 자신의 도덕적 발전 시기에 생존할 수 있으려면 양심의 가책이라는 부담에도 불구하고, 혹은 이상적으로는 그 부담 덕분에 생존해야 한다. 우리가 보게 될 것처럼, 니체는 양심의 가책이 지닌 부식력을 우리가 문화 체제하에서 습득했던 반(反)-정서적인 두 번째 자연에 대항하도록 만들 수 있다고 여긴다(GM II: 24).[66] 그 경우 양심의 가책은 새롭게 전개된 자기 통제 요구의 근거로 이용될 수 있을 것이다.

주권적 개인이 해방된 양심의 피조물로서 등장하는 이런 '엄청난 과정'의 끝을 검토한 다음, 이제 니체는 그 과정 자체를 설명한다. 특히 그는 기억 습득에 대한 설명을 요약한다. '단지 잠깐의 순간에만 익숙한' 기억 이전의 삶을 살았다고 인간 동물을 언급한 것은 니체가 기억을 새롭게 등장한 보상 기관으로 여기고자 한다는 점을 나타낸다. 즉 그는 책임의 기원을 자연주의적으로 설명하기 위해 기억 획득과 확장을 자연주의적으로 설명하려고 한다.

---

66   역주-해당되는 구절은 다음과 같다. "즉 **비자연적** 성향들, 피안, 감각에 반하는 것, 본능에 반하는 것, 자연에 반하는 것, 동물성에 반하는 것에 대한 그런 모든 열망들, 간단히 말해 전체적으로 볼 때 삶에 적대적인 이상들이자, 세계를 비방하는 자의 이상들인 기존의 이상들을 양심의 가책(schlechten Gewissen)과 밀접한 관계를 맺게 하는 것", KSA 5(『도덕의 계보』), II 24. 여기서 니체는 비자연적 성향들에 대해 오히려 양심의 가책을 느끼게 만들어서 그런 성향들의 극복이 가능하다고 주장하고 있다.

이러한 후자의 설명에서 핵심은 이런 기억 이전의 피조물에게 기억 기능을 부여하기 위해 **트라우마**가 이용되었다고 특이하게 니체가 강조한다는 사실이다. 여기서 니체는 노골적으로 말한다. 인간 동물은 상상할 수 있는 가장 잔혹하고, 고통스러우며, 몸에 칼을 대는 기술의 적용을 통해 기억을 얻었다. 이런 설명이 암시하듯이, 트라우마는 기억의 형성과 확장에 불가결하다. 이는 인간이 자신의 살에 저장된 것만 기억한다는 사실을 의미하지는 않지만 좀 더 특이하고, 즐거운 본성을 지닌 기억은 트라우마에 의해 의식으로 들어온 기억으로 기꺼이 대치된다는 점을 뜻한다. 물론 기억되어야 할 교훈이나, 금지와 함께 우리는 또한 트라우마 자체를 기억하는 경향이 있으며, 이는 어떤 수준의 신체적 경험에서 기초적인 트라우마를 다시 체험할 수밖에 없음을 뜻한다.

니체가 나중에 설명하듯이 (17장을 보라), 이런 기술들은 원시인들을 길들이려는 (뒤이어서 착취하려는) 야심찬 활동을 위해 발전되고 적용되었으며, 그런 원시인들에 대한 폭력적 포획은 가장 초기 형태의 인간 사회가 확립되었음을 나타냈다. 시민사회가 주는 이익에서 자신의 몫을 얻는 대신 이 포로들은 집단의 관습과 전통을 충실히 지키겠다고 맹세했다. 그러나 그들의 맹세가 의미를 갖기 위해서 우선 그들은 자신들의 약속에 관한 기억을 습득할 필요가 있었다. **내부로** 관통할 만큼 매우 강했던 물리적 고통 요법에 종속됨으로써 이 포로들은 전례 없는 내면성의 확장을 겪었으며, 그런 내면성 속에서 자신들로부터 짜내진(extracted)[67] 약속들을 지키고, 습득된 기억 속에 간직할 수 있게 되

---

67   역주-저자에게 이메일로 직접 문의한 결과 '짜내다(extract)'라는 표현을 사용한 것은 여기서 원래의 약속을 하고 지키는 상황이 불균형적이고 강제적이며, 불공평하기 때문이다. 저자가 이해하는 니체에 의하면, 약속 행위의 실천은 자발적으로 한 약속에서가 아니라, 약속을 하는 사람들에 대해 권력을 갖고 있던 사람들의 기대 속에서 생겨난 것이었다.

었다. 이런 관점에서 보면 의심의 여지 없이, 혹은 예외 없이 그들이 지키리라고 기대된 사회의 관습을 외부와 내부에서부터 그들은 상기했던 셈이었다. 결국 공동체는 고유한 집단적이고, 공적인 자신의 정체성을 얻었으며, 기초적인 트라우마를 거듭하는 믿을 만한 위협 덕분에 그런 정체성을 유지했다. 그래서 우리가 지금 **형벌**로 알고 있는 내용의 실행은 가장 초기 공동체에서 강제로 가두어졌던 그런 원시인들을 길들이려는 시도로 시작되었다.

그래서 원시인들은 그들을 집단적이고, 사회적인 삶 속에서 존속시켰던 관습과 전통의 고수에 대해 책임을 지게 되었던 것이었다. 물론 우리가 아직 알아야 할 사항은 이 인간들 가운데 몇몇이 관습과 전통의 요구와 독립적으로 약속을 하도록 허용됨으로써 어떻게 또한 **스스로**에 대해 책임을 지게 되었는지 하는 점이다.

4장

책임의 기원을 서론적으로 설명한 다음, 니체는 이제 두 번째 에세이의 중심 물음을 제기한다. '양심의 가책'의 기원은 무엇인가? 즉 어떻게 양심의 부름이 오직 우리 잘못과 실패를 계속 상기시켜준다고만 해석되게 되었는가? 이전 장이 유도하는 것처럼 보인 결론과 반대로 니체는 양심의 가책이 출현한 사건을 전 장에서 서술된 원시적 기술 탓으로 돌리기를 원하지 않는다. 사실 살을 지지는 기억술이 있었던 옛날 호시절을 니체가 동경한 것은 선사 시대에 나타난 형벌의 실행이 '죄책감의 발전'을 지연시키는 데 실제로 이용되었다는 확신 때문이다(GM II: 14).

그러나 이런 중심 물음에 답할 수 있기 전에, 니체는 우선 '무가치한' 경쟁자들이 퍼뜨린 잘못된 해석을 폭로하고, 그 신빙성을 떨어뜨려야 할 것이다. 그의 경쟁자들은 비교적 최근에 출현한 개념, 즉 자유의지와 해코지하려는 의도를 전제하는 도덕적 죄 개념을 형벌 실행의 기원에 놓는 오류를 범하고 있다. 경쟁자들에 의하면, 책임은 항상 **도덕적** 개념이었다. 왜냐하면 책임은 우리가 자유롭게 하거나, 하지 않은 것을 바탕으로 항상 부여되어 왔기 때문이다. 그래서 그들의 주장에 의하면, 다음 사실이 따라 나온다. 즉 형벌은 도덕적으로 죄가 있는 사람들, 즉 달리 행동할 수 있었고, 달리 행동했어야 하는 그런 사람들에게만 항상 주어져 왔다.

그러나 니체에 의하면, 자유의지를 기초로 책임을 부과하는 일 자체가 수천 년 동안 형성되어 온 문화적 성취다. 개인적 책임감을 얻을 수 있기 전에, 인간은 우선 개인적 특성(혹은 개별성)을 의미 있게 부여할 수 있는 종류의 피조물이 될 필요가 있었다. 자신의 요지를 주장하기 위해 니체는 다시 한번 어원학이라는 비장의 카드를 사용한다.

주요한 도덕적 개념인 **죄(Schuld)**는 매우 물질적인 개념인 **부채(Schulden)** 속에서 자신의 기원을 갖는다.

이런 가설은 니체가 첫 번째 에세이에서 경쟁자들의 오류에 대응하는 가운데서도 제시했던 **개념적 변형 규칙**의 적용(혹은 아마도 각색)을 포함하는 것처럼 보일 것이다. 두 경우 도덕적 개념은 앞선 상황의 물질적이고, 정치적인 조건을 반영하는 도덕 이전에 생긴 개념을 기원으로 갖는다.[68] 더욱이 두 경우 어원학에 주목함으로써 니체는 이후의 관습 내에 존재하는 초기 관습의 흔적을 드러냈으며, 이로써 이후의 관습이 자연스럽거나, 주어진 것이라는 어떤 주장도 분쇄된다. 그래서 니체

---

68   Clark, p. xxvi(in Clark and Swensen).

에 의하면, 우리가 대개 양심의 '가시'와 연결시키는 죄책감은 채권자에게 빚을 지고 있고, 채권자에 의해 처벌받는다는 구체적 현실로 추적할 수 있다. 그래서 그는 '**책임**이 어떻게 생겨났는지 하는 긴 이야기'의 초점을 '(도덕 이전의) **부채** 개념'에서부터 (도덕적인) **죄** 개념으로의 변형에 맞추자고 제안한다.[69]

물론 이는 도덕적으로 죄가 있다고 알려진 범죄자를 목표로 한 관행으로 형벌이 생겨날 수 없었을 것이라는 점을 뜻하지는 않는다. 사실 니체가 입증하기를 목표로 하는 것처럼, 형벌은 죄가 있는 당사자로 비난받을 수 있는 개인들을 산출하는 데 불가결했다. 그래서 경쟁자들과 아주 대조적으로 니체는 다음과 같이 선언한다.

> 보복으로서 형벌은 의지의 자유나, 부자유에 관한 어떤 추정과도 아주 독립적으로 발전했다.

이런 추정의 부적절한 기원을 이미 고려했기 때문에(GM I: 13), 니체는 이제 인간 동물의 희미한 선사 시대로 돌아간다. 거기서 형벌은

> 어떤 피해나 상처를 입었을 때 그것을 일으킨 사람에게 터트린 분노를 표현하는 수단으로 이용되었지만, 이런 분노는 모든 피해가 **등가물**을 가지며, 단지 범인의 **고통**을 통해서라고 해도 실제로 되갚아질 수 있다는 생각을 통해 억제되고, 정도가 덜하도록 변경되었다.

그가 드러내는 바에 의하면, 이런 등가성이라는 아이디어는 '**채권자**와

---

69   Clark, p. xxxi(in Clark and Swensen).

채무자 간의 계약 관계'에서 '힘을 얻었으며', 이런 계약 관계는 결국 '사고, 팔고, 교환하고, 거래하고, 왕래하는 근본 형태들을 다시 가리킨 다.'[70] 즉 책임과 죄의 기원을 드러내기 위해서 니체는 우선 가장 초기 계약 관계에 영향을 미쳤던 부채의식 개념을 설명해야 한다. 더욱이 그 렇게 하는 가운데 그는 의심하지 않는 독자들이 양심의 가책이 비롯된 기원에 대한 대안적 설명을 받아들이도록 준비시켜야 한다.

이어지는 부분에서 니체는 **책임**과 **의무** 개념의 발전에서 구분되는 세 단계를 서술하기 위해 채권-채무자 관계의 형성력에 기댄다. 첫 단 계는 **법적** 의무의 출현을 서술한다(5장-10장). 5장에서 8장은 개인적 계약의 발전을 다루고, 9-10장은 시민법의 발전을 다룬다. 두 번째 단 계는 **종교적** 의무의 출현을 서술하며(19-20장), 세 번째 단계는 **도덕 적** 의무의 출현을 서술한다(21-22장). 24장은 아직 형성되지 않은 **탈 도덕적** 책임 개념이 출현할 수 있는 네 번째 발전 단계를 개괄한다. 이 런 발전 단계를 제시하면서 니체는 인간 동물이 기능적인(즉 종을 보 존하는) 개인적 책임감을 추구하는 데서부터 위험스럽게 멀리 이탈했 다는 사실을 보여주고 싶어 한다. 자신의 미래를 보증하는 특권을 얻은 후에 인간 동물은 다시 한번 스스로 불확실한 미래에 직면하고 있다고 여긴다. 그래서 니체는 수천 년 전 주권적 개인이라는 열매 속에서 최 초로 완성되었음에도 불구하고 자연의 '사육' 기획이 여전히 진행 중이 라고 여긴다.

5장

채권-채무자 관계를 자연의 사육 기획이라는 더 큰 맥락 안에 두면서

---

70   그는 다음 장에서 '채권자와 채무자 간의 계약 관계'를 다룰 것이고, 8장에서 '사 고, 팔고, 교환하고, 거래하고, 왕래하는 근본 형태들'을 다루기 시작할 것이다.

니체는 가장 초기 계약이 열등한 자들에게 아무튼 터뜨리기를 원했던 잔인성의 과시와 정당화를 피에 굶주린 채권자들에게 제공했다고 주장한다. 초기 계약은 상호 존중하는 동등한 지위를 가진 구성원들 사이에서 선의로 이루어진 공정한 합의가 결코 아니었기 때문에 피에 굶주린 채권자들이 보기에(혹은 의심하기에) 약속을 지키지 않을 것 같은 기억을 얻기 전의 불운한 채무자들로부터 보상의 약속을 이끌어 낼 자격을 그들에게 부여했다. 잔인성에 대한 본능의 만족을 (가까스로) 참을 수 있게 연기하는 대신 이들 채권자들은 채무자가 채무를 이행하려 하지 않을 (공산이 있는) 경우 전 공동체의 지지를 확실히 보장받았다. 공동체가 결국 이런 실망한 채권자들이 억눌린 동물적 공격성을 터뜨리도록 허용했을 때, 공동체는 새롭게 출현한 **법적 형벌**이라는 측면 아래서 그렇게 했던 셈이다.

니체에 따르면, 이런 가장 초기 계약이 승인한 불필요한 잔인성은 자신들의 약속에 대해 책임졌던 개인들을 사육하려는 자연의 조직적 활동이 성공하는 데 불가결한 요소로 드러났다.[71] 이런 방식 덕분에 채권자들은 잔인성의 향유를 위한 조건에 집착하는 데 익숙해졌던 반면, 채무자들은 기억을 향상시키기 위해 유인책이 포함된 기회를 얻었다. 사실 이들 채권자들은 몰랐지만 그들이 법적으로 향유했던 잔인성은 오랜 시간에 걸쳐 채무자들에게 약속에 대한 믿을 만한 기억을 부여하는 효과를 가졌다. 채무자들이 점점 더 세심한 주의를 기울이게 됨에 따라, 특히 형벌이 점점 더 성문화되고 제도화됨에 따라, 그들 역시 더 책임감을 갖게 되었다. 샤일록(Shylock)[72]이 유감스러워하며 발견했듯이,

---

71 Deleuze and Guattari, pp. 190-2.
72 역주-셰익스피어의 희곡 『베니스의 상인』에 나오는 유대인 고리대금업자이다. 샤일록은 평소 미워하는 안토니오에게 친구의 보증을 세워 놓고 기한까지 갚지 않으

시간이 지나면서 채무를 이행하지 못한 채무자에게 잔인성을 가하는
데 포함된 순수한 쾌락은 점점 더 찾기 힘들게 되었다.

　니체에 의하면, 가장 일찍 알려진 법과 계약을 저술한 사람들이 신체
형의 세부 항목에 몰두했다는 사실은 이런 가설을 통하지 않고서는 설
명할 수 없으며, 바로 이 가설을 지지해 준다. 다양한 형태의 담보물을
보장으로 제공할 수 있는 반면, 채무자는 적절하고 때맞은 상환을 제공
하는 데 실패한 경우 그 보상으로 자신의 개체(person), 즉 살과 피로
이루어진 신체를 저당 잡힐 수밖에 없었다. 그래서 신체형의 약속은 채
권자에게 채무자가 입힌 손해와 채권자가 '무력한 자에게 자신의 힘을
자유롭게 가하도록 허용되는' 경우 가질 수 있는 쾌락 사이의 등가성을
확립했다. 더욱이 이런 특정한 형태의 보상은 고전적인 **주인의 권리**
에 기분이 상한 채권자가 참여하도록 허용했고, 그런 권리는 그가 타인
들을 자신 아래 있는 것처럼 취급할 자격을 부여했다. 우리가 보게 될
것처럼, 니체는 여기서 잔인성에 대한 자연적 본능에 기댐으로써 또한
초기 형태의 도덕, 법, 정치 및 종교의 자연적 기반을 확립한다고 말할
수 있다.

　잔인성에서 나오는 쾌락은 단순히 오직 불필요한 것이다.[73] 사실상
이런 이유로 그런 쾌락은 채권자와 채무자를 분리시키는 사회적 거리
와 직접 관련되어 있다. 채무자가 보잘것없으면 없을수록[74] 채권자가

면 안토니오의 살 1파운드를 베어내겠다는 조건으로 돈을 빌려줬다. 결국 돈을 기일
안에 받지 못했다는 이유로 소송을 해 승리했고, 살 1파운드를 베어내고자 했지만, 안
토니오를 구하기 위하여 판사로 변장한 포샤에게 피는 한 방울도 흘리지 말고 살만 베
어내라는 명령을 듣고 진퇴양난에 빠진다. 샤일록은 돈만 아는 고리대금업자의 대명
사다.

73　BGE 260도 보라.

74　역주-사회적 지위가 낮은 것을 뜻한다.

3부 본문 읽기   113

그에게 잔인성을 가하는 데서 얻을 수 있는 쾌락은 더욱 커진다. 근대 후기에 일어난 위계질서의 전반적 붕괴에 대한 니체의 입장이 옳다면, 우리가 이런 종류의 쾌락에 대해 어떠한 직접적이고 단순한 경험도 갖지 못한다는 사실을 발견하고 놀라서는 안 될 것이다.

그에게 잔인성을 가하는 데서 얻을 수 있는 쾌락은 더욱 커진다. 근대 후기에 일어난 위계질서의 전반적 붕괴에 대한 니체의 입장이 옳다면, 우리가 이런 종류의 쾌락에 대해 어떠한 직접적이고 단순한 경험도 갖지 못한다는 사실을 발견하고 놀라서는 안 될 것이다. 우리가 자신 이외의 모든 이를 우리와 거의 같다고 여기는 만큼, 우리는 이 장에서 나오는 순수하고, 불필요한 쾌락을 알 수 없다. 물론 이것은 우리가 타인들을 우리 아래 있는 것처럼 취급하지 않는다는 사실을 뜻하지는 않는다. 이는 단지 그들에 대한 우리의 학대를 좋은 양심을 갖고 즐기지 못한다는 점을 뜻할 뿐이다.

그래서 니체가 믿기에 자연은 책임 있는 동물을 사육하는 자신의 기획을 진전시키기 위해서 원시인들의 잔인성을 이용했던 것이다. 채권-채무자 관계가 형성하는 맥락 내에서 자연적인 잔인성의 본능은 간접적으로 기억을 낳게 되게 연마되었고, 이는 결국 몇몇 채무자가 계약상 법적 책임이 있는 형벌을 피하도록 (혹은 완화시키도록) 허용했다. 이런 설명을 고려하면 인간들이란 그들이 덕을 기른 행위에 대해 **보상받기**를 기대하며, 그들 적의 고통과 피로 보상받기를 선호한다는 사실을 알고 놀라서는 안 될 것이다. 사실 우리가 보게 될 것처럼, 니체는 도덕 역시 덕을 기른 행위에 대해 덕을 고수하는 자들에게 보상해 준다는 약속을 통해 구매를 유도한다는 점을 보이고자 한다.

6장

여기서 니체는 두 번째 에세이에서 설명하려는 도덕적 개념들[75]을 도입하고, '그런 개념들로 구성된 도덕적 개념 세계'의 기원을 방금 언급했

---

75   역주-죄, 양심, 의무, 의무의 신성함 등을 가리킨다.

던 원시적인 '법적 의무의 영역'으로 추적해 들어간다. 즉 그가 앞서 추측했듯이, **개인적 의무(혹은 죄)**라는 현재의 도덕적 개념은 도덕 이전의 원시적인 채권-채무자 관계에서 생겨났다.

그러나 계속 더 진행하기 전에 니체는 '고통이 채무나, 죄를 상쇄할 수 있다'는 사실이 우리에게 얼마나 야만적으로 들릴 수밖에 없는지 인정한다. 특히 그는 자신과 최고 독자들을 포함하여 오늘날 어느 누구든 "잔인성이 좀 더 원시적인 인간들의 크고, 축제 같은 쾌락을 구성했던 정도를 있는 그대로 생생하게 이해하기"는 어려울 것이라는 점을 인정한다. 여기서 니체가 구사하는 레토릭의 목표는 독자들이 잔인성에 대한 그들 자신의 향유를 인정하라고 (그리고 탐구하라고) 권하는 일이다. 이런 목적을 위해 그는 두 가지 의견을 제시한다. 우선, '더 높은 고급 문화'는 잔인성을 폐기하지 않고, 그것을 매우 '정신화된' 형태로 추구한다(그리고 후원한다). 그래서 우리는 유혈이 난무하는 신체 폭력이 표출되면 움츠릴 수 있지만, 좀 더 고상한 잔인성의 표현은 즐길 수 있다. 둘째, 우리 근대인들은 불필요한 잔인성의 공공연한 표출을 원시적으로 향유하는 일을 전적으로 낯설어 할 만큼 그렇게 세련되지 못했다. 두 번째 에세이의 논의는 아무리 희미하고 승화되었으며, 억압되거나 불법화되었다고 해도, 우아한 동시대인들의 경험과 이 장에서 묘사된 피에 굶주린 원시인들의 경험을 연결시켜 주는 가족적 연속성을 니체가 확인할 수 없다면, 사실상 거의 의미를 갖지 못할 것이다. 지금까지 나타난 모든 형태의 인간 동물을 특징지은 자연적인 잔인성의 본능을 확인했기 때문에 소위 이들 원시적 형벌 의식들의 축제 같은 특징을 분명히 보여줄 때, 문명화된 최고 독자들이 다 알고 있다는 듯이 미소 짓기를 니체가 기대하는 것은 극히 당연하다.

7장

권고하기 위한 막간에 이른 곳에서 니체는 타인을 고통스럽게 만드는 일이 삶으로 유혹하는 요소로서 과거에 이용되었으며, 미래에도 여전히 그럴 것이라고 주장한다. 그에 의하면, 인류의 미래는 잔인성이나 잔인성의 향유가 아니라, '인류가 **인류**에 대해 느끼는 수치심의 증가'에 의해 위협 당한다.

고통을 없애려는 현재의 조직적 활동은 많은 측면에서 잘못이지만, 그 활동의 특징적 결함은 진짜 문제의 오인이다. 니체에 의하면, '고통에 대한 분개를 실제로 일으키는 것은 고통 자체가 아니라, 고통의 무의미다.' 인간들은 그리스도인의 '신비스러운 구원 장치'에 호소함을 통해서든, 아니면 고통의 '구경꾼' 내지 '유발자'에 대한 더 고전적인 심취에 의해서건 간에 그렇지 않았으면 무의미했을 자신들의 고통을 정당화하는 기술에 실제로 능숙하다. 세 번째 에세이의 주요 테제를 미리 보여주면서 니체는 더 나아가 삶 자체가 우리 존재를 특징짓는 고통에 대해 우리가 가장 성공적으로 대응하게 해준 장본인이며, 항상 그래왔음을 내세운다. 그의 암시에 의하면, 사실상 진정한 낙관주의자는 우리를 그 자신의 매력으로 유혹하기 위해 새로운 방식들을 고안해 내는 삶을 항상 신뢰해야 할 것이다.

이런 주장을 지지하기 위해 니체는 인간을 **무대에** 올림으로써 인간의 고통을 이해했던 고대 그리스 신화와 도덕 철학에 명시적으로 기댄다. (신화의 경우) 그들의 축제극과 (도덕 철학의 경우) 비극 속에서 그리스인들은 인간의 고통을 신들의 끊임없는 관심을 끌게 하는 오락의 주제로 제시했다. 우리가 볼 것처럼, 사실상 이런 해석은 고대 그리스인들이 그들의 '축제 같은' 잔인성을 불필요하게 표출하는 일을 포함해 극악무도한 범죄에 대한 책임을 거부하도록(GM II: 23) 만들었다.

(결국 신들이 이런 축제를 요구한다면, 그 속에서 가해진 잔인성에 대한 **우리의** 향유는 아무 잘못이 없으며, 우리와 무관하다.) 인간들이 스스로 이제 신의 관심을 받기에 무가치하다고(혹은 단지 선택적으로만 가치 있다고) 여긴다는 사실은 자연적인 잔인성의 본능이 낳은 고통보다 훨씬 더 큰 재앙이다.

8장

니체는 지금까지의 진행 과정을 재검토함으로써 자신의 탐구로 돌아간다. 그는 도덕적 책임 개념의 기원을 법적 책임 개념으로 추적했으며, 그런 법적 책임은 결국 채권-채무자 간의 원시적 관계라는 맥락 속에서 형성되었다. 그는 이제 (**집단적** 책임감과 대립되는) **개인적** 책임감이 발전할 수 있었던 개별화 과정을 서술하기 시작한다. 우리가 보게 될 것처럼, 이 과정은 죄에 대한 그리스도교의 가르침에서 절정에 이르며, 그런 가르침에 힘입어 개인들은 스스로 자신들의 잘못된 현존에 대해 개인적으로 책임이 있다고 여긴다.

　니체에 따르면, 원시인들이 서로에 대해 평가하기를 배웠던 것은 바로 서서히 전개된 채권-채무자 관계의 맥락 속에서였다. 여기서도 잔인성을 즐길 (혹은 피할) 가능성은 그들이 협상 기술을 개선하기 위해 뚜렷한 유인책을 제공했다. 장래의 채권자와 채무자는 서로에 대해 더 날카로운 이해를 얻어야만 했을 뿐만 아니라, 분명히 자기 본위적인 관계들을 낳게 될 그러한 **자기**-집중의 습관을 결국 기를 수밖에 없었다. 니체의 암시에 의하면, 그들은 개인으로서 자기 자신과 타자에게 점점 더 가깝게 친숙해짐에 따라 자신들을 공동체와 묶어 주었던 관습과 전통의 유대를 천천히 해체시켰다. 이런 개별화 과정은 결국 그들 안에 초기 형태의 개인적 책임감을 산출했고, 이 책임감은 관습의 도덕이 그들 안에 불어넣었던 집단적 책임감과 독립해 발전했다.

그래서 니체가 생각하기에 타자에 대한 '우월감'을 포함한 '인간적 자부심'은 원시인들의 '가장 초기 사유'에서 그토록 많은 부분을 차지했던 예측과 결정의 결과로 생겨났을지 모른다. 니체의 입장에서 이것은 중요한 추측이다. 왜냐하면 이로써 그는 공동체를 지탱했던 관습과 전통에서 결국 해방시켜 주게 될 기술과 요령을 몇몇 인간들이 얻은 맥락을 채권-채무자 관계가 제공했다고 주장할 수 있기 때문이다. 다른 구매자와 판매자에 견주어 스스로를 평가하기를 배우고 이런 거래에서 승리한 다음, 그들은 드디어 그들 자신의 가치 척도와 자신의 책임감을 소유하기를 바랄 것이다. 그래서 니체가 암시하는 바에 따르면, 채권-채무자 관계라는 도가니로부터 주권적 개인이 결국 출현할 것이다.

그러나 우리는 스스로 앞서가고 있다. 당분간 니체는 계약(즉 약속에 기반을 둔) 관계에 대한 효과적인 참여를 위해 요구되는 기술과 전략이 "'모든 것은 값을 갖는다. **모든** 것은 갚아질 수 있다'는 커다란 일반화에 원시인들이 도달하는" 지점까지 결국 향상되었다고 주장하는데 만족한다. 이런 일반화는 가장 초기의 아주 기초적인 법적 책임을 분명히 표현하기 위한 개념적 기반을 제공했다. 구매자와 판매자들은 그들 가운데 최고의 사람들이 결정하고, 강제한 것으로서 어떤 권리와 책임을 획득했다. 이것은 계약이 더 이상 채권자에게 유리하게 조작되지 않는다는 점을 뜻하지는 않는 반면, 채권자들은 공적인 공정함의 기준이 가진 유용성을 점점 더 인정했다는 사실을 의미한다. 그래서 니체는 이런 거대한 일반화 속에서 사회적 덕으로서 정의라는 좀 더 친숙한 표현보다 시기적으로 앞서고 (그래서 거기에 영향을 미친) '가장 오래되고, 가장 소박한 **정의**라는 도덕적 규범'을 발견한다고 주장한다. 이 지점에서부터 채권-채무자 관계는 더욱 특수한 법적 규약이 제공한 틀 내에서 전개되었다.

물론 정의라는 도덕적 규범의 출현은 공정함의 기준들을 원하고, 집행할 수 있는 개인들의 활동을 함축한다. 우리가 볼 것처럼, 그래서 니체는 '법적 조건들이 결코 **예외적** 조건들과 다른 것일 수 없다'고 주장한다. 왜냐하면 법적 조건들은 '힘에 열중해 있는 삶의 의지에 대한 부분적 제한'을 항상 포함하기 때문이다(GM II: 11). 즉 기초적인 법적 책임 개념의 출현을 설명하기 위해 니체는 힘에 대한 자신들의 충동에 대해 스스로 부과한 제한을 견디는 데 동의한 예외적 개인들로 이루어진 집단의 출현을 사실로 상정한다. "이런 기초적인 단계의 정의는 거의 같은 힘을 가진 사람들 사이에서 서로 타협하려는 선한 의지며, … 더 적은 힘을 가진 사람들이 그들 사이에서 스스로 합의에 이르도록 **강제**하려는 선한 의지다." 니체가 가장 최초로 지상에 생겨나서 희미하게 깜박이는 정의라는 빛의 원인으로 지목하는 이러한 '선한 의지'는 어디서 나온 것인가? 우리는 아마도 이러한 예외적 개인들이 도달한 전례 없는 '이해'가 그들이 자기 자신들과 타인들을 평가하는 능력의 (특이하지만) 자연적인 진행을 반영한다고 믿게 될 것이다. '**모든** 것은 갚아질 수 있다'는 점을 확신하면서 그들은 힘에 대한 충동을 자발적으로 제한하는 형태로 미래에 수확할 이익을 위해 지금 대가를 치러도 된다는 사실을 발견했다. 즉 그들은 자연적인 잔인성의 본능을 충족시키는 것을 참을성 있게 중단하는 행위가 아주 수지맞는 보상적 이익을 낳을 수도 있다는 점을 깨달았다. 이러한 (확실히 사변적인) 노선의 해석에 의해, 니체는 미래의 결과를 예측할 수 있는 능력을 획득했고, 힘에 대한 충동의 자발적 제한을 견딜 수 있는 의지를 소유한 원시인의 출현으로 정의의 기원을 추적해 들어간다.[76]

　니체가 이러한 원래의 정의 결정권자가 가진 본성과 성격에 대한 통찰을 거의 제공하고 있지 않지만, 그들이 '합의'를 이룬 일에 대한 설명은 분명 첫 번째 에세이에서 나온 귀족을 떠올리게 한다고 말할 수 있다. 가령, 여기서 묘사된 기초적인 정의 규범 속에서 우리는 귀족적 덕의 특징인 거리의 **파토스**를 맹아적인 형태로 발견할 수 있을지 모른다. 이들 최초의 정의 옹호자들이 상호 수용할 수 있는 '이해'에 도달할 수 있게 해준 '선한 의지'는 특히 그들이 자신들과 같은 사람들과 같지 않은 사람들을 구분할 수 있는 만큼, 귀족적 가치 평가 방식을 기본적으로 표현한다. 니체가 이러한 건강한 형태의 '책임에 관한 긴 이야기'를 고대 그리스 귀족들에 관한 논의로 사실상 결론 내린다는 점을 알고 놀라지 말아야 할 것이다(GM II: 23).

9장

이런 원시적인 '도덕적 정의 규범'을 뚜렷하게 사회적인 용어로 바꾸어 니체는 원시 공동체(즉 '실망한 채권자')와 공동체의 범법자(즉 그들의 '채권자'에게 덤벼들었던 채무를 불이행한 '채무자') 사이의 관계를 설명하기 위해 이전 분석을 확대한다. 그래서 사회적 관행으로서 형벌의 발전은 원시 공동체가 채무를 불이행한 채무자로부터 보상을 받을 권리를 주장하는 행위를 반영한다. 니체가 국가의 설립을 설명하기 위해 어떤 식으로든 '사회 계약'에 기대는 것을 거부하지만(GM II: 17), 여기서는 공동체와 그 구성원 간의 관계 발전을 설명하기 위해 계약 모델에 의존한다.

76　우리가 볼 것처럼, 그는 여기서 가장 초기 '국가'를 설립했던 그런 야수들을 염두에 두고 있는지 모른다(GM II: 17). 포로를 이용하기 위해 그들은 잔인성에 대한 자연적 본능을 어느 지점에서 누그러뜨리고, 조절하는 데 동의할 수밖에 없었을 것이다.

채무자 개념에서 **범법자** 개념으로 은연중에 이루어진 이행을 설명하기 위해 니체는 부채를 상환하지 않는 채무자가 일으킨 실질적 손해는 '**전체**(공동체)**와**' 계약을 어긴 데 포함된 상징적 손해보다 덜 중요하다고 주장한다. 이는 피해를 입은 공동체가 상환을 강제할 권리가 있을 뿐만 아니라, 또한 공동 삶의 진정한 가치를 범법자에게 상기시킬 수밖에 없음을 뜻한다. 공동체는 스스로 범법자를 구했던 '야만적이고, 법의 보호를 받지 못하는 상태'로 결국 그를 되돌아가게 만드는 내적 추방을 조건으로 다시 억류함으로써 두 가지 목적을 성취한다. 그래서 형벌은 이런 초기 공동체에서 '단지 혐오받고, 무장해제되어, 굴복한 적을 향한 정상적 태도의…복제'로만 나타났다. 내적 추방의 위협과 현실 두 가지 모두 범법자가 전체로서 공동체에 대한 개인적 책임을 제대로 깨닫도록 하는 데 특히 효과적이었을 것이다.

10장

아주 오래된 이런 도덕적 정의 규범의 발전을 계속 설명하면서 니체는 공동체의 성장이 공동체의 자기 이해를 질적으로 변화시킨다고 여긴다. 니체에 의하면, 번영하는 공동체는 아주 힘이 커져서 '개인의 위반을 그렇게 심각하게 고려하지 않게 된다.' 기본적인 채권-채무자 관계는 그 관계가 의존하는 고대적 등가성과 마찬가지로 여전히 존립하지만, 문제의 채권자는 이제 채무자의 위반을 무시하거나, 용서할 만큼 충분히 강하다. 범법자를 내부 추방에 처하기보다 공동체는 이제 그들을 방어하게 되고, 그들과 그들 범죄의 화난 희생자들 사이를 매개한다. 그가 주장하듯이, 형벌의 혹독함이 공동체의 힘과 반비례한다면, "한 사회가 그 사회에 해를 끼친 자들을 **처벌하지 않고** 내버려 두는 가장 고상한 사치를 스스로 허용할 수 있을 만큼 **힘의 의식**[77]에 도달할 수도 있다는" 사실을 충분히 생각해 볼 수 있다. 피해를 입은 채권자의 힘과 자신감의 지표로 정의를 다루면서 니체는 '가장 고대적인 도덕적 규범으로서의 정의'로부터 지금까지 그런 규범이 가장 고상하게 나타난 형태로서 **자비**에 이르기까지 정의의 변형을 서술한다. 우리가 볼 것처럼, 정의의 자기 지양을 이런 식으로 설명함으로써 니체는 채권-채무자 관계에 대한 분석을 조상 숭배와 종교 영역까지 확대할 수 있게 된다. 19장에서 이 논의를 요약할 때, 니체는 공동체에서 '자비가 특권으로 존재하는' '가장 힘 있는 사람들'을 조상뿐만 아니라 신들의 모델로 여길 것이다.

정의의 진화를 설명함으로써 니체는 『도덕의 계보』에서 핵심적 중요성을 갖는 개념, 즉 **자기 지양**[78]을 도입할 수 있게 된다. 이 자기 지양이란 힘의 질적 확장에 수반하고, 그 확장을 용이하게 하는 내재적 변형 과정이다. 지금까지 그는 증가하는 양적 변화의 측면에서 공동체 힘의 성장을 서술했다. 그러나 여기서 그는 해당 공동체가 정의에 대한 기존 이해를 넘어서게 해주는 질적 변화에서 공표되는 힘의 확장을 간파한다고 주장한다. 공동체의 힘은 이제 다양한 채무자와 범법자에 대한 보복보다는 그들에 대한 무관심에서 분명하게 드러난다. 특히 이런 질적 변화는 경쟁자들이 자비를 전례 없는 힘의 표현으로 올바르게 해석하는 경우 해당 공동체에게 직접적인 정치적 이익을 낳을 수 있다. 그런 경우 공동체가 베푸는 자비의 노골적인 과시는 스스로 떠맡은 핸디캡의 일종으로 기능할 것이다. 왜냐하면 그런 자비는 경쟁 공동체들에게 해당 공동체와의 어떠한 작은 충돌에서도 그들이 일으킬 것으로 예상

---

77   역주-독일어로 Machtbewusstsein으로 자신의 힘을 의식하는 상태를 말한다.
78   여기서도 Clark와 Swensen의 주장을 따른다. p. 47.

하는 손실을 시사할 것이기 때문이다.[79][80]

　정의의 자기 지양은 번영하는 공동체에게 '있을 수 있는 가장 고상한 사치'를 허용할 뿐만 아니라, 또한 결과적으로 공동체가 불가피하게 쇠퇴하는 조건의 전조가 되기도 한다. 자비롭게 됨으로써 공동체는 범법자의 형벌에 대한 전통적인 접근을 중단한다. 그렇게 하는 가운데 공동체는 또한 아마도 부지불식간에 기존의 채무자들을 계속 교육하고 훈련시키는 역할을 포기한다. 이는 공동체의 진화에서 중요한 발전이다. 왜냐하면 니체가 나중에 설명하듯이, 형벌이라는 강력한 장치는 실제로는 처벌받는 사람들에게 있어 '죄책감의 발전'을 방해하는 데 기여했기 때문이다(GM II: 14). 범법자가 책임이 있다고 간주된 범죄와 대개 어느 정도 유사성을 지니는 받을 만한 처벌을 받는 한, 그들은 그들 행위의 본성에 있어서 불쾌한 것뿐만 아니라 놀랄 만한 어떤 것도 없다고 여긴다. 그들은 죄를 지은 행위자로 처벌받은 것이 아니라, 단순히 그들의 행위가 공동체의 평화를 방해했던 '피해의 원흉'이기에 처벌받은 셈이다(GM II: 14). 그러나 일단 자비로운 공동체가 전통적인 형벌 집행을 중단하면, 이런 범법자들은 공동체가 자신의 힘을 행사하는 파괴적인 행위를 점점 더 낯설어하게 되는 것 같다. 그들의 행위 자체가 불

79　여기서는 Zahavi가 제시한 '핸디캡' 이론(특히 2장과 12장)을 염두에 두고 있다. 자기 지양에 대한 특정한 해석과, 『도덕의 계보』 두 번째 에세이와 Zahavi가 행한 연구 사이의 중요한 연관에 대해 좀 더 전체적으로 주목하도록 해준 Joseph Orkin(참고 문헌을 보라)에 대해 감사한다.

80　역주-이스라엘의 동물 생태학자 Zahavi는 수컷들이 굳이 위험을 감수하면서까지 생존에 불리한 여러 성향들을 갖도록 진화한 것을 핸디캡 이론으로 설명한다. 그는 새들을 관찰하고 이 이론을 발표했다. '최고는 남들에게 자신의 우월성을 납득시키기 위해 핸디캡을 선택한다.'는 것이다. 즉 거추장스러운 날개와 불편한 뿔을 가지고도 남들보다 사냥을 더 잘하고 생존에 문제가 없음을 암컷에게 보여줌으로써 암컷에게 선택을 받겠다는 것이다.

쾌할 수 있는 가능성을 자발적으로 받아들이면서 그들은 결국 자신들을 죄를 지은 행위자로 간주하고, 자신들의 행위를 죄로 여기게 될 것이다.

여기서 번영하는 공동체가 자비를 새로운 사회 정의의 기준으로 받아들임에 따라 점점 더 강력해진 사제들의 영향을 추론할 수 있다. 범법자들을 내부 추방에서 풀려나게 하면서 새롭고 자비로운 공동체는 그들에게 똑같은 권리와 특권을 부여하지 않는다. 그리고 공동체는 존재하는 계급 구분을 폐지하지도 않는다. 어느 쪽인가 하면 오히려 정의의 자기 지양은 채권자와 채무자 사이의 사회적 구분을 악화시키는 데 이용되었다. 사실상 공동체의 자비는 더 이상 진정한 적에게 부여된 존경과 주목의 가치가 없다고 '기생충'처럼 간주된 귀찮은 범죄자를 향해 공동체 지도자들이 보이는 점증하는 경멸을 나타낸다. 이러한 경멸당한 '기생충들'을 견뎌내는 일이 공동체의 건강과 힘의 표시가 된 셈이었다.

일단 사회의 하층계급으로 떨어지게 되면, 이들 기존 범법자들은 공동체의 지도자들이 '더 적은 힘을 가진 사람들' 사이의 앞서 언급된 '합의'를 중재하는 임무를 맡겼던 사제의 돌봄 아래 놓인다(GM II: 8). 즉 하층계급의 **원한**을 가라앉히고, 이 '기생충들'이 공동체 지도자들의 선한 양심을 훼손하는 일을 막아주는 책임이 사제들에게 주어진다(GM II: 11). 이런 관점에서 범법자, 채무자, 기생충 및 노예를 포함한 하층계급은 사제와 지속적으로 가까이 지내게 될 것이며, 사제는 결국 그들이 자기 자신을 죄를 지은 행위자로 여기도록 설득할 것이다. 우리가 볼 것처럼, 그렇게 하는 가운데 사제는 또한 이들 하층계급을 귀족들에 대한 복수의 도구로 변화시키게 될 것이다.

11장

이 장은 논쟁 같은 간주곡이며, 니체는 정의가 **원한**의 영역에서 생겨났다는 통념을 반박한다. 여기서 그는 앞서 이름을 거론하지 않은 응답자가 제시한 발견, 즉 정의는 단순히 약자와 짓밟힌 자들이 오래 기다린 보복에 대한 '인가된' 표현일 뿐이라는 발견을 상기시킨다(GM I: 14). 그는 **원한**의 당사자들이 정의 개념의 가치를 훼손했다는 점을 논박하지 않지만, 통용되는 표현과 정의의 (고귀한) 기원을 혼동하지 말라고 독자들에게 주의를 준다. 8-10장에서 개괄한 논증을 다시 검토하면서 니체는 '법의 전반적인 집행…[그리고] 법에 대한 요구'는 '능동적이고, 강하고, 자발적이며, 공격적인 자들의 영역…에 속한다'고 주장한다. 그래서 법의 확립은 공격적 힘의 표현을 막기 위한 것이 아니라, 그렇지 않으면 도달될 수 없는 생산적 목적들을 실현하도록 이런 힘의 방향을 다시 되돌리고 쏟기 위한 것이라고 말할 수 있다.

반유대 선동가 듀링(Eugen Dühring, 1833-1901)[81]에게 이의를 제기하면서 니체는 "더 강한 힘 아래 있는 더 약한 힘들 사이에서 일어나는 **원한**의 무분별한 분출을 끝내기 위한 수단을 추구하는 더 강한 힘"의 노력과 정의의 집행을 연결시킨다.[82] 듀링에게는 미안한 말이지만, 니체는 '정의롭다'와 '불의하다'[83]는 표현은 법의 사전 확립을 전제하며, 따라서 이런 맥락 밖에서는 이 두 표현은 무의미하다고 주장한다. '최

---

81   역주-오이겐 듀링(Eugen Dühring, 1833-1901)은 베를린 대학의 교수로 독일 사회 민주당 내에서 마르크스와 엥겔스의 반대파였다. 듀링은 그의 유물론 사상 체계를 서술하는 논문들에서 마르크스의 『자본론1』을 강하게 비판하였고, 마르크스와 엥겔스가 변증법적 유물론의 토대로 삼고 있는 다윈의 『종의 기원』에 나오는 진화론도 공격하였다. 이러한 듀링을 상대로 엥겔스가 반박 논문들을 썼으며, 이 논문들을 모아놓은 것이 바로 엥겔스의 『반듀링론』이다.

82   '법의 제정'이 **원한**의 무분별한 분출'을 끝내는 데 '가장 결정적인' 방법일 수 있는 반면, 이런 좋은 의도를 가진 고상한 개인들 역시나 그리고 형편없이도 낮은 계층의 **원한**을 가라앉히기 위해 종교에, 좀 더 정확히 사제의 중재에 의존한다.

83   역주-우리말 번역본은 옳음과 옳지 않음으로 옮기고 있고, 독일어 원문에는 Recht와 Unrecht라고 되어 있으며, 필자는 이를 just와 unjust로 옮기고 있다.

고의 생물학적 관점'에서 고려하면 사실상 법의 확립은 '법적 조건'이 항상 '삶의 의지의 부분적 제한'을 포함하는 한, 항상 '예외적'으로 나타날 수밖에 없다. 즉 법을 창조하고, 집행하려는 사람들은 그렇게 할 만큼 충분히 강해야 할 것이며, 이로써 보잘것없는 원한의 당사자들은 거기서 배제된다. 사실 니체는 특히 새로 발견된 자비에 의해 그들이 정의의 집행에 대한 접근을 개정하게 되는 만큼 10장에서 나온 그런 지도자들을 여기서 의도적으로 암시하려고 하는 것일 수 있다. 우리가 볼 것처럼, 그들이 선택한 접근은 공동체의 장기적인 미래에 대해 중요한 함축을 가질 것이다.

12장

전 장에서처럼 니체는 이곳에서 주요 논의 가운데 있는 자신의 논쟁 상황으로 주의를 돌린다. 그는 또한 갑작스럽고, 우아하지 못한 이행을 함으로써 이 장을 시작하며, 경쟁자들이 저지른 방법론적 오류를 드러낼 수 있기 위해 다시 한번 멈춘다.

　여기서 그는 흔히 형벌의 **기원**을 현재 통용되거나, 분명한 형벌의 **목적**에서부터 추론할 수 있다고 여기는 계보학자들을 맹렬히 비난한다. 대개 **발생적 오류**로 알려진 (혹은 그런 오류와 결합된) 이런 혼동을 폭로함으로써 그는 다른 모든 오류와 허울만 그럴듯한 결론이 발생하게 한 경쟁자들의 가장 기본적 오류가 삶 자체의 본성에 관한 그들의 잘못된 해석임을 보여줄 수 있다. 그에 의하면, 형벌의 기원을 다양한 목적과 분리한다면 다음과 같은 일반적 통찰을 파악할 수 있을 것이다.

　유기적 세계의 모든 사건은 제압, 즉 **지배자가 되는 행위**이며, 모든 제압과 지배자가 되는 행위는 이전의 어떤 '의미'와 '목적'이든 반드시 그것을 불분명하게 하거나, 심지어 없애버리는 새로운 해석과 조정을 포함한다.

'유기적 세계의 사건'들에 대한 이런 설명은 니체가 진화에 대한 대안
적 설명을 상세하게 제시하기 위한 바탕을 마련해 준다.

　따라서 한 사물, 관습, 기관의 '진화'는 전혀 목적을 향한 **진행**이 아닌 것은
　물론 가장 짧은 길을 거치고, 가장 적은 힘을 소모하는 논리적 진행은 더더
　욱 아니다. 오히려 그런 것들의 '진화'는 다소 심오하고, 다소 상호 독립적
　인 제압 과정의 연속이며, 여기에 그런 것들이 마주치는 저항, 방어와 반응
　을 목적으로 한 변형의 시도 및 성공적인 반격의 결과가 합쳐진 것이다.

이 문장이 암시하듯이, 니체는 한편에서 사회 진화론자들이 저지른 소
박한 의인화와 다른 한편에서 '절대적 우연성, 심지어 모든 사건의 기
계론적 무의미'에 대한 허무주의적 열정 사이의 중간 지대가 자기 입장
임을 분명히 밝히고자 한다. 후자의 입장과 반대로 니체는 진화란 식별
할 수 있는 진보를 인정**한다**고 주장한다. 전자의 입장에 반대하여 니체
는 도덕과 무관하고, 비인지적인 진화적 진보 모델을 제안한다.[84] 그래
서 니체의 함축에 의하면, 자연 선택의 라이벌 옹호자들은 '현실적 **진
보**'가 항상 포함하게 될 내용을 고려하기를 꺼림으로써 제약당해 왔다.
그 내용은 바로 '훨씬 **더 큰 힘**'을 낳는 데 기여할 경우에 발생하는 한
기관, 혹은 유기체의 **죽음**이다. 유기체는 스스로를 보존[85]하고자 추구
함으로써가 아니라, 그렇게 하는 것이 자신의 죽음을 재촉할지라도 힘
을 분출하고자 추구함으로써 자연 선택에 참여한다. 이는 경쟁 이론가

84　여기서도 Richardson, pp. 20-6을 따른다.
85　TI 9: 14를 보라.

들이 대개 자연 선택의 냉혹하고, 까다로운 미적분학에서 면제시키려고 애썼던 인간에게도 적용된다. 니체에 따르면, 인간의 경우 '집단으로서 인류…가 단일하고 **더 강한** 인간 종족의 번영을 위해' 희생하는 것은 사실상 '진보'를 구성할 것이다.

'민주주의적 특이 체질'의 확산에 명백히 반발하면서 니체는 '삶의 본질'을 '힘에의 의지'[86]로 간주하고, 힘에의 의지를 '새로운 해석과 방향을 부여하는 힘, 형태를 부여하는 자발적이고, 공격적이며, 광범위한 힘'의 표현과 연결시킨다. 이런 대안적 가설에 기댐으로써 니체는 삶의 본질을 '외적 상황에 훨씬 더 효과적으로 적응하는 데' 둔 스펜서 입장의 신빙성을 떨어뜨리려고 한다고 말할 수 있다. 생명체들이 적응하는 경향이 있다는 점은 분명 사실이지만, 그들은 또한 그리고 더욱 기본적으로 스스로를 세계에 대항해 능동적으로 주장하며, 그럼으로써 그들이 또한 대응하고 적응하는 외부 저항들을 형성한다. 그래서 자연 선택[87]의 메커니즘을 서술하기 위해 '적자생존'이라는 개념을 고안했던 스펜서는 여기서 '민주주의적 특이 체질'이라는 해로운 영향의 대변자로 나타난다. '지배하고, 지배하기를 원하는 모든 것'에 대해 개인적으로 반대함으로써 스펜서는 하나의 유기체나 종이 생존을 위해 자신의 적합성을 주장하는 일이 실제로 의미하는 바를 오인한다.

우리가 볼 것처럼, 니체는 힘에의 의지를 도입함으로써 마침내 16장에서 제시하게 될 '"양심의 가책"의 기원에 관한 가설'에 대해 어느 정도 대비하도록 만든다고 할 수 있다. 이런 대담한 가설은 능동적 힘의 전례 없는 급증을 바탕으로 인간 동물의 출현을 설명한다. 더욱이 스펜서에 대한 니체의 분석이 암시하듯이, '민주주의적 특이 체질'의 속박

86　BGE 13을 보라.
87　Spencer, pp. 444-5.

에 저항할 수 있는 자들만 이런 가설을 진지하게 받아들일 수 있을 것이다.

13장

형벌에 관한 논의로 돌아가 니체는 형벌에서 '비교적 **지속적인**' 것(가령, '형벌의 절차')과 **'유동적인'** 것(가령, '형벌의 의미'나 목적) 사이의 구분을 권한다. 더 나아가 그는 후자의 요소가 흔히 전자의 요소 **안으로** '투사되고, 해석되었다'고 주장한다.

그래서 경쟁적 계보학자들이 주장하듯이, 형벌의 절차가 목적에 맞추어 고안된 것은 아니다. 오히려 형벌의 목적은 절차가 정해졌을 때 드러난다. 목적이 절차를 뒤따르는 만큼, 어떠한 특정 형벌의 제정도 목적과 의미에 관한 새로운 해석을 일으킬 수 있다. 간단히 말해 이는 형벌 자체가 처벌을 목적으로 만들어지지 않았음을 의미한다. 우리가 볼 것처럼, 니체는 자신들의 공격성에 희생된 자들에게 무관심한 (그리고 아마도 그 희생자들을 망각한) '예술가들'에게 그가 부여한 자발적이고, 형식을 창조하는 동물적 공격성의 특정한 표현에서 형벌이 생겨났다고 가정한다(GM II: 17). 자신의 요점을 증명하기 위해 니체는 형벌이 동일한 기본 구조 내지 절차 내에서 모두 봉사해 왔던 다양한 목적의 목록을 제시한다.

14장

그는 '형벌이 죄를 지은 개인에게 죄책감을 일으키는 가치를 갖는다'는 통념이 틀렸음을 보여주기 위해 이러한 섬뜩한 설명을 멈춘다. 니체에 의하면, 이는 전혀 사실일 수가 없다. 니체는 이어지는 분석을 죄를 다루는 주요 논의로 돌아가기 위한 중심축으로 이용한다.

그에 의하면, 양심의 '가시'는 처벌받은 사람들 사이에서는 실제로 거의 드물다. 공동체의 가혹한 분노를 견뎌낸 누구든 그 자신의 피해 유발이 도덕적 비난을 정당화한다고 간주하지 않는 것은 물론, 어떻든 예외적인 것이라고 여기지 않을 것 같다. 사실 형벌은 죄책감을 유발하기보다 오히려 좀 더 일반적으로 말해 '사람을 단단하고, 냉혹하게 만든다.' 이는 단지 죄책감이란 **처벌받지 않았던** 사람들에게서 처음 생겨났다는 사실을 의미할 수 있을 뿐이다. 사실 여기서 분명해지는 점은 니체가 원시적 형벌 관행이 오로지 신체에만 적용되는 그런 형태들의 잔인성만을 포함한다고 이해한다는 사실이다. 니체가 계속해서 더 끔찍한 다른 형태의 잔인성을 논할 것이지만, 이것들을 태곳적 신체형 관행과 혼동해서는 안 될 것이다.

그에 의하면, 인간이 현존했던 선사 시대를 통틀어 신체형의 실행은 양심의 가책과 죄책감의 발전을 **지연시키는 데** 실제로 도움을 주었다. 파괴적 행위는 그 자체로 비난받지 않았다. 왜냐하면 판결하는 자와 처벌하는 자 역시 정의를 위해 겉보기에 유사한 행위를 행했기 때문이다. 단지 그 개인만 비난받았으며, 그는 자신의 약속에 대한 기억을 되살릴 필요가 있었지만 그러지 못했던 '피해 유발자'로만 처벌받았다. 사실상 그가 변함없는 신체형 방식에 종속되어 있는 한, 문제가 되는 개인은 자신이 형벌을 받을 만한 죄를 지은 장본인이라고 여길 것 같지 않다. 우리가 볼 것처럼, 결국 단지 이런 신체형에서 벗어날 경우에만, 그는 자신의 형벌이 지금까지 중단시켜 주었던 실존적 위기의 위험에 자신이 처해 있음을 발견한다.

15장

14장에서 제시한 주장을 뒷받침하기 위해 니체는 여기서 '인간 상상의

영역으로 선과 악'을 추방했다고 그가 칭찬했던 스피노자(1623-77)에
대해 논의한다. 스피노자의 결론에 의하면, 그렇게 추방함으로써 세계
가 자연적 무구함의 상태로 돌아갈 때, '양심의 가책'은 '우리의 모든
기대와 어긋났던 과거 사건을 회상할 때 수반되는 슬픔'으로 환원되거
나, 대체된다. 니체가 동의하는 바에 따르면, 이런 슬픔은 계약 의무를
이행하는 데 실패해서 처벌받은 그런 원시인들이 겪은 '내적 고통' 전
범위를 차지한다. 우리가 보았듯이, 선사 시대에는 행위 자체를 처벌하
기 위한 어떤 노력도 행해지지 않았으며, 행위를 한 행위자는 단지 약
속을 하고 지키는 '신중함'을 북돋우기 위해서만 처벌을 받았다. 안타
깝게도 이런 작지만 소중한 원시 사회의 지혜는 '인간의 길들임'이 실
제로 인간을 '더 좋게' 만든다고 주장한 (그리고 명백히 믿은) 문명화된
형벌 옹호자들에 의해 제대로 인정되지 않았다.

16장

경쟁자들의 오류를 드러내 교정하고 나서 니체는 드디어 4장에서 제기
했던 물음으로 돌아간다. '양심의 가책'의 기원은 무엇인가? 이 물음에
답하는 가운데 자연의 역설적인 과제 추구가 어떻게 그리고 왜 인간 동
물이 주권적 개인의 **좋은** (혹은 **무구한**) 양심에 대한 접근을 상실하도
록 요구했는지 이해하는 데 도움을 얻을 수 있을 것이다.

　『도덕의 계보』 다른 곳에서처럼 여기서 형식과 내용은 일치한다. 니
체는 인간 동물의 발전에서 갑작스럽고, 예기치 못한 파열을 사실로 상
정하기 위해 돌연 논의를 중단한다. 이런 중단의 긴박성은 확실히 이해
할 수 있다. 왜냐하면 그는 지금까지 인간 동물이 주입된 기억의 적절
한 수용자**이자**, 개인적 책임의 믿을 만한 담지자의 역할을 할 수 있다
는 가정 위에서 논의를 진행해 왔기 때문이다. 자신의 경쟁자들에게 결

여된 '두 번째 통찰'을 독자들에게 길러 주었기 때문에(GM II: 4), 니체는 이제 어떻게 인간 동물이 지금까지 자신의 설명이 요구한 대로 자기 지향적으로 되고, 내면화될 수 있었는지 제시할 수 있다. 그의 추측에 의하면, 인간 동물은 인간들을 동물의 왕국에서 사실상 제거했고, 그들에게서 다른 모든 동물이 향유하는 본능적 조절을 박탈했던 자초한 상처 덕분에 그렇게 되었다. 인간 동물이 이러한 자초한 상처를 버티고, 살아 냈던 환경은 채권-채무자 관계가 전제하고, 발전시킨 최소한의 내면성을 인간 동물이 최초에 어떻게 습득했는지 설명해 준다고 할 수 있다.

우리가 곧 발견하듯이, 니체의 가설은 그의 (그리고 어떤 이든 그의) 철학적 이력에서 나타난 가장 독창적이고, 대담한 통찰 가운데 속한다. 당연히 그 가설은 더 이상 기다릴 수 없을 것이다.

나는 양심의 가책을 지금까지 경험했던 가장 근본적인 변화, 즉 인간들이 결국 사회와 평화의 장벽 안에 둘러싸여 있다고 여겼을 때 발생했던 그런 변화가 가하는 압박 아래서 인류가 걸릴 수밖에 없었던 심각한 병으로 간주한다.

이 압축된 구절은 세 가지 관련된 주장을 함께 엮어 놓고 있다. 우선 니체는 인간 동물의 발전에서 갑작스럽고, 예기치 못한 파열을 사실로 상정하고 있으며, 이런 파열은 본능적인 현존 형태에서 탈본능적인 현존 형태로 인간 동물이 비자발적으로 한 이행을 설명해 준다고 할 수 있다. 둘째, 그는 인간이 '지금까지 경험한 가장 근본적인 변화'의 측면에서, 즉 시민사회라는 금박 입힌 우리[88] 안의 포획이라는 측면에서 이런

---

88 역주-문자 그대로의 의미는 유복하지만 자유가 없는 환경이나 삶을 뜻한다.

파열을 설명하고 싶어 한다. 셋째, 그는 양심의 가책이라는 병의 시작을 인간 동물이 소모되지 않은 자연적 공격성을 자신에게 돌리도록 강제했던 이런 변화에 포함된 유례없는 '압박'으로 추적해 들어가고자 한다. 그래서 그는 책임의 기원을 **자신에게 대항해** 분열된 동물, 즉 자신의 자연적 본능으로부터 비자발적으로 멀어진 동물의 있을 법하지 않은 출현으로 추적하고자 한다.

이런 가설에 대한 니체의 상세한 설명은 종을 변화시키는 이런 병의 진행에서 나타나는 세 가지 구분되는 별개의 단계를 융합해 놓았기에 복잡하다. 첫 번째 단계에서 인간 동물은 자연적 본능의 의무적인 섭취(혹은 내적 발산)에 따르는 고통으로 갑자기 피해를 당했다. 본능적 공격성의 내적 발산은 인간 동물에게 유례없는 내면성의 경험을 부여했으며, 이런 경험은 (특히 도덕적 행위자**로서**) 인간 동물이 이제 그 안에서 존립하는 익숙한 자기 본위적 관계를 결국 구성하게 되었던 자기 집중과 자기 교정 같은 습관을 발전시키도록 허용(그리고 사실상 요구)했다.[89] 적어도 처음에는 이런 이행을 견디고 살아남았던 그런 종의 구성원들은 그들의 자초한 고통을 예상치 못한 바위, 번쩍하는 번개, 혹은 미쳐 날뛰는 포식 동물에 의해 입은 피해처럼 우연히 닥친 불행일 뿐이라고 여겼다. 즉 그들은 아직 고통의 **의미**로 인해 괴로워하지 않았다.

그래서 이 병의 첫 번째 단계는 니체가 본능적 공격성의 내적 발산에 항상 수반하는 내면성의 경험(혹은 내적 이중성)으로 이해한 **양심의** 출현을 나타낸다.[90] 이런 경험이 원시인들을 자초한 고통이라는 낯선

89   여기서뿐만 아니라 전반적으로 Ridley가 양심을 다루는 논의에서 도움을 받았다, pp. 15-22.
90   『도덕의 계보』를 재검토하면서 니체는 이 점을 두 번째 에세이의 중심 내용으로

영역에 종속시켰지만, 그런 경험은 또한 그들(중 몇몇)이 자기 통제의 경험에 도달할 수 있도록 하는 자기 집중의 습관들을 기르도록 고무했다. 이런 자초한 고통을 탈본능적 현존을 위한 타협의 여지 없는 조건으로 받아들일 수 있는 인간들이 이 병에 걸린다면, 이 병은 첫 번째 진행 단계를 넘어갈 필요가 없다. 사실 우리가 볼 것처럼, 니체는 이러한 병이 그들이 **나쁘다**고 여긴 사람들 사이에서 크게 유행하게 되었을 때조차 양심의 가책이라는 병(GM II: 23)을 '물리칠' 수 있었던 양심을 지닌 피조물이라고 고대 그리스 귀족들을 설명한다.

　이 병의 두 번째 단계는 타고난 잔인성의 의무적인 섭취에 의해 이미 고통을 당한 이러한 우리에 갇힌 동물들 중 하나가 '고통의 의미 문제로 인해' **또한** 고통받기 시작했을 때 시작되었다(GM III: 28). 우리가 지금 이해할 수 있는 것처럼, 그는 공동체가 전통적인 신체형을 자비롭게 중단했을 때 고통의 의미 문제로 고통받기 시작했던 것이다(GM II: 10). 그래서 결과적으로 그는 최근에 중단된 신체형 프로그램이 최소한으로 해주었던 '내적 고통'을 겪기 시작했다(GM II: 14). 자초한 고통에서부터 스스로 주의를 돌릴 수 없었기 때문에 이러한 우리에 갇힌 동물은 내면성의 경험(즉 그의 양심)을 자신의 현존 자체에 대한 이의 제기로 간주하기 시작했다. 본격적인 실존적 위기가 뒤따랐다. 그는 왜 고통을 겪는지 알 필요가 있었고, 그런 고통에 바탕을 둔 삶을 왜 계속해서 견뎌야 하는지 이해할 필요가 있었다(GM III: 28). '자살을 유발하는 니힐리즘'을 향한 문이 열렸던 것이다(GM III: 28).

　이 병의 세 번째 단계는 고통받고, 불쌍한 이런 피조물이 '"양심의

다룬다. '[『도덕의 계보』의] 두 번째 탐구는 양심의 심리학을 보여준다. **양심은**…더 이상 스스로 외부로 발산할 수 없게 된 다음 자신에게 되돌려진 잔인성의 본능이다.' (EH: gm)

가책"을 발명한 자'로 변형된 지점을 나타낸다.[91] 금욕적 사제의 조언에 따라 우리에 갇힌 동물은 고통의 원인을 '그 자신에게서, 어떤 죄에서, 한 조각의 과거'에서 찾으려 했다(GM III : 20). 금욕적 이상의 후원 아래 그는 자신이 하지 못하도록 금지되었던 일, 즉 다른 사람들에 대해 잔인하게 구는 것 때문이 아니라, 다른 사람들에 대해 잔인하게 굴기를 **원한 것** 때문에 마땅히 받아야 할 형벌로 고통을 곧장 이해하게 되었다. 그래서 그는 고통이란 자연적인 잔인성의 본능을 품고 있기 때문에 마땅히 받아야 할 형벌이었다고 스스로 확신했다. 이런 해석 덕분에 그가 어쨌든 스스로 가할 수밖에 없었던 고통은 본능적 잔인성의 외적 발산에 대한 대안, 즉 수용할 수 있고, 즐거우며, 심지어 **선호되는** 대안이 되었다. 그래서 이 병의 세 번째 단계는 양심을 **악한 것**으로, 즉 길들여지지 않은 우리의 동물적 본성 탓으로 돌릴 수 있는 그런 채무와 비행이라는 부담을 계속 떠올리게 하는 것으로 규정한 지점을 나타낸다. 병의 이런 세 번째 단계에서 병자는 잠재적으로 자기 통제로 유도하거나, 자기 통제를 구성하는 원천으로서 내면성(혹은 내적 이중성)에 관한 경험에 어떤 식으로도 기대지 못하게 된다. 이들 병자들에게 주권적 개인의 **좋은** 양심은 하나의 신화, 불운한 인간들에게 던지는 잔인한 농담 내지 도덕과 무관한 소시오패스에 대한 완곡한 진단이 될 수 있을 뿐이다.

그래서 완전히 발전된 형태를 갖춘 양심의 가책이라는 병은 세 가지 계기, 혹은 단계의 고통을 포함한다. 1) 인간은 문화 체제 아래 있는 모든 인간에게 요구되는 자기를 향한 잔인성(즉 양심)으로 인해 고통받는다. 2) 인간은 이런 자기를 향한 잔인성으로 인해 물리적 고통에서부

---

91 그는 앞서 '**원한**의 인간'이란 '자신의 양심에 기반해서 "양심의 가책"을 발명한' 자라고 여겼다(GM II : 11).

터 주의를 돌리게 할 만큼 아주 지독한 실존적 위기를 유발하는 지점까지 고통을 겪는다. 그리고 3) 인간은 희미하게 나타나는 위기를 감소(혹은 연기)시킬 만큼 아주 심각한 부채의식이라는 추가적 부담으로 인해 고통받는다. 즉 완전히 발전된 형태를 갖춘 양심의 가책은 복합적 병으로 나타난다. 물리적 고통은 실존적 고통을 일으키며, 이 실존적 고통은 결국 우리가 그로 인해 고통을 받을 만한 결함과 결점을 의식하게 만든다. 이런 깨달음은 자초한 고통을 길들이지 않은 동물적 본성을 목표로 내린 정당한 형벌로 해석할 수 있게 만든다. 우리가 볼 것처럼, 이것이 양심의 가책을 우리 **죄**의 증거로 여기는 그리스도교식 해석을 뒷받침하고, 아마도 유발하는 병의 형태다. 혹은 이야기는 다음과 같이 진행된다. 즉 죄를 지은 장본인으로서 우리는 돌이킬 수 없는 결함과 결점으로 인해 쉽게 가늠할 수 없는 형벌을 받을 만하다.

양심의 가책 발명과 관련해 가장 흥미로운 점은 그것이 본능에서 벗어나 현존하고 있는 인간에게 닥쳤던 자기 분열 상황을 치유하려고 하지 않고 사실상 악화시켰다는 사실이다. 사제의 재촉으로 양심의 가책 발명자는 자신의 양심이 기르도록 부추겼던 자기 본위적 관계와 자기 집중의 습관을 완비한 양심을 개인적 책임과 의무가 의미 있게 부여될 수 있는 새롭게 형성된 자기의 중심으로 교묘하게 해석했다. 이제 의식, 이성 및 그가 비자발적으로 의존하게 되었던 다른 취약한 조절 기관들의 편을 들게 됨으로써 이런 불쌍한 피조물은 '오랜 본능에 대항해 전쟁 선언'을 하고, 그가 견딘 고통으로 인해 그 본능들을 비난하며, 어쨌든 스스로에게 터뜨릴 수밖에 없었던 공격성으로 그 본능들을 겨냥한다. 그래서 양심의 가책이라는 질병은 그에게 타고난 잔인성의 발산을 위한 영속적인 (그리고 고정된) 목표물을, 즉 죄가 있는 동물적 생명력의 저장소**로서** 자신을 제공한다. 다루기 힘들고, 비효율적인 신체

조절 체계로 인간 동물에게 짐을 지웠음에도 불구하고, 양심의 가책이라는 병은 이런 힘든 종족이 자연적 본능에서부터 비자발적으로 멀어진 상태를 견뎌낼 수 있게 해주었다.

갑자기 이런 대담한 가설을 앞으로 던지고 나서, 니체는 이제 좀 물러서서 그 가설이 의존하고 있는 새로운 생리학적-심리학적 이론을 확인한다.

스스로 외부로 발산되지 않는 모든 본능은 내부로 향한다. 이것이 내가 인간 동물의 **내면화**라고 부르는 것이다.

그가 이 이론에 대해 더 이상 상세히 설명하지 않지만, 분명히 다음 주장들을 받아들이라는 취지로 말하고 있다. 1) 인간 심리학은 단순히 동물 심리학의 복잡한 한 가지 사례다. 2) 동물 심리학의 기본 과정은 무의식적 충동과 본능의 표현으로 가장 잘 이해할 수 있다. 3) 하나의 종이 타고난 본능의 강요된 섭취를 견뎌내고, 거기 적응하는 일은 가능할 것이다. 4) 이런 강요된 섭취가 어떻게 일어날 수 있었는지 자연주의적 설명을 제시할 수 있다. 5) 문화(혹은 문명)는 인간 조건의 영원한 고정 세간이 아니라, 인간이 여전히 벗어날 수 있는 발전 단계다. 더 나아가 니체는 좀 더 일반적으로 '본능'에 대해 말하고 있지만, 이 두 번째 에세이에서는 **잔인성**의 본능에 대한 섭취에 특히 관심을 둔다.

지금까지 양심의 가책을 병으로 강조한 사실을 의식하고 니체는 그런 양심의 가책이 가진 생산 능력과 힘을 기리면서 이 장을 마무리한다. 간단히 말해 양심의 가책이라는 병은 이러한 포획된 인간 동물들—지금까지 형태가 없고, 영혼이 없고, 전혀 특별한 것 없었던 인간 동물들—을 4-7장에서 나온 원시적 계약으로 강제될 만큼 개별화를 향해 충분히 진전된 기본적인 **개인들**이 되도록 준비시켰다. 사실상 여기서 우리는 니체 철학의 지속적인 모티프와 만난다. 치명적이지 않은 상처가 가진 잠재적으로 생기를 주는 힘이 그것이다. 그의 설명에 의하면, '자기 자신으로 향한 동물 영혼'의 갑작스러운 출현은 인간 동물이 이전에는 소유하지 못했고, 예견할 수 없었던 **'미래를'** 인간 동물에게 불어넣었다. 그래서 결국 '신성한 구경꾼'의 주의를 끌 만큼 충분히 복잡하게 (그리고 흥미롭게) 되었던 인간 영혼이라는 '구경거리'가 시작되었다. 우리가 볼 것처럼 니체는 이제 논의하려는 두 종류의 종교(그리고 종교적 '구경거리')에 상응하는 두 종류의 신성한 구경꾼을 구분하기를 원한다. 여기서 그는 종교에 대한 이러한 두 가지 접근 가운데 고대 그리스인들이 전형적으로 보여주는 더 유망한 접근을 암시하고 있으며, 거기서는 고상한 인간들이 견뎌낸 자초한 고통이 관음증적 신들의 잔인한 필요를 충족시켜 준다고 설명된다. 그가 그리스도교 도덕과 연결시키는 다른 접근은 자초한 이런 고통을 인간 본성 자체에 있는 회복 불가능한 결함으로 추적해 들어간다.

17장

계속 되짚어가면서 니체는 '대담한' 가설을 지지해 주는 두 가지 '전제'를 밝힌다. 그에 의하면, 우선 전 장에 나온 전례 없는 변화는 '점진적'이지도, '자발적'이지도 않았다. 자신의 경쟁자들이 선호한 더 온건한 (가령, 적응이 중심이 된) 이론과 정반대로 니체는 갑작스럽고, 예기치 못한 순수한 활동의 급증을 사실로 상정한다. 그래서 그는 전 장에서 서술된 결정적 이행을, 먹이를 찾아 어슬렁거리는 한 떼의 야수가 저지른 무방비한 대중들에 대한 포획과 봉쇄라는 측면에서 설명한다.

　우리가 상기하듯이, 니체는 **'원한의 도덕'**이 **악하다**고 선언했던 그런 귀족들에 대한 상이한 관점을 보여주기 위해 '야수'라는 표현을 도입했다(GM I: 11). 거기서 우리는 자신들이 행했던 공포 정치의 종말을 향해 비틀거리고 있었던 야수를 만났다. 자신들의 분열된 현존이 하는 경쟁적 요구에 지친 나머지 이들 주말 전사들은 계속 대립을 일삼는 **원한**의 인간들이 그들을 향해 한 비난을 이제 막 심각하게 받아들이기 시작했다. 그러나 여기서 우리는 그들 자신의 눈과 그들 희생자들의 눈으로 볼 때 자연의 악당 같은 힘과 그들이 구분될 수 없었던 시기라고 할 수 있는 도덕과 무관하고, 형식을 창조하고, 새겨 넣는 전성기의 야수를 만난다. '죄, 책임 [그리고] 숙고'를 알지 못하는 이들 '타고난 조직자들'은 그들이 장악했던 고분고분한 대중을 변형시키기 위해 즐겁고, 자발적으로 일했다. 그래서 갑자기 '사회와 평화의 장벽 내에 둘러싸인'(GM II: 16) 그들의 희생자들은 새롭고, 본능에서 벗어난 자신들의 새로운 삶에 적응하거나, **혹은** 소멸할 수밖에 없었다.

둘째, 가장 초기 국가는 '사회 계약'의 옹호자들이 믿게 하고 싶어 하듯이, 협력적인 모험으로 생겨나지 않았다. 오히려 국가는 '오직 폭력 행위에 의해서만' 세워지고, 유지되었다. 즉 정치는 다른 수단의 전쟁으로 시작되었던 반면, 전쟁은 정복자 종족이 행한 도덕과 무관한 포식 행위의 자연스러운 결과물로 발전했다. 그래서 가장 초기 국가는 감옥과 야생 동물원 사이의 혼합물로 출현했다. 그런 국가의 포로들은 잔인하게 조사되고, 검사되었으며, 대개 인간 아닌 가축의 사육에 이용된 조야하고, 몸에 칼을 대는 길들임의 기술에 복속되었다. 그래서 니체는 가장 초기 국가를, 포획된 대중을 도덕과 무관하게 새롭고, 조직된 유용한 어떤 것으로 끊임없이 만들어낸 '기계'라고 지칭한다. 이렇게 볼 때 문명의 발생에 관한 **니체의** 견해는 스스로 평화로운 사회 안에 감금되어 있다고 여겼던 사람들 (대부분)이 견뎌낸 상실과 트라우마의 경험을 강조한다. 그렇게 하는 가운데 니체의 요점은 문명의 이점이 어떤 식으로든 과장되었거나 환상적이라고 주장하는 것이 아니라, 문명이 생존을 보장한 그런 동물들에 대해 갖는 장점과 단점을 좀 더 균형 있게 고려하는 일이다.

여기서 니체가 우선 비교적 지속적인 형벌의 **절차**와 상대적으로 유동적인 형벌의 **목적** (혹은 **의미**) 간의 구분을 주장하고, 두 번째로, 후자에 대한 전자의 우선성을 주장하는 것이 왜 그렇게 중요했는지 알게 된다(GM II: 13). 포로들을 진압하고, 지배한 다음 이들 야수들은 그들이 줄곧 행했던 형식을 창조하는 예술가적 기교에 대한 '새로운 해석'을 도출할 수 있었다(GM II: 12). 그래서 우리가 지금 **형벌**로 알고 있는 것은 자신의 정복자들에게 잠재적인 유용성을 암시했던 형태로 이런 공격을 어떤 식으로든 가까스로 버티고 살아남았던 '형태가 없는' 예전 대중들에게 가해진 불필요한 동물적 공격성에서부터 전혀 예기치 않게 생겨났다. 그래서 형벌의 원래 '목적'과 '의미'는 훨씬 더 오래전에 확립된 '절차'의 독특한 제정(과 그에 이어진 해석)에서부터 생겨났다 (GM II: 13). 이런 특정한 경우 우리는 다음에 주목해야 한다. 즉 목적에 대한 절차의 우선성은 인간 동물이 문화 이전에 유목을 하며, 본능적으로 존재했던 형태에서부터 문화화되어, 안정되고, 탈본능적인 존재 형태로 이행했다는 점을 나타낸다.

그래서 니체의 논의는 이런 두 민족의 전례 없는 짝짓기에 주의를 돌리게 한다. 이전에는 결코 그러한 무자비하고, 공격적인 민족이 그러한 유순하고, 고분고분한 민족을 만난 적이 없었다. 이전에는 결코 이런 계층의 '예술가들'이 거기에 대응하는 매체로 작업한 적이 없었다. 우리는 분명 다음과 같이 이해할 수 있을 것이다. 즉 우연한 만남 이전에 이들 포식자들이 행한 습격은 단지 시체, 쓸모없는 희생자들 및 길들이기에 부적합한 거친 수감자들만 생기게 했을 뿐이었다. 그러나 이 경우 그들의 표준적인 폭력 프로그램은 감금과 길들임의 조건을 잠재적으로 수용할 수 있다고 스스로 판단했던 희생자와 포로들을 예상치 않게 낳았다.[92] 사실상 드러나듯이, 이런 상보적인 두 민족 가운데 어느 민족도 그들의 '야생성'에 대해 니체가 최초에 서술한 내용을 통해 우리가 결론을 내리게 할 수 있는 것처럼 문명을 혐오하지 않았다(GM II: 16). 야수들은 희생자를 (죽이기보다는) 지키려 했고, 지킬 수 있었던 반면, 그들의 희생자들은 포획의 조건을 (거부하기보다는) 견디고자 했고, 그럴 수 있었다. 그래서 그들의 운명적 만남을 통해 이런 '반(半)-동물들'[93]이 본능과 본능의 기본적인 조직 원리에 의해 부여된 질서를 뛰어넘을 정도로 그들 자신에 의해서건 다른 이들에 의해서건 조직되는 일이 가능하고, 바람직하게 되었던 상황이 처음으로 생겨났다.

니체에 의하면, 가장 초기 국가의 설립은 또한 인간 동물이 결국 양심의 가책이라는 병에 걸리게 되는 조건을 만들어냈다. 야수들이 그들의 표준적 폭력 프로그램을 행했을 때, 그들은 의도치 않게 희생자들에게 그들 자신의 타고난 잔인성을 발산하기 위한 어떠한 수단도 남겨 두지 않았다. 평화로운 감금 상태로 갑작스럽게 이행한 상황을 견뎌낸 다음 희생자들은 이제 자신들의 동물적 공격성을 그들 자신에게 돌리도록 요구받고 있음을 발견했다. 그래서 니체에 의하면, 양심의 가책은 야수들이 그들의 '형태 없는' 희생자들에게 도덕과 무관하게 가했던 '예술가적' 잔인성이 가져온 의도치 않은 예상 밖의 부산물로 세상에 등장했다. 그렇다면 이 장이 설명하는 내용은 양심의 가책 자체가 아니라, 그것의 가장 중요한 전제 조건, 즉 **양심**의 출현이다. 우리가 보았듯

---

92   유사한 설명이 BGE 257에 나온다.
93   역주-독일어로 Halbthier이다.

3부 본문 읽기   141

이, 니체는 이 양심을 본능적 에너지의 내적 발산에 수반하는 내면성 (혹은 내적 이중성)의 경험으로 이해한다. 감금의 조건에 의해 동물적 공격성을 자신에게 되돌리도록 강제되었을 때, 이 장에서 묘사된 야수적 공격성에 희생된 자들은 양심을 지닌 피조물이 되었다.

니체가 제시하는 더 큰 틀의 논의는 이들 희생자들이 결국 양심의 가책이라는 병에 걸렸다는 사실을 확인시켜 주지만, 그들이 강요된 감금 상태에 들어섰을 때 즉시 그렇게 되었다고 믿을 어떤 이유도 없다. 사실 양심의 등장 그리고 그에 따른 인간 동물의 탈본능적 삶의 시작은 양심의 가책이 발명된 시기보다 몇백 년, 아마도 심지어 몇천 년 정도는 앞설지도 모른다. 우리가 보았듯이, 이것은 원시 사회에서 실행된 신체형이 양심의 가책이 발전되는 것을 연기하는 데 실제로 도움을 주었기 때문에 가능하다(GM II: 14). 이런 양심을 지닌 피조물들이 그들의 포획자들을 사악한 적과 대립되는 자연의 악당 같은 힘으로 간주할 수 있는 한, 그들은 결국 그들로 하여금 양심의 가책이 제공하는 편안함을 추구하도록 부추기게 될 '내적 고통'을 아주 조금도 견디지 못할 것이다(GM II: 14). 우리가 보았듯이, 그들은 정의의 추구가 보복보다는 자비를 요구할 때만 '내적 고통'을 수용할 수 있게 되었다(GM II: 10). 그 지점에서 그들은 자신들의 고통을 과거 범죄에 대한 정당한 (그러므로 의미 있는) 형벌이라고 해석하도록 부추겼던 사제의 돌봄을 받게 된다.[94]

---

94 이 장에서 서술된 포식자의 폭력에 의한 희생자들이 양심의 가책이라는 병에 처음 걸린 자일 수 있지만, 『도덕의 계보』의 더 큰 논의는 이런 폭력의 당사자들 역시 결국 이 병에 걸렸음을 말해준다.

18장

자신의 가정이 지닌 급진성을 인정하는 것처럼 니체는 독자들이 양심의 가책을 '가볍게 생각하지' 말라고 권고한다. 외부로 향한 야수의 '예술적 기교'와 내부로 향한 그들 포로의 '예술적 기교' 사이의 일치를 제시하면서 니체는 두 경우에 "작용하고 있는 것은 동일한 능동적 힘…즉 **자유를 위한 본능**(내 언어로 말하자면: 힘에의 의지)이다."라고 주장한다. 전자의 경우 능동적 힘의 발산은 외부의 타자들을 향해 있으며, 후자의 경우에는 내부의 타자, 즉 우리의 '오래되고, 온전한 동물적 자기'를 향해 있다. 물론 이런 내부의 타자에게 가해진 잔인성의 향유는 우리가 스스로를 이 타자와 분리하고, 이 타자를 악마화하는 정도와 비례해 증가한다.

이것은 니체가 양심의 가책에 관해 한 최초 설명을 상세하게 논의한 중요한 부분이다. 왜냐하면 이는 인간 동물의 계속적인 발전 가운데서 양심의 가책을 생산적 힘으로 존중하려는 니체의 의도를 알려주기 때문이다. 이 '병'을 **임신**에 비유하면서 니체는 그 임신이 건강한 아이의 탄생(즉 인류의 탈도덕적 미래)으로, (문화 체제를 끝내거나, 끝내지 못할 수 있는) 유산으로, 혹은 더 비참하게 어머니의 죽음(즉 인간 진화의 도덕적 단계에서 인간 동물의 소멸)으로 끝날 수도 있을 것이라고 주장한다. 우리가 보았듯이, 이런 각각의 결과는 니체가 힘에의 의지를 전반적으로 긍정하는 사태와 완전히 일치한다.

19장

이 병을 다시 한번 임신에 비유하면서 니체는 '이 병이 가장 두렵고, 숭고한 높이에 도달했던 조건을 발견'하는 데 독자들이 그와 함께하도록 요청한다. 그리스도교라고 거명하기를 다시 한번 꺼림에도 불구하고 니체는 그럼으로써 양심의 가책이 어떻게 그리스도교식 죄의 가르침 (그리고 경험)을 위한 바탕으로 이용되었는지 설명하려는 의도를 보여준다. 이 목적을 위해 니체는 4-10장에서 나온 양심을 지닌 피조물이 어떻게 양심의 **가책**을 발명한 자가 되었는지 설명하게 된다. 이 설명의 핵심은 뚜렷이 **종교적인** 개인적 책임감의 발전이다.

니체는 10장에서 미뤄 두었던 채권-채무자 관계의 진화에 대한 설명을 요약한다. 우리가 기억하듯이, 정의의 자기 지양은 자비의 '특권'을 가졌던 공동체 내의 '가장 강한 사람들'에게 좀 더 집중적으로 니체가 초점을 맞추도록 했다(GM II: 10). 그에 의하면, 이 사람들은 '최초의 부족 공동체'에게 공동체를 세운 조상의 모델 역할을 했고, 뒤이어 공동체 신들의 모델 역할을 했다. 이와 같이 그는 **죄**와 **의무** 개념이 어떻게 독특하게 종교적인 의미를 얻었는지 설명하기 시작한다. (그 개념들이 어떻게 도덕적 의미를 얻었는지에 대한 설명은 21장에 나온다.) 그렇게 하면서 니체는 불이익이나, 고갈 없이 견딜 수 있는 부채 부담의 규모에 의해 자신의 힘을 평가하는 그런 부족의 성장을 계속 논의한다. 지금 고려하고 있는 원시 부족 공동체에서 부채는 빈곤이라기보다는 부, 약함보다는 강함, 결여보다는 잉여의 지표로 간주되었다.

그에 의하면, 그런 모든 부족은 '앞선 세대들, 특히 부족을 세웠던 가장 초기 세대들에 대해 법적 의무를 인정했다.' 공동체가 계속해서 번영함에 따라, 공동체는 힘의 팽창을 조상들이 공동체를 세운 노고 덕분이라고 여겼고, 결국 '제물과 성취를 통해' 보답하기로 결정했다. 힘의 지속적 증가로 인해 부족이 조상들을 '강력한 정신으로서' 그리고 드디어 **신들**로서 두려워하게 됨에 따라, 부족의 부채의식은 스스로 누렸던 신적 후원에 비례하여 증가했다. 가장 강력한 부족들은 결국 '대규모 제물'을 준비할 수밖에 없었고, 이는 때때로 '악명 높은 장자 제물'을 포함했다. 더욱이 우리가 보았듯이, 신들의 향유를 위해 번영하는 부족들이 열심히 무대 위에 올리려고 했던 잔인한 '축제'와 '구경거리'를 신들이 요구한다고 알려져 있었다는 사실은 전혀 우연이 아니다(GM II: 7).

그래서 니체는 우리가 보았듯이, 시민사회에 참여하는 모든 이가 치른 협상의 여지 없는 기회비용인 동물적 공격성의 내적 발산에 수반하는 내적 이중성의 경험을 독특하게 해석한 결과에서 종교의 기원을 찾는다. 이런 독특한 해석은 그리스도교가 죄를 소위 죄인에게 배분하는 바탕으로서 우리에게 가장 친숙하지만, 이 장은 건강하고, 번영하는 부족의 자연스러운 발전에서 종교가 도덕 이전에 하는 긍정적인 역할을 밝힌다. 용케도 채무를 갚고, 경쟁자들을 분쇄하며, 기생충들을 무시하고, 공동체를 세운 조상들을 존경하면서 살아왔던 부족은 자신의 힘을 표현할 새로운 수단을 요구한다. 이런 식으로 정의의 자기 지양은 해당 부족이 스스로 인간이 아닌 타자들에게 빚을 지고 있으며, 계약에서 벗어난 의무들을 존중할 책임이 있다고 여기도록 한다.

종교적인 개인적 책임감의 출현을 서술하는 가운데 니체는 강하고, 건강한 인간들이 타인들에게 가한 잔인성으로부터 자연스럽게 얻는 즐거움을 계속 강조한다. 즉 신들은 인간의 고통을 억제하기 위해서가 아니라, 건강하고, 번영하는 부족들이 타고난 잔인성을 훨씬 더 야심차게 과시하기 시작했을 때 좋은 양심을 유지하게끔 격려하기 위해 발명되었던 것이다. '잔인한 축제의 친구'(GM II: 7)로 존경받은 가장 초기의 신들은 원시인들이 서로에 대해 가할 수밖에 없었던 고통을 지켜보고, 그럼으로써 정당화하기 위해 이용되었다. 그래서 니체는 종교란 삶이 그것을 통해 자기 자신과 거기 상존하는 '악'을 정당화하는 데 가장 성공했던 '발명품들' 가운데 하나라고 여기고 있는지 모른다(GM II: 7).

가장 강력한 부족들이 초자연적 채권자에 대한 부채를 의식하게 됨에 따라, 부채 개념은 점점 더 추상적으로 되었다. (여기서 부족 지도자들이 신들의 바람을 예측하도록 도왔던 사제들의 점증하는 영향을 분명히 추론할 수 있을 것이다.[95]) 더 이상 단순히 현실적 계약이나, 공적으로 기록된 약속의 문제가 아니었기 때문에, 부족에 의해 초래된 부채는 단지 부족이 이룬 성장과 힘의 작용으로만 간주될 수 있었다. 결과적으로 번영하는 부족은 더 이상 미래의 의무를 예견할 수 없었다. 미래의 상환금을 위해 신중하게 예산을 세우려는 어떤 시도도 추측으로 환원되었다. 사실상 이 지점에서부터 부족이 물 수 있는 부채의 규모도, 번영에 대한 보상으로 내놓도록 기대되는 제물도 어떤 한계도 갖지 않게 될 것이다. 물론 이는 또한 부족이 피에 굶주린 신들을 위해 무대에 올리려는 축제와 구경거리에서 얻기를 기대할 수 있는 즐거움 역시 아무런 한계도 없다는 사실을 의미한다.

그래서 이런 발전은 **부채** 개념의 **죄** 개념으로의 변형에서 중요한 단계를 나타낸다. 우선, 일련의 탈계약적 의무의 획득은 두 번째 성전 시대 이스라엘 역사에서처럼(A 25), '사제 선동가들'이 확장된 역할을 하기 위한 상황을 조성한다. 둘째로, 그런 의무의 획득은 그리스도인들이 자신들의 신을 위해 스스로에게 부여했던 한계가 없고, 돌이킬 수 없는 부채(=죄)를 위해 길을 닦는다. 사실 니체는 이 장에서 건강하고, 번영하는 부족의 성장을 계속해서 서술하고 있지만, 뚜렷이 종교적인 일련의 의무가 출현한 상황을 설명함으로써 양심의 가책이라는 발명품에 대한 논의를 준비한다. 부족 지도자들이 종교적 의무를 만족시키는 임무로 주의를 돌렸을 때, 그들은 사회의 하층 계급을 관리하는 과제를

95　여기서 Migotti(p. 114)를 따른다.

친절하게 위임했던 사제들의 힘을 살피는 일을 게을리했다. 우선, 사제들은 그들의 돌봄에 맡겨진 처벌받지 않은 환자들이 양심의 가책을 발명한 자가 되게끔 부추김으로써 이 기회를 이용했다. 둘째, 사제들은 양심의 가책을 발명한 자들이 양심의 가책을 그들 죄의 증거로 해석하도록 부추김으로써 이 기회를 이용했다. 그래서 아무리 개연성이 없어 보여도 정의의 자기 지양은 위에서 나온 번영하는 부족에게는 종말의 시작을 표시한다.

니체는 '죄의식의 전체 발전 과정을 끝까지 추적하겠다'는 의도를 밝히면서 이 장을 마무리한다. 다음 장에서 볼 것처럼, 이런 언급은 또한 서력기원의 여명에 초점을 맞추기 위해 몇천 년 전체를 건너뛰려는 의도를 보여주기도 한다. 선사 시대 인간 발전 시기에 일어난 번영하는 부족들의 성장을 계속 서술하기보다 니체는 대신 또 다른 질적 변화가 아직 기다리고 있는 이 과정의 마지막 지점으로 건너뛴다.

20장

니체는 이제 책임의 기원과 발전에 관한 설명을 『도덕의 계보』를 통해서 줄곧 가볍게 개괄했던 역사적 (그리고 선사적) 배경에 비춰본다. 거의 코믹하게 역사적으로 압축하면서 니체는 다음과 같이 주장한다.

> 신의 개념과 신에 대한 감정이 지상에서 증가하고, 그 정점에 이르렀던 것과 항상 같은 정도로 신에 대한 부채의식으로서 죄책감은 몇천 년 동안 계속 성장해 왔다.

이렇게 해서 니체는 일단 거명됨으로써 **부채** 개념의 **죄** 개념으로의 변형에 대한 설명의 종착점을 결국 정해 주는 '그리스도교 신의 출현'에 도달한다.

여기 제시된 이런 결론은 많이 혼란스럽다. 니체는 번영하는 부족들과 부채의식에 관한 경험이 진화한 과정을 설명하는 가운데 지금까지 서술했던 진행 과정의 종착점에 그리스도교 신을 위치시키는 것처럼 보인다. 그러나 지금까지의 분석에 기초해 보면, 초기 그리스도인들은 신에게 최대의 부채는 물론 그 어떤 것도 **힘입고 있다**고 말할 수 없다. 왜냐하면 그들은 자신들의 부채가 강한 신의 후원을 의미했던 그런 부족들이 흔히 축적했던 어떠한 물질적 이익도 누리지 못했기 때문이다. 니체가 19-20장에서 지금껏 사용했던 용어와 개념들에 의존하면, '지상 최대의 부채의식으로서 죄책감'은, 부족이나 민족이 최종적인 힘의 고갈을 겪지 않고 견딜 수 있는 부채 부담의 규모에 의해 결정되는 것으로 지금까지 최대의 힘을 축적하고, 보여주었던 부족이나 민족에게 **속해야 할 것이다.**[96] 사실상 그가 지금까지 서술한 측면에서 보자면 '최대의 신'이 출현했다는 사실은 다음을 의미해야 **할 것이다.** 즉 가장 건강한 부족은 스스로를 희생할 수밖에 없으며, 이는 그 부족이 지속 가

---

96 Leiter가 언급하고 있듯이(pp. 236-7), 여기서 번역자들이 직면하는 문제는 Schuldgefühl을 '부채의식', 혹은 '죄책감'으로 번역할 수 있다는 것이다. Diethe는 전자의 번역을 선호하는 반면(62), Clark와 Swensen은 후자를 선택한다(61-2). 우리가 보았듯이, Kaufmann과 Hollingdale은 처음에는 '부채의식으로서 죄책감(guilty feeling of indebtedness)'을 제안하고, 나중에는 '유죄의 부채의식(feeling of guilty indebtedness)'을 제안한다. 이러한 특정한 문제는 『도덕의 계보』 두 번째 에세이에서 종교적 부채 개념(그리고 경험)의 도덕적 죄 개념(그리고 경험)으로의 변형을 서술하려는 니체의 관심에 의해 악화된다. 결과적으로 이 장에서 니체가 '부채의식', '죄책감', 혹은 부채와 죄의 요소를 결합시킨 어떤 정의되지 않은 느낌을 지칭하기를 원하는지 전혀 명확하지 않다. 나는 Kaufmann과 Hollingdale의 번역어를 선호한다. 왜냐하면 이 번역어는 문제가 되는 '느낌'의 불특정하고, 과도적인 위상을 포착하기 때문이며, 이는 그 느낌이 니체가 이 장에서 논의했던 초기 그리스도인들이 경험할 수 있었을지도 모르는 느낌을 가리키는 경우 특히 그렇다. 이 문제에 관한 유익한 논의를 위해서는 Risse(pp. 61-3)와 Leiter(pp. 237-9)를 보라.

능한 한계를 넘어서 지배를 확장하거나, 몇몇 주요한 경쟁자들과 동시에 전쟁을 치름으로써 수행할 수 있는 것일지 모른다.

이것이 정확히 니체가 부채의식에 관한 경험이 힘의 성장과 번영을 반영하는 그런 번영하는 부족들의 우위를 더 이상 계속 서술할 수 없는 이유다. 이 부족들은 그들의 채무와 의무에 대해 뚜렷하게 종교적인 이해를 발전시켰지만(GM II: 19), 니체가 새로운 논의의 초점으로 간주했던 죄의식을 발전시키지는 않았다. 그는 23장에서 다시 이 부족을 다룰 것이지만, 지금은 다른 부족, 즉 '위에서 서술된 발전의 방향을 **역전**'시키려는 욕망을 특징으로 갖는 **데카당스한** 부족에 주의를 집중해야 한다(GM II: 21).

우리가 보았듯이, 이런 초점의 전이는 가능하다. 왜냐하면 그가 지금까지 논의했던 건강하고, 번영하는 부족들은 자신 안에 스스로를 파괴하는 씨앗을 뿌렸기 때문이다. 부족 지도자들이 부족을 후원하는 신을 달래는 임무에 몰두함에 따라, 그들은 (이전의 긴급한) 법적 의무를 사회의 하층 계급을 관리하도록 예정되어 있는 사제들에게 위임했다. 그래서 뚜렷하게 종교적인 일련의 의무들을 습득함으로써 그 종족은 사제 계급에 의존하게 되는 잠재적으로 건강하지 못한 상황에 처한다. 최악의 경우 사제들은 부족 지도자들이 부족의 성장을 유지하는 데 실패하면 쓰게 될 정치적 자본을 조용히 축적한다. 니체가 이제 검토하고 싶어 하는 것은 바로 그런 사건이다. 힘의 정점에 도달하여 거기서부터 쇠락하기 시작한 다음 해당 (이름 없는) 부족은 '최종적인(즉 자기희생적인) 부채 상환의 가능성을…염세주의적으로 차단하기'를 무엇보다 원한다(GM II: 21). 우리가 볼 것처럼, 이런 일탈한 종족에 대한 설명에서 핵심은 이런 변형 과정의 최종 단계를 개시하는 결정적인 역전이다.

21장

니체는 19장에서 시작한 설명, 즉 뚜렷이 **종교적인** 의무감의 발전과 진화에 대한 '최초의 짧고, 서론적인 설명'의 결론을 제시함으로써 이 장을 시작한다. '이 개념들의 도덕화'에 주의를 기울이면서 그는 이제 어떻게 인간이 뚜렷이 **도덕적인** 의무감을 획득하게 되고, 그럼으로써 이제 그들의 채무에 대해서뿐만 아니라, 또한 그들의 부채의식(indebtedness)에 대해서도, 즉 그들의 본성을 특징짓는 본래적인 한계와 의존성에 대해서도 책임을 느끼는지 설명하고자 한다. 우리가 보았듯이, **이런** 설명의 목적을 위해서는 19-20장에서 서술된 건강하고, 번영하는 부족들은 더 이상 그에게 소용이 없다.

독자들을 안심시키고 스스로를 바로잡으면서 니체는 이전 장의 결론을 냈던 희망 섞인 언급이 전적으로 정당하지는 않았다고 인정한다. 그에 의하면, 거기서 그는 '이런 도덕화가 전혀 일어나지 않았던 것처럼', 즉 '우리의 종교적 의무감은 19-20장에서 서술된 건강하고, 고상한 종족으로부터 비롯된 단순한 유산인 것처럼' 말했다. 그러나 확실히 그렇지 않다. 널리 환영받은 '무신론의 승리'가 그리스도교 신에 대한 **부채의식**에서 우리를 해방시켜 주었을지 모르지만(GM II: 20), 이러한 신 앞에서 우리가 갖는 **죄책감**을 제거해 주지는 못한다. 우리가 더 이상 절대적 믿음을 부여하지 않는 신 앞에서 계속 죄를 느낀다는 점은 사실상 『도덕의 계보』가 겨냥한 독자층을 독특하게 정의하는 곤경의 표시다. 더욱이 우리가 볼 것처럼, '무신론의 승리'에 대한 니체의 (가장된) 열광은 어쨌든 시기상조다. 왜냐하면 그와 알려지지 않은 친구들은 여전히 신성하고, 구원하는 진리의 힘에 대한 믿음을 갖고 있기 때문이다 (GM III: 24). 우리에게 '두 번째 무구함'을 주게 될 무신론은 아직 지상에 나타나지 않았다.

니체가 스스로를 교정하는 몸짓은 또한 지금까지 이름을 거론하기를 꺼렸던 그리스도교 자체에 관하여 더 명확하고, 더 정직하게 말하려는 의도를 나타낸다. 그래서 '양심의 **가책**과 신 개념의 연관'에 대한 설명 은 그리스도교가 많은 사람들이 믿듯이, 귀족적 가치에 관한 유대식 재 평가의 무효화가 아니라, 그것의 **계속**을 대변한다는 주장을 떠올리게 한다고 말할 수 있다(GM I: 7). 니체에 따르면, 초기 그리스도인들은 '모든 본성의 철저한 **위조**'를 영속시키는 유대식 기획을 이어받았고, 완성시켰다(AC 25). 도덕상의 노예 반란은 '유대식 증오'(GM I: 8)에 서 생겨났을지 모르지만, 오직 그리스도교의 출현으로 결실을 맺었다. 그리스도교에서

신은 자기 자신을 인류의 죄 때문에 희생하며…[그리고] 자기 자신을[97] 자 기 자신에게 지불한다.

그래서 니체가 사도 바울[98] 덕분이라고 여기는 행위이자, '그리스도교 쪽에서 발휘한 이런 천재적 솜씨'란 두 번째 성전 시대의 사제들이 시 작한 기획, 즉 도덕과 종교의 자연적 기반을 무효로 만드는 기획의 완 성을 나타낸다. 19-20장에서 나온 번영하고, 강력한 종족들과 달리 초 기 그리스도인들은 신만이 그들을 위해 제공할 수 있는 전적으로 상이 한(즉 변질된) 종류의 분할 상환금을 신에게 빚지고 있었다. 이른바 신 의 후원에 대해 신에게 상환하기 위해 그들이 할 수 있는 것은 문자 그

---

97   역주-독일어 원문에 따라 첨가했다.
98   니체는 빌라도가 제시한 이유 때문이 아니라, 인류의 죄를 대속하기 위해 예수가 죽었다는 생각을 바울이 퍼뜨렸다고 믿는다(cf. 고린도인들에게 보낸 첫 번째 편지 15.3). 또 A 42, 45 및 48을 보라.

대로 아무것도 없었으며, 이로써 그(그리고 그들)는 채권-채무자 관계로 이루어진 자연적인 경제 바깥에 놓이게 되었다. 그래서 그리스도교 신은 자신의 추종자들에게 요구했던 내용을 토대로 해서뿐만 아니라, 또한 그들로부터 받기를 거부한 것을 바탕으로 해서 '지금까지 도달된 최대의 신'이 되었던 셈이다. 즉 도덕적 의무의 출현은 법적이고, 종교적인 의무들이 자연스럽게 습득되는 성장 과정의 확장을 표시하는 것이 아니라, 이 과정으로부터 이탈을 나타낸다.

이 장에서 니체가 하는 논증은 매우 압축적이다. 그는 명백히 **채무자**에서 **죄인**으로의 이행에서 마지막 두 단계를 논하려 하고 있으며, 분명 이러한 이행이 그리스도교 도덕이 전제하고, 낳는 특정한 종류의 자기를 형성하는 데 중심적이라고 여긴다.[99] 우선, 끔찍한 '최종적 부채 상환의 전망'은 이 불행한 채무자들이 '[자신들에게] "죄"와 "의무" 개념을 되돌리도록' 강제했으며, 이는 결국 그들이 **죄**와 **의무**를 의미 있게 부여할 수 있는 비교적 안정적이고, 지속적인 정체성을 얻도록 요구했다.[100] 단지 그런 경우에만 이 채무자들은 이후부터 **죄**로 알려지게 되는 그들의 행위에 대해 영원히 책임이 있다고 여겨질 수 있었다.[101] 그래서 '죄와 의무 개념의 도덕화'는 새로운 자기를 강화하는 데 기여했고, 이 자기는 자기 분열의 경험을 억제했으며(그러나 치유하지는 않았고), 양심의 가책이 주는 고통을 해석했다(그러나 경감시키지 않았다).

둘째, 이런 변형된 채무자들은 '[이 개념들을] "채권자"에게 다시 되돌렸다.' 부채를 갚는 것을 실패한 데 스스로 책임이 있다고 여기기를

---

99 이 문단들에서 Risse(p. 65)가 제시한 통찰을 Ridley(pp. 26-35)가 제안한 해석과 결합시키고자 했다.

100 GM I: 13을 보라.

101 Ridley, pp. 32-3.

배운 다음, 초기 그리스도인들은 계속해서 그들의 결함 있는 자기에 대한 책임을 그들이 또한 인류 자체의 측면으로 해석했던 '제일 원인 (causa prima)', 즉 신비로운 우두머리, 자연, 혹은 현존 일반에다 부여한다. 스스로를 '이 세계에 비해 "너무 선하다"'고 선언함으로써(GM III: 1), 그들은 스스로를 (그리고 그들의 선함을) 알려진 전 우주와 대립시켰다. 그렇게 하는 가운데 그들은 용케도 신에게 상환 책임을 교묘하게 떠넘겼다. 신이 아닌 모든 것이 더럽혀져 있다면, 신 자신은 채권자와 (대리) 채무자라는 분열된 임무를 수행해야 한다. 신이 스스로 상환하는 통화 역시 때 묻지 않은 것이어야 하며, 이것이 스스로 사랑하는 채무자의 의무를 이행하기 위해 유일한 자기 '아들'의 인격 속에서 자신을 희생해야만 하는 이유다. 그들에 대한 신의 사랑을 보여주는 이러한 끔찍한 증거를 받아들이기 위해 초기 그리스도인들은 죄로 알려진 돌이킬 수 없는 채무의 부담을 짊어지고 있다고 기꺼이 간주하려 했으며, 그렇게 존재하는 결과를 기꺼이 감수하려고 했다. 즉 그리스도교 도덕의 확립을 통해 죄인들은 자신들이 자신들의 약속과 의무에 대해서뿐만 아니라, 그들 자신, 즉 결함 있는 그들 현존의 본성 자체에 대해서도 책임이 있다는 것을 알았다.

그래서 그리스도교 신의 출현은 **부채** 개념의 **죄** 개념으로의 변형을 완성한다. 자신이 죄가 있다고 경험하는 일은 신이 최근의 기억 속에서 제공했거나, 제공하지 않은 것과 독립해서 영원히 그리고 돌이킬 수 없이 빚을 지고 있다고 스스로를 경험하는 것이다. 즉 우리는 그리스도교 신에 대한 우리의 부채가 지워지지 않게 바로 우리의 존재 자체에 새겨져 있는 만큼 그런 신 앞에서 **죄인**으로 존재한다. 그래서 죄는 부채의식의 영원한 장소 역할을 하며, 따라서 상환의 극복할 수 없는 장애물이 된다. 달리 말해 인류가 스스로 수행한 '선대 시대 노동'을 전반적으

로 유지시켜 왔었던 고전적인 '피해와 고통 간의 등가성'(GM II: 4)이
더 이상 성립하지 않는다고 주장되었(그리고 믿어졌)을 때, **부채**는 결
국 **죄**가 되었다. 이런 새로운 종류의 피해에 대해서는 어떤 양의 고통
도 적절한 보상을 제공하지 못할 것이다.

22장

죄와 **의무** 개념의 도덕화를 설명하고 이제 니체는 **죄인**의 심리학에 반
영되어 있으며, 이 과정의 바탕에 놓여 있는 진리를 간파하고자 한다.
즉 약속한 바와 같이, 그는 이제 '[양심의 가책이] 가장 두렵고, 가장
숭고한 높이에 도달했던 조건'을 밝힐 준비가 된 셈이다(GM II: 19).

이제 독자들이 이해하고 있듯이, 그리스도교 신학의 기초에 놓여 있
는 '역설적이고, 소름 끼치는 방책'에 기댈 어떤 필요도 없다(GM II:
21). 동물-인간 심리학의 기본 원리로 충분할 것이다. 자신의 설명을
16-17장에서 서술된 가설과 명확하게 연결시키면서 니체는 다음과 같
이 설명한다.

> 양심의 가책을 지닌 이런 인간은 자기 고문을 가장 섬뜩한 냉혹함과 엄격함
> 으로 몰고 가기 위해 종교의 전제를 이용했다. 신 앞의 **죄**: 이 사유는 그에
> 게 고문의 도구가 된다.

그래서 16장에서 나온 우리에 갇힌 동물은 자기 부정적이고, 자기 경멸
적인 그리스도교 죄인으로 다시 등장한다. 이런 변형을 어떻게 설명할
수 있는가? 우리가 지난번 그를 만났을 때, 이 불쌍한 피조물은 사제의
조언을 받아들여 양심의 가책을 발명한 자로 스스로 변형되었다(GM
II: 16). '자신의 잔인성을 위한 **좀 더 자연스러운** 배출구'를 이용할 수

없었기 때문에 그는 자신의 고통을 동물적 본능을 간직하고 있기 때문에 마땅히 받아야 할 형벌로 해석했다. 오직 그렇게 함으로써만 그는 어쨌든 스스로에게 가할 수밖에 없었던 고통을 정당화(그리고 결국 향유)할 수 있었다.

양심의 가책이라는 구실이 부적절한 것으로 입증되었다고 추측할 어떤 근거도 없지만, 우리에 갇힌 동물이 양심의 가책에 불만을 가지게 되었다는 사실을 우리는 이제 이해한다. (우리가 볼 것처럼, 그는 자신의 돌봄에 맡겨진 고통받는 자들을 동원해서 정치적 목적을 실현한 다음 두 번째로 개입했던 금욕적 사제들로 인해 이런 불만을 가지게 되었다.) 니체에 의하면, 우리에 갇힌 동물은

> 자기 고문을 가장 섬뜩한 냉혹함과 엄격함으로 몰고 가기 위해 종교의 전제를 이용했다. **신** 앞의 죄: 이런 사유는 그에게 고문의 도구가 된다.

여기서 우리는 두 번째 형태의 확장된 금욕적 이상의 확립을 추론할 수 있다. 자신이 (추정상) 초래했던 유한한 채무에 대해 스스로 책임이 있다고 여기는 데 더 이상 만족하지 않고, 우리에 갇힌 동물은 이제 그가 결코 상환하지 못할 채무에 대해 스스로 책임이 있다고 여기기를 원했다. 스스로 '자신의 절대적 무가치성'을 확신하고 나서 그는 유쾌하게 자신을 향해 잔인성을 돌렸던 한편, **또한** 그런 잔인성을 자신에게 마땅히 주어져야 하는 것으로 참회하면서 받아들인다. 그래서 그가 지닌 양심의 가책은 죄책감으로 변형되었다. 즉 일단 완전히 도덕화됨으로써 이제 **죄**로 이해된 **부채** 개념은 그의 분열된 영혼이 지닌 근본적이고, 영원한 고정 세간이 되었다. 죄인의 **종교적** 의무는 신의 힘이 커지고, 줄어드는 데 따라 생기고 사라질 수 있지만, 그의 **도덕적** 의무(즉 그의

죄)는 영속적이고, 돌이킬 수 없는 것으로 남는다.

이 새로운 구실의 성공을 위한 심리학적 핵심은 우리에 갇힌 동물이 부채와 형벌 사이의 '고대적 등가성'이 성립하지 않는 새로운 종류의 채무자를 대변하는 자로 자기 자신을 기꺼이 간주하고자 했다는 점이 었다. 즉 자기 자신이 죄가 있다고 선언하는 가운데 그리스도교 죄인은 스스로 전통적인 채권-채무자 관계에서부터 벗어났고, 그 관계가 뒷받침했던 형성하는 '사육' 과정에서 벗어났다. 그에게는 책임에 대한 더 진전된 어떠한 표현도 없을 것이고, 자기 통제로 전진해 갈 어떤 추가적인 기회도 없을 것이다. 죄가 있는 죄인이 최대한의 책임 부담을 떠맡는 것처럼 보일 수 있지만, 그는 사실상 스스로를 철저히 무책임하게 만든다. 왜냐하면 그는 자신이 상환하기로 실제 기대될 수 있는 어떤 채무 부담도 절대적으로 거부하기 때문이다. 압도적인 것으로 드러날 **수도 있는** 책임 부담을 스스로 지기보다 그는 자신의 현재 부담이 영속적이고, 변함없이 머물러 있도록 보장하기를 선택한다. 우리가 보았듯이, 그는 자신의 개인적 책임감이 또한 돌이킬 수 없어야 한다고 주장함으로써 이런 솜씨를 부린다. 즉 그는 자신이 추가적인 책임 부담을 질 수 없다고 드러날 가능성을 차단하기 위해 자기 자신이 죄가 있다고 여긴다. 그가 또한 더 나아간 성장과 발전의 기회를 박탈당한다는 점은 분명 그가 지불하는 받아들일 수 있는 대가이다.

그래서 니체는 그리스도교 죄인의 출현을 인간 동물이 지금까지 개인적 책임감을 얻었던 자연적이고, 형성하는 과정에서 이탈한 사건으로 취급한다. 양심의 가책이라는 병에 의해 약화되고, 정체성을 해체하는 '최종적 채무 상환'의 가능성에 대해 두려워하면서 이 내키지 않는 채무자는 어떤 대가를 치르든 자신이 습득한 정체성을 보존하기로 결정했다. 죄가 있는 죄인으로 머물러 있는 한, 그는 자신을 분쇄하거나,

혹은 변형시킬지 모르는 어떤 책임도 얻을 위험에 처하지 않았다. 특히 그는 자신을 목격함으로써 계속적인 성장과 발전을 자극할 수도 있는 그런 종류의 신에 대해 어떠한 의무도 획득한 것 같지 않았다.

여기서 우리는 니체가 어떤 누구든 왜 자발적으로 스스로를 죄가 있다고 선언하려는지 아직 설명하지 않았다는 사실에 주의해야 한다. 이런 설명을 제시할 수 있기 전에 그는 세 번째 에세이에서 나오는 금욕적 이상의 의미(그리고 의미들)를 먼저 설명해야 한다.

23장

니체는 19장 끝에서 하기로 넌지시 약속했던 '신성한 신'의 기원에 대한 설명을 한 후에 이제 19장에서 명시적으로 약속했듯이, 번영하는 부족과 민족이 양심의 가책을 '물리치는' 데 성공했던 과정인 '신들을 고상하게 만든 일'을 논하기 시작한다.

이 장에서 니체가 제시하는 더 큰 방법론적 요지는 신에 대한 믿음이 그리스도교의 경우에서 그런 것처럼, '인류가 스스로를 십자가에 매달아 죽고, 스스로를 모독하는 일'에 이를 필요는 없음을 보이는 일이다. 특히 그는 종교적 의무의 획득이 한 부족이나, 민족을 도덕적 의무의 획득에 수반하는 발육 정지에 처하게 만들 필요는 없다는 점을 보이고 싶어 한다. 건강한 부족의 성장과 발전에 관해 단지 짧게 설명한 다음, 그는 19-20장에서 나온 자연적 진행을 고대 그리스 귀족 도덕의 출현과 드디어 연결시킨다. 니체에 의하면, 그리스 신화의 활기찬 신들은 "그들 안에서는 인간 내부의 **동물성**이 신성하게 느껴지고, 비판받지 **않았던** 고상하고, 귀족적인 인간들의 반영으로" 가장 잘 이해될 수 있다. 동물적 본성이 죄로 이끈다고 비난했던 초기 그리스도인들과 달리 고귀한 그리스인들은 동물적 본성을 그들의 후원자 신들과 자신들의 유사성(그리고 신들과 비할 때 취약성)을 가리키는 것으로 존중했다. 그래서 그리스인들은 초기 그리스도인들을 괴롭혔던 '의지의 광기'에 대항해 스스로 예방 접종을 하기 위해 자신의 신들을 이용했다. 그들은 어떻게 그렇게 했는가?

다른 번영한 부족이나 민족들과 마찬가지로 고대 그리스 귀족들은 자초한 고통의 원인을 발견하기 위해 내부로 향했다. 그렇게 함으로써 그들은 스스로 믿기에 고통이란 가끔씩 '머릿속 장애'를 겪게 했던 타고난 **어리석음** 탓이라고 여기기를 배웠다. 그러나 그들은 거기서 멈추지 않았다. 자신들의 특징으로 볼 수 없는 미친 발작은 사실상 인간의 '구경거리'에 대한 관심이 종종 지나치게 열정적이고, 왜곡되었던 사악하고 질투 어린 신에 의해 그들 안에 유발되었음을 그들은 결국 확인했다. 즉 처음 내부로 향했을 때, 고대 그리스인들은 고통을 외적인 힘들에 의해 통제된 (그리고 아마도 또한 주입된) 원인—어리석음—으로 추적했다. 외부로 향하고 나서 그들은 젊은 니체가 그리스도교 신을 악의 아버지로 요청하고자 계획했던 것과 마찬가지로(GM P3), 자신들의 가장 극악무도한 범죄에 대한 책임을 '악의 창시자들'로 이용된 그들의 신에게 부여했다. 그렇게 함으로써 그들은 종교적 의무를 '도덕화'하려는 어떤 유혹도, 즉 그들의 유한하고, 의존적인 본성에 대한 죄를 떠맡으려는 어떤 유혹도 받지 않았다. 양심의 가책에 수반하는 내적 비효율성을 모면함으로써 그들은 자신들의 문화를 널리 알렸던 '훌륭하고' '사악한'(GM I: 11) 모험에 상당한 자원을 자유롭게 바칠 수 있었다. 그럼으로써 그들은 **제한**된 정도의 개인적 책임을 맡는 데 성공해 자신들의 부채를 조정할 수 있었던 한편 또한 외부를 향한 자신들의 힘에의 의지의 소모를 허용할 수 있었다.

초기 그리스도인들이 자신들이 신에게 진 빚에 대한 책임을 떠맡기 위해 그들의 신을 이용했지만, 스스로 죄를 보유하고 있던 반면, 고상한 그리스인들은 그렇지 않았더라면 그들에게 쌓였을 죄를 떠맡도록 하기 위해 신을 요청했다.[102] 초기 그리스도인들이 자기방어적인 정체 상태(stasis)[103]의 조건을 스스로 획책했던 반면, 고귀한 그리스인들은 자기를 표현하는 성장과 발전의 익숙한 궤도를 따라 계속할 수 있었다. 그래서 이런 대조는 부채 개념의 '도덕화'가 종교적 의무의 본성에 본질적이지 않다는 점을 보여준다고 할 수 있다. 우리가 보았듯이, 사실상 건강한 종족 내지 민족은 정확히 책임의 부담을 덜어버리기 위해 종교적 의무를 떠맡을 수 있을 것이다.

24장

니체는 목표 청중들을 대신하여 제기된 가설적 반박을 수용함으로써 두 번째 에세이를 결론짓는다. '당신은 무엇을 하고 있는가?, 즉 하나의 이상을 세우는가, 아니면 그것을 때려 부수고 있는가?' 그는 분명 독자들이 지금까지 그들이 이룬 진전의 정도를 알아내도록 권한다고 말할 수 있는 자신의 물음으로 대답한다. '그러나 당신은 지상에서 **모든** 이상의 설립이 얼마나 많은 대가를 치렀는지 이제껏 스스로 충분히 물어본 적 있는가?' 그런 다음 이 물음에 대한 답을 제시하는 것처럼 니체는 분명히 다음 사실을 확정한다고 말할 수 있는 비유를 언급한다. 1) 현존하는 이상에 대한 '파괴'는 새로운 이상 설립을 위한 필수적인 전제 조건이다. 그리고 2) 어떤 이상의 설립이든 진리와 현실에 대해

---

102 EH: 'wise' 5를 보라.
103 역주-저자에게 직접 이메일로 문의한 결과 정체 상태란 더 이상의 (그리고 더 큰) 어떤 의무도 떠맡지 않으려는 결정을 가리킨다. 그리고 그런 결정이 자기방어적인 것은 그런 결정을 한 사람들이 아무런 증거 없이 어떠한 추가적인 (혹은 더 큰) 의무도 그들을 약화시키거나, 분쇄할 것이라고 확신한다는 사실을 뜻한다.

일반적으로 인정된 규범들의 대규모 혼란을 항상 포함한다.

이 비유를 주요 논의에 나오는 익숙한 용어들로 바꾸면서 그는 이 비유가 암시한다고 할 수 있는 노동 분업을 명확히 하고자 한다. '우리 근대인들'이 현재 지니고 있는 역사적 부담을 어떤 식으로든 바꾸거나 경감시킬 수 있는지 의심하면서, 니체는 '세련된 취미를 습득하게 했던 우리의 독특한 기술과 절묘함'으로 칭찬한 자기를 향한 잔인성의 재능에 주의를 돌린다. 간단히 말해 그런 잔인성이 우리가 지금 가장 자연스럽고 쉽게 그리고 타의 추종을 불허하는 전문 지식을 갖고 하는 일이다. 그래서 그는 우리가 금욕적 유산을 갖고 **새로운** 어떤 것, 다른 어떤 것을 할 수 있을지 모른다고 주장한다. 이것은 단순히 니체의 입장에서 하는 아첨이 아니다. 왜냐하면 니체의 도덕 계보학은 우리가 독창성, 절묘함 및 형식을 창조하는 힘의 상속자라는 사실을 확인시켜 주기 때문이다. 우리가 이제 이 힘을 활용하여 양심의 가책이 우리 안에서 길러냈던 반자연주의에 **대항해** 양심의 가책을 되돌릴 수 있을까?

여기서 우리는 드디어 두 번째 에세이의 보상을 받는다: 우리가 '충분히 강하다'면, 우리가 습득한 '**비자연적** 성향들'이라는 군더더기에 맞서 양심의 가책의 힘을 되돌리게 할 수 있을 것이다. 아마도 그렇게 하기 위해 우리는 '초월을 향한 열망'과 같이 우리의 반자연적이고, 반정서적인 결함에 제한된 책임감을 기를 필요가 있을 것이다. 적어도 그런 식으로 우리는 돌이킬 수 없다고 알고 있는 채무에 대한 책임을 떠맡는 덫을 피할 수 있을 것이다. 그러나 드러나듯이, 우리는 방금 서술된 역전을 시도할 만큼 충분히 강하지 못하다.

이런 목표에 도달하는 일은 이 시대에 나타날 것 같은 정신과는 **다른** 종류의 정신을 요구할 것이다: 즉 전쟁과 승리에 의해 강화된 정신들…간단히 말해 아, 그런 일은 정확히 이런 **위대한 건강**을 요구할 것이다!

'위대한 건강'은 『도덕의 계보』에서 상세히 논의되지 않지만 이 문장이 암시하듯이, 차라투스트라 이후 니체가 구상한 더 큰 기획에서 매우 중요하다.[104] 여기서 니체는 양심의 가책을 이용하여 그 힘을 우리가 획득한 반정서적 본성에 대항해 되돌리려는 믿을 만한 어떤 시도를 위해서든 필요한 생리학적 전제 조건으로 '위대한 건강'을 주장한다.

확실히 독자들에게는 좌절을 안기지만, '위대한 건강'에 대한 니체의 언급은 『도덕의 계보』의 예상 가능한 목적과 『도덕의 계보』가 기른다고 할 수 있는 독자층을 명확히 하는 데 도움을 준다. 여기서 중요한 요점은 '우리 근대인들'이 '위대한 건강'에서 아주 멀어져 있어서 그 최상의 가치를 구현할 수 없는 것은 물론이고 그 가치를 알아차릴 수도 없다는 점이다. 병의 정상성에 익숙하게 되어 버렸기 때문에(GM III: 14), 우리는 건강과 그것이 일으키는 모든 것에 대한 본능적 선호를 다시 획득해야 한다. 그러나 그렇게 하기 위해 우리는 우선 '전쟁과 승리에 의해 강화될' 필요가 있다. 다행히 우리에게는 강화의 이런 기폭제가 바로 목전에 놓여 있다. 왜냐하면 니체는 세 번째 에세이에서 금욕적 이상과 전쟁을 치르기 때문이다. 이 전쟁에 참여해서 충분히 강해진다면 우리는 그리스도교 도덕의 자기 극복에서 최종 장면을 주도하는 데 니체와 함께할 수 있을 것이다.

두 번째 에세이는 여기서 끝나야 하고, 따라서 니체의 독자들은 전쟁 기술과, 전쟁과 관련된 덕의 훈련을 시작할 수 있을 것이라고 추측할지 모른다. 그러나 두 번째 에세이는 여기서 끝나지 않는다. 대신 그는 스

---

104 GS 382를 보라.

스로 염두에 둔 미래의 **필연성**을 몇 차례나 들먹이는 놀랄 만큼 자신 있는 예측으로 이 장을 마무리한다.

> 그러나 언젠가는, 즉 퇴락하고, 자기 회의적인 현재보다 더 강한 시대에는 커다란 사랑과 경멸을 지닌 **구원하는** 인간이 우리에게 올 수밖에 없다.…

이런 구세주의 출현이 확실하다면, 니체와 독자들은 그가 도래하기 위한 조건을 확보하기 위해 아무것도 할 필요가 없다. 우리가 그런 노력을 위해 필요한 힘을 상대적으로 결여하고 있음을 최근 알게 되었던 만큼 이는 좋은 소식이다. 우리는 또한 구세주가 '우리에게' 올 것이라고 확신하며, 이는 예언된 '더 강한 시대'가 멀지 않을 수 있다는 점을 암시한다. 분명 우리가 할 필요가 있는 모든 것은 약속된 '…현실의 **구원**'에 참여하는 방식으로 구세주를 받아들이게끔 스스로 준비하는 일이다.[105]

25장

니체는 갑자기 몽상을 끝내고, 침묵으로 후퇴한다. 말할 자격이 있는 것의 한계를 넘어서지 않기 위해 니체는 그보다 '더 젊고, "미래를 더 가득 가지고 있으며", 더 강한' 차라투스트라의 결정을 따른다.[106] 즉 독자들과 마찬가지로 그 역시 위계질서를 존중해야 하며, 이는 그 역시 자신을 기다리는 더 작은 임무가 정해져 있음을 받아들여야 한다는 사실을 의미한다.

그러나 우리는 여기서 구원의 미래를 확신에 차서 약속한 **후**에만 니

---

105 White, p. 146.
106 GS 371을 보라. 거기서 니체는 스스로 결정에 따라야 하는 사람은 나중에 변화된 **자신**의 모습임을 암시한다.

체는 스스로 위계질서를 지키도록 명한다는 점에 주의해야 한다. 그는 명백히 이런 약속을 허용할 수 없는 것으로 여기지 않으며, 그것을 표명한 데 대해 어떤 후회나 의혹도 표현하지 않는다. 그 **이상**의 어떤 것이든 말하는 일은 차라투스트라의 특권을 침해하는 것이 되겠지만, 그가 지금까지 말한 내용은 아주 적절하다. 즉 그의 양심은 스스로를 주장했지만, 이는 우리에게 가장 익숙한 약화시키고, 금지하는 가혹한 제스처에 의하지 **않고** 그렇게 한 것이다.[107] 그가 또 다른 자의 지위를 빼앗기를 원하는 것에 대해 처벌하기보다 니체의 양심은 차라투스트라의 특권에 대한 자신의 의도를 알리는 데 이용된다. 그는 자신의 지위와 차라투스트라의 지위를 분리시키는 선을 넘지 않았을지 모르지만, 이 선을 미래에 벌어질 논쟁의 장소로 확실히 표시해 두었다. 니체의 약속 자체는 다음과 같은 점을 의미한다. 즉 그것이 자신과 대적하려는 의도를 나타냈더라도 자신의 화환을 강탈하도록 명했던 차라투스트라와 니체의 연대감을 실제로 확인해 준다.

　그래서 니체의 양심이 하는 주장은 그가 이런 주제에 대해 더 많이 말할 만큼 **아주** 충분히 '젊다'는 점을 암시한다. 왜냐하면 아마도 그가 다른 곳에서 말하고 있듯이, 그는 '위험스러울 만큼 건강하고, 줄곧 건강하기' 때문이다(GS 382). 그는 구원하는 미래의 정신을 전파하게 될 위대한 건강을 소유하지 못하고 있는 반면, '이런 퇴락하고, 자기 회의적인 현재[시대]'와 다가올 '더 강한 시대' 간의 믿을 만한 관련성을 제시할 만큼은 충분히 회복되어 있다. 더 나아가 그의 대담한 약속은 우

107　물론 『도덕의 계보』에 나오는 니체 자신의 양심이 하는 주장에 주목한 것은 Ridley 덕분이다. 그러나 『도덕의 계보』에 나오는 '전형성(exemplarity)'의 역할(pp. 154-5)에 대한 Ridley의 의심을 고려하면, 그는 아마도 내 해석의 그런 특정 요소를 받아들이지 않을 것이다.

리가 그 경고를 환영하고 신뢰할 수 있는 양심, 즉 좋게 변한 양심의 가책의 가능성을 암시한다. 사실 과잉된 힘의 이런 불필요한 과시로 인해 흥미가 유발됨으로써 독자들은 그들의 자기 발견 여정을 계속 안내할 뿐만 아니라, 또한 금욕적 이상에 대항한 전투로 그들을 이끌기에 니체가 충분히 건강하다는 결론을 내릴 수 있을 것이다.

요약

책임의 기원과 발전에 대한 니체의 설명은 인간 동물이 독특하게 도덕적인 책임감을 획득하는 데 치른 진짜 비용을 드러낸다고 할 수 있다. **부채** 개념의 **죄** 개념으로의 변형은 지금까지 생존을 위한 선택을 보증했던 독특한 '사육'을 인간 동물이 수용했던 발전 과정을 반영한다. 그러나 니체는 그리스도교식 죄의 가르침이 미친 영향이 이런 '사육'이 지닌 유익하고, 종을 보존하는 효과를 거의 부정해 버렸다는 사실에 주목한다. 사실상 그는 견딜 수 없는 죄의 부담이 인간을 얼마 안 있어 소멸시킬까 봐 두려워한다.

자신의 자연적 본능에서부터 갑자기 그리고 강제로 멀어짐으로써 인간 동물은 타고난 공격성의 내적 발산을 견딜 수밖에 없었다. 자초한 고통에 의해 가장 기본적인 의미의 자기인식을 발전시키게 됨으로써 인간 동물은 기억의 확립을 위해 적합한 주체로 여겨졌다. 그래서 양심을 지닌 피조물이 됨으로써 인간 동물은 뒤이어 양심의 가책이라는 병에 걸렸고, 이 병은 그렇지 않았더라면 무의미했을 고통, 즉 본능의 내적 발산에서 결과하는 고통을 의미 있게 해주었다. 그런 식으로 양심의 가책을 지닌 피조물이 되었고, 더 나아가 (그리고 위험스럽게) 인간 동물은 돌이킬 수 없는 치명적인 부채 부담, 즉 **죄**라는 부담을 지게 했던 그리스도교 도덕에 노출됨으로써 약화되었다. 그리스도교 도덕의 영향

때문에 인간 동물은 이제 죄가 있는 **죄인으로서** 자신이 미래에 대한 의
지를 결여하고 있다고 여긴다. 자연은 지금까지 인간 동물을 생존하도
록 선택했지만, 니체는 그리스도교 도덕의 누적된 영향이 인간 동물의
소멸을 예정하지 않을까 두려워한다.

   이런 암울한 논의를 좀 더 긍정적인 톤으로 마무리하면서 니체는 인
간들이 자신들 안에 길러졌던 반정서적 자기혐오에 대항해 양심의 가
책이 지닌 힘을 되돌릴 수 있는 미래를 예견한다. 이런 미래는 인간과
현실 자체를 금욕적 이상의 저주에서 해방시켜 줄 신비로운 구세주의
출현에 의해 보장될 것이다.

연구해 볼 문제

1. 니체는 기억의 획득을 어떻게 설명하는가?
2. 니체는 국가의 성립에 선행하는 형벌 제정을 어떻게 설명하는가?
3. '양심의 가책'의 기원에 관한 니체의 가설은 무엇인가?
4. 니체는 **부채** 개념의 **죄** 개념으로의 변형을 어떻게 설명하는가?
5. 니체의 독자들은 '양심의 가책'과 금욕적 유산을 그들 자신에게 유리
   하게 어떻게 바꿀 수 있는가?

세 번째 에세이: 금욕적 이상들의 의미는 무엇인가?

제명[108]

니체는 차라투스트라를 따름으로써 두 번째 에세이를 끝냈고, '읽기와

---

108 역주-책의 각 장 앞부분에 붙이는 유명한 구절을 뜻한다. 세 번째 에세이의 제명
은 다음과 같다. "무관심하고, 조롱하며, 폭력적으로. 지혜는 **우리에게** 이런 것을 원한

쓰기'에 관한 차라투스트라의 연설은 세 번째 에세이의 제명이 (약간 변형된 형태로) 발췌된 곳이다. 차라투스트라가 말하게 한 다음, 니체는 『도덕의 계보』 주요 논의를 요약하고, 금욕적 이상들의 **의미**에 관한 물음을 시작한다.

그래서 이 제명은 두 번째 에세이 결론과 세 번째 에세이 시작 간의 다리로 이용된다. 차라투스트라가 여기서 전사와 그의 덕에 대해 말한다는 사실에 놀라지 말아야 할 것이다. 왜냐하면 니체는 두 번째 에세이 말미에서 '양심의 가책과 모든 **비자연적** 성향들을 결합시키는[109]' 목적이 오직 '전쟁과 승리로 강화된 정신들'에 의해서만 도달될 것이라고 밝혔기 때문이다(GM II: 24). 그래서 차라투스트라의 연설은 최고 독자들이 스스로를 강화시켜 지혜의 '사랑'을 얻을 수 있게끔 전사가 되도록 촉구한다고 할 수 있다. 독자들이 그들이 원하는 대로 통상 '집으로 가져온'(GM P1) 지식과 달리, 지혜는 자신이 선택할 가치가 있다고 스스로를 증명한 사람들을 위해 남아 있다. 그래서 니체의 암시에 의하면, 지혜의 사랑을 얻음으로써만 독자들은 두 번째 에세이 끝에서 제시한 구원이 약속된 미래를 낳는 데 기여할 것이다. 그래서 그는 세 번째 에세이에서 지혜가 전사에게 원하는 모습이 되도록 최고 독자들을 돕고자 한다. **무관심하고**, **조롱하며**, 그리고 **폭력적으로**.

1장

약속했듯이(GM P8), 니체는 아마도 1장 (결론을 내는 물음과 응답을

다. 지혜는 여성이며, 항상 단지 전사만을 사랑한다."
109 역주-독일어로는 verschwestern이며, '친밀한 관계를 맺다'는 의미다. 그런데 실질적 의미는 양심의 가책이 비자연성 성향을 억제하도록 한다는 뜻이기 때문에 여기서처럼 우리말로 결합시킨다거나, 친밀한 관계를 맺는다고 옮기면 좀 어색하기는 하다.

뺀) 모든 내용을 포괄하는 '아포리즘'으로 세 번째 에세이를 시작한다.[110] 이 아포리즘[이는 다음 구절을 가리킨다고 보인다. "금욕적 이상이 인간에게 그토록 많은 것을 의미해 왔다는 사실 안에는 인간 의지의 근본적 사태, 즉 공허함에 대한 인간 의지의 공포가 표현된다. **인간 의지는 목표를 필요로 하며**, 그런 의지는 의지하지 **않기**보다는 오히려 **무**를 의지한다.": 역자 첨가]은 세 번째 에세이 제목에서 제기된 개괄적 물음의 몇 가지 형태에 대한 예비적 답변을 내놓는다. 특히 니체가 주요 논의를 제시하는 일과 밀접한 관련이 있는 쌍들에 관해 금욕적 이상이 갖는 의미의 다양성이 여기서 흥미롭다. 가령, 금욕적 이상이 사제에게 갖는 의미는 한편으로 사제가 밀접한 관계를 맺는 철학자에게 갖는 의미 및 다른 한편으로 위안을 얻기 위해 사제에게로 향하는 '죽어야 할 운명을 지닌 **대다수**의 인간들'[111]에게 갖는 의미와 매우 다르다.

금욕적 이상이 세 번째 에세이 논의에서 갖는 분명한 중요성에도 불구하고 니체는 이런 이상 포함한다고 자신이 이해하는 내용을 독자들에게 전혀 예비적으로 설명하지 않는다. 그렇다면 잠정적인 정의로 시작해 보자. 우선, 도덕적 **이상**은 도달 가능한 인간 번영의 최고 기준을 추구하도록 특별히 유도한다고 여겨지는 그런 덕, 믿음, 습관, 관행 내지 활동들로 구성된다. 그래서 믿을 만한 이상의 설정은 개인들이 자신의 힘으로 도달하지 못하는 것은 물론 완전히 인식할 수도 없는 더 큰 선을 향해 그들을 안내하기 위해 필수적이라고 규정된 법, 계명, 경

---

110   여기서 Wilcox(pp. 596-9)와 Janaway(pp. 169-70)가 독자적으로 제시한 해석을 따른다.
111   니체는 앞서 '약함을 자유로 그저 그렇게 존재하는 것을 **홀륭함**으로 해석하는 숭고한 자기기만'에 의존하는 사람들을 표현하기 위해 유사한 구절 — (**Mehrzahl**보다 오히려) **Überzahl der Sterblichen** — 을 사용했다(GM I: 13).

고, 의무 및 금지를 강제하도록 도덕에 권한을 부여한다.[112] 도덕이 대개 그것을 고수하는 자들로 하여금 스스로를 향상시키고, 완전하게 하도록 촉구하는 것은 사실 확립된 이상을 참조함으로써다.

모든 다양한 형태의 **금욕적** 이상은 자기 감시, 자기 제어 및 자기 징계의 삶을 인간에게 유용하고, 가장 의미 있는(=이상적인) 최고의 삶으로 존중한다. 그래서 금욕적 이상은 인간이 대개 가장 즐겁다고 여기는 쾌락주의자의 쾌락을 스스로 가장 격렬하게 부인하는 사람들에게 의미와 목적을 약속한다. 사실 금욕적 이상은 이따금 그것을 고수하는 자들에게 세속적인 보상을 해 주기도 하지만, 금욕적 이상이 지닌 일차적인 매력의 원천은 **탈**세속적인 보상에 관한 약속, 가령 영원한 구원, 자기 죄의 속죄, 숙명적인 환생, 이전에 자신을 억압했던 자들에 대한 보복 등에 대한 약속이다. 우리가 보았듯이, '죽어야 할 운명을 지닌 **대다수**의 인간들'의 경우 금욕적 이상은 그들이 스스로를 '이 세계에 비해 "너무 선하다"고 여길' 수 있는 수단을 제공한다.

금욕적 이상의 대리인들은 이상에 대한 장래의 지지자들이 지상의 쾌락을 천국의 보상에 대한 단순한 약속과 교환하도록 어떻게 설득하는가? 이에 대한 짧은 대답은 금욕적 이상이 지상의 쾌락을 비하하고, 그 즐거움에 독을 뿌린다는 것이다. 장래의 이상 지지자들은 잃을 것은 거의 없고, 덤으로 많은 것을 얻는다고 확신한다. 그들이 이런 결론에 도달하는 데 도움을 주기 위해 금욕적 이상의 대리인들은 천국보다 더 큰 세상의 비(非)금욕적인 유혹을 효과적으로 차단하는 '의지, 목적 및 해석으로 구성된 닫힌 체계'(GM III: 23) 안에 그들을 끼워 넣어주겠다고 제안한다. 이런 '닫힌 체계'에 들어간 사람들은 금욕주의가 약속

---

112 여기서 Clark(Clark and Swensen, p. xxxiii)의 도움을 받았다. Janaway, pp. 165-7을 보라.

한 진리를 쉽게 이해할 수 있고, 삶을 유지해 주며, 비판적 검토에 휘둘리지 않는 것으로 제시하는 포괄적이고 총체적인 세계관을 접하게 된다. 이런 닫힌 체계 내에서는 훨씬 더 엄격한 자기 부정 훈련의 완성이 의미 있는 삶으로 바뀔 것이다. 니체가 세 번째 에세이에서 제공하는 긴 대답은 금욕적 사제가 그 지지자들로 하여금 열망하게 가르쳤던 **감정의 광란**(orgies of feeling)[113]을 금욕적 이상이 그들에게 약속한다는 점이다. 이런 광란에 수반하는 황홀함은 다른 세계 내지 사후 세계를 암시할 수 있지만, 죄인의 생리학과 사제의 동기는 금욕적 이상의 세속적 권한을 확인해 준다.

니체에 의하면, 금욕적 이상은 이제 쇠퇴하고 있다.[114] 그 '죽음'을 점점 더 반박하기 어렵게 되는 신(GS 343)에 대한 신뢰성에 의존함으로써 금욕적 이상은 자기 향상과 자기완성을 위해 효과적인 보편적 추동력의 역할을 더 이상 하지 못한다. 사실 우리 대부분은 익숙해진 금욕적 관행, 가령 조깅, 다이어트, 학문 연구, 기계적 노동, 환상을 통한 기분 전환 등을 계속해서 추구하지만, 우리 가운데 아주 소수만 실제로 이런 익숙한 자기 제어의 일상이 구원으로 인도해 줄 것이라고 믿는다. 사실 그런 활동들이 유발하**게 될** 것은 금욕적 이상이 최근까지 우리의 시야로부터 숨겼던 내용이다. 니체에 따르면, 자기 제어를 통해 스스로를 향상시키려는 의지란 속도는 매우 느리더라도 자신을 절멸시키려는 의지로 드러났다.

그래서 이 장에서 '인간 의지의 근본적인 사태, 즉 **공허함에 대한** 인간 의지의 **두려움**'에 관한 언급은 세 번째 에세이에 불길한 음조를 설

---

113 역주-독일어로는 Ausschweifung des Gefühl이며, 직역하면 감정의 방탕, 탈선 정도가 된다.

114 GS 358을 보라.

정한다. 인간이 '의지하지 **않기**보다는 오히려 **무를 의지**'한다면, 우리
는 **무에의 의지**가 금욕적 이상에서부터 의미와 목적을 얻는 모든 모험
의 중심에 놓여 있다는 사실을 알고 놀라서는 안 될 것이다(GM III:
28).

2장

여기서 니체는 전 장에서 꼽았던 첫 번째 '경우'로 예술가들에 관한 물
음을 시작한다. 그는 특히 금욕적 이상을 고수한 덕분에 '자신의 반대
편으로 급변했던' 바그너(Richard Wagner, 1813–83)의 경우에 대해
관심을 가진다.[115] 그가 이런 특정한 경우에 주목하는 것은 전혀 임의적
이지 않다. 니체가 그렇게 말하지는 않지만, 예전에 그는 바그너와 매
우 가까운 관계를 맺었었다. 그 이후의 멀어짐은 니체가 자주 주장하듯
이, 스스로 독자적인 개별적 사상가로 발전하도록 촉진했지만, 그에게
커다란 고통을 일으켰다.

  니체는 바그너가 반대편으로 급변한 근거에 도전함으로써 이 분석을
시작한다. '순결과 관능성 사이에는 어떠한 필연적인 대립도 없다.' 더
나아가 대립이 **존재**하는 경우 그 대립은 본성상 비극적일 필요가 없다.
왜냐하면 '우리를 현존하도록 유혹하는 것이 정확히 그런 "모순들"이
기' 때문이다. 그럼에도 바그너는 결국 '순결을 숭배'하게 되었고, 그를
정의했던 대립에 '곡을 붙이기'로 결정했다. 그래서 니체는 바그너의
금욕주의를 두 가지 기본 원리로 환원한다. 1) 우리는 순결과 관능성
사이에서 선택해야 한다. 그리고 2) 우리는 순결을 선택해야 한다.

---

115 바그너의 '경우'는 니체가 1888년 이 주제에 대해 짧은 책을 쓸 만큼 아주 중요
했다.

3장

이제 바그너가 이른바 급변한 '반대편'을 탐구하기 시작하면서 니체는 1882년 바이로이트에서 처음 공연된 바그너의 『**파르지팔**』에 초점을 맞춘다.[116] 바그너에게 『**파르지팔**』은 무엇이었는가? 답을 제시하기 전에 니체는 기발하게 다음과 같이 추측한다.

> 우리는 바그너식 『**파르지팔**』이 일종의 에필로그이자, 사티로스 극으로 명랑하게 의도된 것이었다고…추측해 보고 싶을지 모른다.

즐거운 환호성에서 탄생한 『**파르지팔**』은 『도덕의 계보』 자체가 니체 자신의 회복을 증언한다고 여겨지는 것과 마찬가지로(GM P7) 바그너의 넘치는 힘과 다시 살아나는 건강을 나타내는 기호일 것이다. 이런 것으로 볼 때 니체가 암시하는 바에 의하면, 우리가 『**파르지팔**』을 최고의 자기 조롱이라고 상상할 수 없다면,[117] 바그너의 '급변'에서 '자기 부정'과 '자기 말살'의 시도를 간파할 수밖에 없다.

4장

바그너에 대한 이런 분석을 일반화하면서 니체는 항상 '예술가와 그의 작품을 분리'하도록 독자들에게 주의를 준다. 바그너가 단순히 '그의 작품에서 전제 조건'이라면, 그는 작품에 대해 권위가 있다고 여겨져서는 안 될 것이다. 우리가 『**파르지팔**』이나 혹은 다른 어떤 예술적 산물을 이해하려면, 우리는 곧 알게 될 것처럼, 그 대신 니체를 포함하는 '정신

---

116 EH: hh 5를 보라.
117 역주―니체는 바그너가 비극 작가로서 『파르지팔』을 사티로스극처럼 의도했다고 생각해 볼 수 있다고 주장한다.

의 생리학자와 해부학자들'[118]이라는 엄선된 동료들에게로 향해야 할 것이다. 사실 이런 관점에서 니체는 예술 작품을 그 작품을 생산한 예술가들 밑에 놓여 있는 생리학적 조건들의 징후로 일관되게 해석한다. 더욱이 그는 바그너를 '임신한 여성'에 비유하면서 「**파르지팔**」이라는 유산과, 8-10장에서 논하는 '모성적 철학자들'에게서 진행 중인 건강한 임신 사이를 대조한다.

5장

니체는 자신의 탐구를 새롭게 시작하려는 바람을 나타내고 있는 1장 첫 번째 문장을 다시 한번 반복하면서 이 장을 시작한다. 그리고 나서 그는 고려 대상에서 항상 다른 권위에 의존하는 '예술가들을 제거'한다. 탐구의 초점을 좁히고 그는 이제 다음과 같은 '좀 더 진지한 물음'을 던진다. '진정한 **철학자**가 금욕적 이상에 경의를 표할 때, 그것은 무엇을 의미하는가?' 즉 철학자를 도입함으로써 니체는 탐구의 초점을 **금욕적 이상들**에서 **금욕적 이상**으로 바꾼다.

그러나 이 물음으로 향하기 전에 그는 바그너의 쇼펜하우어 수용에 관한 유익한 설명을 제시한다. 니체에 의하면, 쇼펜하우어는 음악이 드라마라는 더 큰 목적에 봉사하는 데서 가치를 찾을 필요가 없고, '독자적인 예술'로 여겨질 수 있다는 점을 바그너에게 확신시켰다. '음악의 주권성'에 대한 쇼펜하우어의 교의는, 바그너가 당연히 흔쾌하게 배웠듯이, '신의 복화술사'로 봉사하도록 요구될 수 있는 **음악가** 자신의 가치'를 부풀리도록 바그너를 부추겼다. 그래서 쇼펜하우어는 '나이 든 바그너'가 '예술가의 **전형적인 단순한 바람**'에 복종하도록 해준다(GM

---

118 BGE 212를 보라.

III: 4). 우리가 볼 것처럼, 니체는 금욕적 사제를 개괄하는 가운데 독립성의 환상(혹은 가상)에 대한 이런 식의 해석을 이른바 무력함과 자기 경멸의 표현으로 논할 것이다.

6장

쇼펜하우어에 대한 바그너의 의존을 드러내고 나서 이제 니체는 독일 철학자 칸트(Immanuel Kant, 1724-1804)에 대한 쇼펜하우어의 의존도를 밝힌다. 쇼펜하우어는 '미적 문제'에 관한 칸트의 정식을 이어받았으며, 이는 그가 칸트처럼 예술가의 관점에 대해 관객의 관점이 지닌 우선성을 잘못 가정했다는 사실을 의미한다. (니체 예술 이론의 중심 주장은 예술가의 '독백식' 관점이 관객의 '대화식' 관점보다 우월하다는 것이다(GS 367).)

니체는 미에 대한 칸트의 정의(즉 **무관심하게** 우리에게 쾌락을 주는 것')를 스탕달(1783-1842)의 정의(즉 '행복을 약속하고, 따라서 **의지를 자극하는**' 것)와 대조함으로써 이 쟁점의 뼈대를 마련한다. 쇼펜하우어는 칸트가 '**성적** 관심이 없는 것'을 의미한다고 이해했으며, 성적 욕망이 초래하는 집중을 방해하는 것들을 혐오하면서 칸트의 편을 들었다. 니체는 쇼펜하우어의 고전적 작품 『의지와 표상으로서의 세계』(1819)의 두드러진 주제인 '의지로부터의 구원'에 대한 쇼펜하우어의 전적인 관심이 성적 욕망의 원치 않는 침입으로부터 해방되려는 아주 개인적인 바람을 반영할지도 모른다고 여긴다.

그래서 드러나듯이, 쇼펜하우어는 칸트에 대한 자신의 맹신에 관해 혼란스러워했다. 사실 쇼펜하우어는 **극도로** 관심을 가진 쪽이었다. 니체가 앞서 바그너로부터 일반화했듯이, 그는 이제 쇼펜하우어의 경우에서부터 일반화한다. 여기서 그는 5장에서 제기했던 '좀 더 진지한 물음'에 대해 예비적인 답변을 제시한다. 즉 철학자는 금욕적 이상들에 경의를 표한다. 왜냐하면 '그는 **고문으로부터 해방을 얻기**를 원하기' 때문이다. 우리가 다음 장에서 볼 것처럼, 이런 일반화는 그가 철학자들의 경우 금욕적 이상들의 의미를 논하기 위한 기반을 제공한다. 니체에 따르면, 철학자들은 흔히 그들 자신이 금욕적 이상과 맺는 관계의 본성을 오해한다. 이런 오해(혹은 자기기만)는 지금까지 그들에게 잘 이용되어 왔지만, 이제 곧 철학자들의 발전에서 그 유용성을 다할 것이다.

7장

니체는 독자들이 **고문**이라는 단어를 듣고 '우울하게' 되지 말라고 충고한다. 바그너의 「**파르지팔**」에 대한 이전 바람(GM III: 3)을 반복하면서 니체는 여기에도 '웃을 만한 어떤 것조차' 있다고 주장한다. 드러나는 것처럼, 사실상 쇼펜하우어가 거기서부터 해방을 추구했던 고문은 그의 번영에 전혀 해로운 것이 아니었다. 쇼펜하우어는 '즐겁게 머물기 위해서 적을 **필요**로 했는데', 이것이 그가 성적 욕망을 '개인적 적으로' 취급한 이유다. 적에 대한 그의 '분노'는 사실 그의 '보상', 그의 '행복'이었다. (이것은 쇼펜하우어가 자신의 덕에 대해 보상받기를 원했고, 기대했다는 점을 뜻한다.) 그래서 소위 그의 고문은 니체가 앞서 인간이 흔히 구현하는 모순들 탓으로 돌렸던 효과를 쇼펜하우어 안에 산출했다(GM III: 2). 왜냐하면 그 고문은 '그를 계속 다시 현존하도록 유혹했기' 때문이다. 자신의 반대편으로 급변하기를 거부하는 가운데 쇼펜하우어는 니체가 명백히 바그너의 자기 파괴적 금욕주의보다 선호하는 금욕주의 관행을 길러냈다. 사실 바그너가 좀 더 자세히 주의를 기울였더라면, 쇼펜하우어가 순결과 관능 사이의 긴장을 자신에게 유리하도록 이용했다는 사실과 어떻게 그랬는지를 알아차릴 수 있었을 것이다.

니체는 이제 쇼펜하우어에게 독특한 것이 아니라, 모든 철학자에게 '전형적인' 것을 논의하기 시작한다. 쇼펜하우어가 칸트에 대한 자신의 맹신에 대해 혼란스러워했을지 모르지만, 그럼에도 두 철학자는 '관능성에 대한 특이한…분노와 증오'를 공유했으며, 이는 좀 더 일반적으로 '금욕적 이상을 선호하는 철학자들의 특이한 편견과 애착'을 반영한다. 그에 의하면, 철학자들은 금욕적 이상으로 이끌리는데, 이는 금욕적 이상이 반성적 숙고를 추구할 수 있는 '최적의 조건'을 제공하기 때문이다.

좀 더 일반적인 이 같은 요점을 뒷받침하기 위해 니체는 두 번째 에세이에서 도입했던 심층 심리학 모델을 이용한다. 그리고 거기에 대해 이제 다음과 같은 반가운 세부 사항을 덧붙인다.

모든 동물은… 자신의 모든 힘을 쏟아서 최대한의 힘의 느낌을 달성할 수 있는 최고로 유리한 조건을 얻으려고 본능적으로 노력한다.

이런 일반적인 동물 심리학의 원리에 기대서 니체는 철학자들이 거기서 얻어내는 **도구적** 가치의 측면에서 금욕적 이상의 선호를 설명한다. 쇼펜하우어가 소위 성적 욕망의 고문에서부터 자신의 해방을 긍정하는 수단으로 현존의 가치를 부정했듯이, 철학자들은 여기서 결혼과 결혼의 성생활에 대한 혐오로 표상되는 금욕적 이상을 그들 자신과 고독하고, 정신적인 그들의 노력을 긍정하는 수단으로 흔히 받아들인다.

더욱이 동물 심리학의 기본 원리에 대한 이런 언급이 강조한다고 할 수 있는 것처럼, 철학자는 금욕적 이상을 **의식적이거나, 의도적으로** 받아들이지 않고 가장 의미 있는 힘의 소비 조건으로 **본능적으로** 받아들인다. 우리가 볼 것처럼, 이는 철학자가 대개 금욕적 이상과 자신이 맺는 관계의 본성을 오해한다는 점을 뜻한다. 드러나듯이, 많은 철학자들은 그들이 사실상 단순히 금욕적 이상을 자신들의 내적 성장과 발전을 성공시키기 위한 조건으로 이용하면서 스스로를 금욕적 이상의 신봉자로 여긴다. 즉 철학자들의 경우 금욕적 이상은 가치 있고, 탈금욕적인 고양된 정신성의 목적을 추구하기(그리고 도달하기) 위한 효과적인 수단이 될 수 있다.

8장

쇼펜하우어의 경우가 보여주듯이, 결국 철학자들은 전혀 무관심하지 **않다**. 왜냐하면 '그들은 **자기 자신들**에 대해 생각하기' 때문이다. 사실 그들의 금욕주의 관행은 당대의 도덕이 칭송한 비이기성(혹은 이타성)의 더 건강한 대안으로 니체가 내세우고 싶어 하는 이기성(혹은 이기주의)의 전형적인 예가 된다(GM P5).

이들 철학자들은 니체에게 흥미롭다. 왜냐하면 그들은 자기 향상과 자기완성의 열망을 위하여 스스로를 부정하고, 자제하기 때문이다. 사실 여기서 다음과 같은 점이 명백하게 된다. 즉 니체는 '위대하고, 생산적이며, 창의적인 정신들'이 '가장 적합하고, 자연스러운 **최고의** 현존 조건'을 발견할 수 있는 생산적 금욕주의의 관행을 그렇지 않은 금욕주의와 분리시키고 싶어 한다.[119] 우리가 볼 것처럼 이 목적을 위해 니체는 이런 생산적인 철학자들과 그들의 의심하지 않는 후원자, 즉 불임인 금욕적 사제 간에 자신이 끌어들이고자 하는 대조를 용이하게 만들어

---

119 생산적인 금욕주의 관행의 가능성에 관한 추가적인 언급을 위해서는 WP 915와 A 57을 보라.

주는 **모성** 이미지를 다시 한번 활용한다. 여기서 니체에 따르면, 철학자는 출산을 앞둔 어머니가 자신 안에서 성장하는 태아를 집중적으로 양육하기 위해 자제하는 것과 같은 이유로 자제한다.

> 그의 '모성' 본능, 즉 자신 안에서 자라나는 것에 대한 비밀스러운 사랑은 그가 **자기 자신**에 대해 생각할 필연성에서 벗어나는 상황으로 그를 향하게 한다.[120]

그래서 '모성적' 철학자는 극단적인 이기성의 관행을 길러내지만, 자신을 의식적이거나 반성적으로 돌보지 않은 채 그렇게 한다. 즉 이기성은 자기인식과 거의 관련이 없으며, 이것이 니체가 목표 청중이 스스로를 '추구하고', '발견하는'데 실패했다고 비난하지 않는 이유다(GM P1).[121]

그래서 '모성적' 철학자들의 '비밀스러운 사랑'은 그들이 실천하는 금욕주의의 관행을 금욕적 이상에 대한 외견상의—**그러나 사실상 생산적인**—순응으로 이끄는 데 책임이 있다.[122] 그들이 '빈곤, 겸손 그리고 순결'의 덕을 존중하지만, 그들은 단지 자신들의 '지배적인 본능', 즉 정신성의 명령에 따라서만 그렇게 하고, 그들의 관점에서 당분간은 숨겨져 있을 수밖에 없는 더 큰 목적을 추구하는 데서 주의를 돌리기 위해서만 그렇게 할 뿐이다. 철학자들은 무의식적이거나, 스스로 알지 못하고 그런다고 해도 그들 **안에** 있는 '최고의 영주'에 복종하는 만큼 '모성적' 철학자의 자격이 있다. 이런 성취는 우리가 보았듯이, 자신의

---

120 EH: 'clever' 39; GS 369; HH I P7을 보라.
121 그는 다른 곳에서 자신의 자기 오해가 자신의 성장과 발전을 지배했던 '최고의 신중함'을 표현한다고 언급한다(EH: 'clever' 9).
122 Ridley는 금욕적 **이상들**과 금욕적 **절차** 간의 소중한 구분을 한다(p. 59).

'지배적 본능'을 **양심**이라는 이름으로 불렀던 주권적 개인의 혈통 안에 정확히 그들을 위치시킨다(GM II: 2). 즉 '모성적' 철학자들의 경우에 금욕적 이상은 양심을 지닌 피조물들이 억압적인 양심의 가책이라는 부담을 질 필요가 없음을 뜻한다.

이 혈통에 대한 또 다른 언급에서 니체는 금욕적 이상이 이 '모성적' 철학자들 안에서 '날 수 있고, 신성하며, 멈추어 있기보다 삶 위로 떠다니게 된 동물의 즐거운 금욕주의'를 뒷받침한다고 주장한다. 사실상 이 언급은 상서롭다. 왜냐하면 이는 우리가 기억하기로, '인간 안의 동물성이 신성하게 느껴지는' 방식으로 종교적 의무를 상쇄하는 데 용케 성공했던 고대 그리스 귀족들과 이 철학자들을 연결시키기 때문이다(GM II: 23). 따라서 두 번째 에세이의 이런 반복은 '모성적' 철학자들이 그리스 귀족들과 유사하게 동물적 본능을 제한하지만, 제거하기를 목표로 하지 않는 금욕적 관행들을 어렵사리 길러 왔음을 확인시켜 준다. 즉 고귀한 그리스인들처럼 그들은 생산적이고, 탈금욕적인 목표를 추구하게 만든 그런 금욕적 관행들에만 참여했을 뿐이다. 우리가 볼 것처럼, 사실 니체는 '모성적' 철학자 내부에서 일어나는 **정신**의 임신이 새롭게 출현하는 나비처럼 곧 날개를 갖게 될 새로운 철학자의 탄생에서 아마도 정점에 이를 것이라고 주장한다(GM I: 10).

종합하면 인간 동물의 이런 긍정적 이미지는 의미 있는 약속을 하도록 허용된 동물을 사육하는 빈번하게 우회된 기획을 자연이 여전히 완성할 수 있는 통로로서 생산적 금욕주의라는 비밀스런 혈통을 서구 도덕 전통이 숨기고 있음을 알려준다. 사실 우리는 이제 니체가 앞서 로마 및 유대와 각각 결부된 대립하는 가치 체계들 사이의 생산적 충돌을 주도하는 일보다 "**더 높은 본성**", 더 정신적인 본성을 보여주는 더 결정적인 어떤 표시도 아마 오늘날 없을 것이다'라고 주장했던 이유를 알

수 있다(GM I: 16). 사실 이런 관점에서 보면 서구 도덕 전통은 **정신**으로 알려진 잠재적으로 치명적인 독을 소화하고, 동화시키기 위한 거대하고, 필사적인 실험으로 나타난다.

9장

니체는 이제 철학이 금욕적 이상에 **우연히** 의존하고 있다는 점을 확정하기 위해 철학 자체의 기원과 발전 문제를 다루기 시작한다.[123] '철학자들이 항상 금욕적 이상을 논의해 온' '애착'에 대해 이미 주목했기 때문에, 니체는 이제 우리가 추측할 수 있는 것보다 '철학과 금욕적 이상 간의 유대가 훨씬 더 밀접하고, 강하다'는 사실을 폭로한다. 그럼에도 그는 철학자들이 그들의 가장 중요한 비밀을 보호하기 위해 알아차리지 못했지만 금욕적 이상을 **이용**해 왔다고 주장하고 싶어 한다.

생식의 은유를 아이 양육의 은유로 바꾸어 니체는 이제 금욕적 이상을 걸음마하는 아이라고 할 수 있는 철학의 부모 내지 보호자라고 상상한다. 철학은 '서툰 일'로 시작했으며, 출세 지향적인 철학자들은 스스로를 철학과 동일시하지 않은 채 이런 금지된 실천을 계속하게 허용할 수 있는 거리와 무관심을 자기 자신에 관하여 신중하게 길러냈다. 그들은 이런 자기소외 과정에서 자신들의 악한 바람과 충동으로부터 그들을 분리하라고 가르쳤던 금욕적 이상의 도움을 받았다. 이러한 긴 자기소외 과정은 니체가 『도덕의 계보』 서문에서 언급하고 있는 그런 '인식하는 자들'의 잘못된 정체성에 도달했다(GM P1).

니체의 최종 추론은 명확하게 진술되지 않았지만, 다음은 충분히 명확하다. 즉 철학은 더 이상 그런 '서툰 일'로 여겨지지 않기 때문에, 특

---

123 Ridley, pp. 66-7.

별히 그런 엄두도 못 낼 정도로 비싼 비용을 치르고 금욕적 이상의 후
견이 더 이상 필요하지 않다는 것이다. 철학자들은 이제 그들의 '느낌'
과 '경험'을 감히 되찾을 수 있을지 모르며, 그럼으로써 그들 자신에게
'낯선 자들'과 다른 어떤 것이 될 수도 있을 것이다(GM P1). 더욱이 그
렇게 하는 가운데 그들은 드디어 독자적으로 완전히 독립할 수 있을지
모르며, 그럼으로써 금욕적 이상에 대한 오래 지속된 의존을 끝낼 수
있을 것이다.

10장

이들 '모성적' 철학자들은 어떻게 자신도 모르게 자기 육성에 대한 편
애를 습득했는가? '관조적 인간'의 등장에 대한 설명에 의거해 니체는
철학자들이 그들의 선행자이자, 후원자였던 사제의 발자국을 따랐다고
설명한다.

그의 설명에 의하면, '가장 초기 철학자들은' 무엇보다 다른 사람들 안
에 **두려움**을 불러일으키고자 했다. 기존의 관습과 전통으로부터 이탈해
불신을 받았기 때문에, 가장 초기의 관조하는 자들은 추방의 위협에서
부터 자신들을 보호할 수밖에 없었지만, 또한 집중을 방해하는 것 없이
내적 공상을 할 수 있는 조건을 확보하기도 한다(D 42). 그들은 보편적
으로 승인된 관행, 즉 잔인성을 가하는 일을 스스로에게 돌림으로써 용
케도 그렇게 했다. '스스로를 향한 잔인성 [그리고] 기발한 자기 고행'
을 사용하여 가장 초기 철학자들(가령, 브라만(Brahmins)[124])은 타인

---

124 역주-브라만(Brahmin, 婆羅門)은 인도의 카스트 제도 중에서 가장 상층 계급이
다. 산스크리트어의 브라흐마나(Brahmana, ब्राह्मण)를 한자로 가차(假借)해서 바라문
또는 파라문(婆羅門)이라고 부른다. 이 브라흐마나란 고대 인도 철학에서 우주의 근
본 원리를 가리키는 브라흐만(Brahman)에서 파생된 명사다. 베다 경전에 의하면 브
라만은 브라흐만의 입에서 나왔다고 한다.

들이 그들을 두려워하고, 혼자 내버려 두도록 만들었다.[125] 더욱이 사제들처럼 가장 초기 철학자들은 특히 모든 알려진 가치와 법에 반항한다고 스스로 알고 있었던 만큼, 또한 자기 의심과 자기 비난으로부터 구원을 추구했다. 사실상 그들의 자초한 잔인성에 의해 창출된 내적 거리는 그런 잔인성이 그들에게 허용했던 외적 거리만큼 그들의 발전에 똑같이 중요했다. 그래서 니체의 주장에 의하면, 가장 초기 철학자들은 '이전에 확립된' 금욕적 관행, 특히 사제가 완성한 금욕적 관행을 그들의 탈금욕적 목적을 위해 사용할 줄 알게 되었던 것이다.

물론 이 기회를 온전히 이용하기 위해 철학자는 금욕적 이상을 '**대변**'할 수밖에 없었고, 이는 또한 그가 '그 이상을 **믿어야** 했다'는 점을 뜻한다. 여기서 니체는 매우 주의할 필요가 있다. 왜냐하면 그는 철학자의 '태도'가 심지어 철학자 자신에게조차 믿을 만했지만, 동시에 어떤 의미에서 부자연스러웠다는 점을 주장하고 싶어 하기 때문이다.[126] 여기서 중요한 점은 철학과 금욕적 이상의 관계가 지금까지 발견되지 않았던 어느 정도의 독립성을 항상 허용해 왔다는 사실이다. 우리는 몇몇 철학자들이 스스로 알지 못한 채 금욕적 사제와 금욕적 이상으로부터 그들의 독립을 비밀스러운 정신의 육성을 보호하기 위해 용케도 이용해 왔다는 사실을 이제 알게 된다. 더욱이 그들은 이런 모험에서 매우 성공적이었고, 따라서 이제 금욕적 사제의 후원을 능가하고, 뒤이어 그런 후원을 포기할 준비를 갖춘다. 사실 금욕적 사제가 드디어 『도덕의 계보』의 논의에 등장했을 때, 자신의 일을 수행하기 위해 가다듬어

---

125 여기서 고상한 사제와 기사들의 조상으로 제시했던 '주권적 개인'이 이와 유사하게 자기 자신을 타인 안에 두려움을 일으키는 존재로 알고 있다는 사실을 떠올려도 좋을 것이다(GM II: 2).

126 니체는 여기서 미친 사람들(즉 사제들)과 '스스로를 미치게 만들거나, 미친 척하는 것'밖에 다른 선택지가 없는 사람들의 구분을 염두에 두고 있을지 모른다(D 14).

왔던 바로 그 철학자에 의해 분쇄될 시기가 그에게는 무르익은 셈이다. 명백히 이 철학자가 필요한 모든 것은 금욕적 이상에 대한 자신의 맹신이 조건부였다는 점과 금욕적 사제로부터 자신의 독립을 의식하는 일이다. 이것이 니체가 자신이 선호하는 이야기의 결말을 드러내고, 그럼으로써 승자와 패자에게 똑같이 그들에 대한 자신의 기대를 알려주는 이유가 될 수 있다.

니체가 새로운 철학자를 경쾌하게 나아가는 나비로 표현한 것은 앞서 그가 제시한 '떠다니는' 철학자에 대한 언급을 생각나게 한다. 그런 철학자 안에서는 '동물성'이 '온전히 날 수 있게' 되고, 스스로를 '신적이라고' 느끼게 된다(GM III : 8). 두 경우에 니체는 자연적 성숙의 이미지를 효과적으로 사용한다. 우리는 분명 다음과 같은 사실을 믿게 된다고 할 수 있다. 즉 새로운 철학자의 출현은 맹금의 깃털이 다 자라는 것(독립)이나, 번데기로부터 나비의 출현만큼 자연스럽게 발생할 것이다. 더구나 두 경우 문제가 되는 성숙은 엄청나고, 기괴한 측면을 띨 것이다. 특별한 지식이 없는 사람들은 뼈만 앙상하고, 깃털 없는 병아리가 아름다운 맹금으로 발전하고, 추한 애벌레와 그보다 추한 고치가 형형색색의 나비를 낳을 것이라는 어떤 기대도 갖지 못한다. 그래서 니체의 암시에 의하면, 이 동일한 사항은 자신이 가진 부담스러운 양심의 가책이 여전히 주권성의 자리로 진화할 수 있는 인간 동물의 계속적인 발전의 경우에도 해당된다.[127]

그래서 이런 새로운 철학자의 출현은 아마도 금욕적 이상의 '닫힌 체계'로부터 해방을 상징하는 셈이며, 또한 아마도 그런 해방의 약속이 될 것이다. 변형의 이미지가 암시하듯이, 새로운 철학자의 등장은 금욕적

---

127 이것이 니체가 단지 '최초의 고통스러움과 추함'을 바탕으로 양심의 가책을 '가볍게 생각하지' 말도록 경고하는 이유일 수 있다(GM II : 18).

사제가 사실상 '애벌레', 즉 정신의 자연적인 임신에서 자기 지양하는 단계이며, 금욕적 이상이란 '고치', 즉 새로운 형태의 삶을 낳는 부화기라는 점을 보여줄 것이다. 그럴 경우 새로운 철학자의 출현은 금욕적 사제가 결국 불임이 **아니며**, 금욕적 이상은 **열린** 체계를 여전히 낳을 수 있다는 점을 보여줄 것이다. 그래서 새로운 철학자에 대한 니체의 개괄은 다음과 같이 앞서 나온 두 가지 해방의 약속을 떠올린다. 1) '우리의 낡은 도덕은 또한 **희극의 일부**'라고 즐겁게 선언하게 될 도덕을 견뎌낸 생존자들에 대한 호소(GM P7) 그리고 2) 우리를 금욕적 이상으로부터 구원해 줄 '신과 무(nothingness)를 이긴 자'에 대한 호소(GM II: 24)

그러나 이것이 니체가 분명한 해방의 약속을 공표하고 있음을 뜻하지는 않는다. 이 장을 결론짓는 레토릭적 물음들은 새로운 철학자의 출현에 대한 희망을 들뜨게 할 수 있지만, 또한 여전히 이런 변형의 조건이 존재하지 않을지 모른다는 심각한 걱정을 일으킨다. 즉 다시 한번 니체의 양심은 스스로를 내세움으로써 그가 미래에 관해 허용될 수 없는 약속을 표명하지 말도록 경고했던 것이다. 그러나 니체는 의기소침하게 되기보다 자신의 양심에 의해 어떤 것을 **하도록** 대담해진다. 그가 새로운 철학자가 될 수 없다면, 다른 사람들 안에서 이 철학자의 출현을 용이하게 만들어야 한다.

이 목적을 추구하는 가운데 그는 세 가지 선택지를 갖는다. 그는 '모성적' 철학자들이 자신들 안에 비밀스럽게 육성하고 있는 정신성을 앞당기려고 노력할 수 있다. 혹은 그는 '이런 위험한 날개 달린 피조물'의 해방에 가장 적합한 외적 조건들—'더 화창하고, 더 따뜻하고, 더 청명한 세상'—을 길러낼 수 있을 것이다. 혹은 그는 더 과감하게 금욕적 이상의 죽음을 촉진하고 그럼으로써 새로운 철학자의 등장을 강제할

수도 있을 것이다. 니체는 이 세 가지 전략 모두를 추구하려고 하는 것
같지만, 세 번째 선택지가 『도덕의 계보』가 제시하는 논의와 가장 밀접
하게 관련되어 있다. 일단 새로운 철학자가 자신을 보호하는 '고치'를
결국 박탈당하면, 그는 완전히 독립된 현존을 확립하는 일 외에 어떤
선택지도 갖지 못할 것이다. 우리가 볼 것처럼, 사실 금욕적 이상에 대
한 니체의 공격은 퇴락하는 삶 가운데 특히 끈질긴 부분을 제거함으로
써 결과적으로 삶 전체가 다시 한번 번성하게 만드는 일이라고 할 수
있다.

『도덕의 계보』 다른 곳에서와 마찬가지로 여기서 형식과 내용은 일
치한다. 니체가 새로운 철학자의 등장에 기여하고자 한다면, 그는 스스
로를 금욕적 사제로부터 분리시키고, 그럼으로써 자기 자신의 독립된
현존을 확립해야 한다. 우리가 볼 것처럼, 금욕적 이상에 대항하는 상
황은 그가 다음과 같은 두 가지 사항을 입증하도록 요구한다. 우선, 특
히 그들 양자 모두 '삶 자체의 가장 심오한 관심'에 이용되는 만큼, 그
와 금욕적 사제는 밀접하게 관련되어 있다. 둘째, 삶에 대한 그들의 공
통적인 봉사는 그들을 서로 완전히 대립하게 만들었다. 그래서 금욕적
사제에서 자신을 분리시키려는 니체 자신의 노력은 새로운 철학자의
출현을 예견하고, 용이하게 만든다고 할 수 있다.

11장

이 지점에서 니체는 금욕적 이상이 개별적인 경우 의미하는 내용을 검
토한 데서부터 금욕적 이상 자체의 의미로 초점을 옮긴다. 그래서 그는
1-10장이 자신의 '현존 **권리**가 [금욕적] 이상에 따라 존재하거나, 몰락
하는' **'진지함의** 실질적 **대변자**'를 독자들이 만나도록 준비시키기 위한
것이었음을 알려준다. 진지한 '태도'를 선택하는 반면, 비밀스럽게 정

신성을 기르는 철학자와 달리 금욕적 사제는 본성상 그리고 필연적으로 진지하다. 그는 아마도 즐겁고, '모성적인' 금욕주의를 길러낼 수 없을 것이고, 결코 금욕적 이상을 단순히 일회용 '가면'이나, '망토'로 취급할 수 없을 것이다(GM III: 10).

니체가 금욕적 사제를 독특하게 정의된 관조적 유형의 일종으로 취급하지만, 『도덕의 계보』 논의는 이 유형의 역사적 발전 네 단계를 보여준다. 우리가 볼 것처럼, 사실상 이 발전은 니체가 『도덕의 계보』에서 전하고자 하는 특정한 논의를 위해 필수적이다.

- 가장 아픈 인간들을 돌보도록 삶에 의해 정해진 금욕적 사제는 추종자들이 자신들 안에서 실존적 고통의 원인을 찾도록 권했다. 그의 제안에 의하면, 그들은 고통을 겪는데 왜냐하면 갚지 않은 채무와 깨어진 약속에 대한 형벌로 고통을 겪을 만하기 때문이다. 금욕적 사제 측에서 행한 이런 첫 번째 개입의 결과로서 **양심의 가책**은 동물적 공격성의 내적 발산에 수반하는 자초한 고통(혹은 양심)에 대한 지배적 해석이 되었다. 이런 최초의 발전 단계에서 금욕적 사제는 자신의 돌봄에 맡겨진 아프고, 고통받는 자들을 보호하는 데 만족했다. 비참함을 사랑하는 무리로 그들을 조직함으로써 그는 그들을 건강한 자들로부터 분리시키는 자신의 임무에 성공했다.
- 힘과 번영의 정점에서 유대인이 겪은 불가피한 쇠퇴를 받아들이기보다 두 번째 성전 시대 유대 사제들은 신과 도덕 개념을 탈자연화시켰고(A 25-6), 그럼으로써 도덕상의 노예 반란을 개시했다. 그들의 돌봄에 맡겨진 고통받는 자들을 계속 부양하면서 유대 사제들은 또한 그들이 결국 개인적인 보복의 과제를 추구해 나가게 될 수단, 즉 무리를 써먹을 수 있는 정치적 용도를 탐색하기 시작했다.

- 그리스도를 십자가에 매달아 죽인 행위가 신의 사랑을 표현했다고 해석함으로써 사도 바울은 추종자들이 스스로(그리고 다른 이들이)가 **죄가 있다고**, 즉 그들 존재 자체의 잘못된 본성에 대해 책임이 있다고 여기도록 설득했다. 이 가르침은 금욕적 사제의 두 번째 개입을 나타내며, 그런 두 번째 개입에 의해 **죄**는 양심의 가책이라는 병에 대한 지배적 해석이 되었다. 우리가 볼 것처럼, 스스로 죄가 있다고 선언하는 행위의 이점은 그럼으로써 사제들이 죄인들에게 열망하도록 가르쳤던 **감정의 광란(orgies of feeling)**에 다가간다는 데있다.
- 신의 죽음과 더불어 금욕적 사제의 권위는 눈에 띄게 쇠퇴했다. 그가 내놓은 '감정 치료법'은 비록 다른 이유들로 인해 추구되고 소비되었으나, 더 이상 구원에 이르는 수단으로 널리 추구되지 못한다. 금욕적 사제는 감소하는 청중, 즉 진리를 추구하는 학자들이라는 제한된 맥락에서만 영향력을 유지한다. 이 발전 단계에서 금욕적 사제의 힘은 금욕적 이상에서 새로운 철학자가 독립을 주장할 수 있는 표시라고 니체가 열성적으로 해석하는 최악의 순간에 처한다. 그런 경우 금욕적 사제는 탈도덕적 단계의 발전에 들어선 인간 동물의 생존에 기여했다고 밝혀질 것이다.

금욕적 사제를 도입하는 한편, 니체는 **그와 독자들**이 금욕적 이상의 '적대자'이자, '거부자'라는 (혹은 그렇게 될 것이라는) '추정'을 내놓는다.[128] 다른 곳에서 긴 과정을 거친 '최후 전투'라고 간주한 사건 속에서

---

128 그는 이런 추정의 진리를 적어도 자기 자신과 관련하여 확인한다. 이에 대해서는 EH: 'destiny' 4; A 9, 13, 62를 보라.

(GS 358)[129] 금욕적 이상에 개입하기 위해 니체와 독자들은 스스로 금
욕적 사제의 분노를 견딜 준비를 해야 하는 한편 또한 그들을 향한 그
의 '적대'에 응답하려는 유혹에 저항해야 한다. 금욕적 사제와 직면한
그들의 목적은 그를 분쇄하는 일이 아니라, 그를 **이용**하는 것이다. 가
령, 금욕적 이상의 의미를 더 분명히 하기 위해 그를 '확대경'(EH:
'wise' 7)으로 **이용**하는 것이다. 사실 이런 목적을 위해, '[그들은] 그가
[그들에] 대항하여 자신을 옹호하도록 도울 필요가 있을 것이며', 이
는 그들이 그가 자기 자신을 이해하는 것보다 그를 더 잘 이해할 필요
가 있을 것이라는 점을 뜻한다. (삶에 봉사하는 행위자로서) 금욕적
사제에 대한 니체의 옹호는 여기서 시작해서, 16장까지 쭉 계속된다.
이어지는 (가짜 의사로서) 금욕적 사제에 대한 비판은 17-21장으로 구
성된다.

　그가 계속하는 바에 의하면, 금욕적 이상에 대한 그들의 반대는 '금
욕적 사제가 우리 삶에 대해 내린 가치 평가'를 향해 있다. 여기서 니체
는 금욕적 철학과 종교를 상징했던 형이상학적 이원론에 초점을 맞춘
다. 사제에 따르면, 우리가 삶에 대항하고, 삶의 가치를 부정하지 **않는
다면**, 우리가 거기서부터 배제되는 또 다른 '아주 상이한 방식의 현존'
이 있다. 이런 가르침을 받아들이는 누구든 삶을 '그런 상이한 방식의
현존으로 가는 다리'로 간주할 자격이 있다. 그래서 스스로를 자기 부
정의 삶에 바치는 일은 멋진 사후 세계에 입장하는 대가가 되었다.

　금욕적 방식의 가치 평가가 지닌 '의미'에 관한 물음에 답하는 가운

---

129 역주-『즐거운 학문』의 해당 구절은 다음과 같다. "우리는 그리스도교라는 종교적
공동체가 가장 밑바닥 기초까지 흔들리고 있는 것을 목격하고 있다. 신에 대한 믿음은
무너지고, 그리스도교식 금욕적 이상은 자신의 최후 전투를 벌이고 있다.", KSA 3(『즐
거운 학문』), 358.

데 니체는 독자들이 세 번째 에세이의 주요 테마를 잠정적으로 정식화
하도록 한다. 금욕적 사제의 지속은 '그런 모순적 유형이 사라지지 않
는다는 사실이 삶 자체**의 관심** 안에 있을 수밖에 없음'을 의미한다. 그
러나 이런 관심의 본성을 상세히 설명하는 대신 니체는 금욕적 삶이 사
실상 자기모순을 포함하는 다양한 방식을 확정하고자 한다. 여기서 니
체의 기본적 요점은 다음과 같다. 즉 금욕적 삶이란 의미와 생명력을
삶 자체의 가치에 대한 공격에서부터 얻으며 그래서 금욕적 삶은

> 삶 자체의 전제 조건, 즉 삶을 위한 삶의 생리학적 역량이 점점 더 **감소하면**
> 할수록 점점 더 자신감 있고, 의기양양하게 된다.

더욱이 금욕적 삶이 삶 자체의 전제 조건을 파괴하는 데 효과적으로 바
쳐지는 만큼, 그런 삶은 니체가 다른 곳에서 **무에의 의지**라고 부른 것
을 품고 있다. 우리가 볼 것처럼, 이는 금욕적 이상이 길고, 지속적인
자기 절멸의 과정을 사실상 뒷받침한다는 점을 뜻한다. 사후 세계에 대
한 금욕적 이상의 약속은 단지 금욕적 이상의 실행자들이 선택한 자기
제어 요법의 바탕에 놓여 있는 진리에서부터 그들을 가로막기 위해 고
안된 구실일 뿐이다.

12장

니체는 이제 어떻게 이러한 '모순을 구현하려는 의지'가 철학을 하게
되는 경향이 있을 수 있는지 고찰한다. 우리는 이런 종류의 철학함이
항상 실재보다 현상, 물질성보다 내면성, 현실성보다 관념성, 그리고
구체성보다 추상성을 존중한다는 사실을 알고 놀라지 말아야 할 것이
다. 그런 철학함은 니체가 『순수이성비판』(1781 'A', 1787 'B')에 나오는

칸트의 유명한 테제와 연결시키는 '이성의 금욕적 자기 경멸과 자기 조
롱'에서 정점에 도달한다.

　그러나 이런 상반되는 종류의 철학함을 단순히 묵살하기보다 오히려
니체는 동료 '인식하는 자들'[130]로 여기는 독자들에게 그런 명백한 모순
들에 대해 감사해야 한다는 점을 다시 한번 알려준다. 관점을 역전시키
는 이런 능력은 사실상 독자들이 『도덕의 계보』에서 받는다고 할 수 있
는 훈련의 일부다. 그리고 이는 특히 그런 훈련이

> 미래의 '객관성'을 위해 지성을 훈육하고, 준비시키는 데 기여하는 경우에
> 그렇다. 이 객관성이란 (무의미한 불합리함인) '무관심한 관조'[131]가 아니라,
> 찬성과 반대를 **통제**하고, 그것들을 내놓거나 거두어들이는 능력으로 이해
> 되며, 이로써 우리는 다양한 관점과 정서적 해석을 지식을 위해 사용할 줄
> 알게 된다.

니체의 기준에서 보더라도 이는 극히 압축된 구절이다.[132] 이 지점에서
다섯 가지 언급에 집중해 보자. 우선, 니체가 여기서 칸트 그리고 나중
에 쇼펜하우어[133] 덕분으로 돌리는 '익숙한 관점들의 단호한 역전'은 형
태상 그가 독자들이 결국 이행할 수 있다고 기대하는 전형적인 종류의
역전으로 제시된다. 둘째, 권고된 '지성의 훈련과 준비'는 더 이상 축소
할 수 없는 **정서적인** 선호를 분명히 밝혀야 한다. 가령, 가설적인 추측

---

130 다시 한번 Clark와 Swensen이 제시한 번역어(p. 85)를 따른다.
131 6절에서는 칸트냐, 스탕달이냐 가운데 한쪽 편들기를 삼갔지만, 여기서 니체는
　　분명 전자의 입장을 거부하고, 후자의 입장을 승인한다.
132 추가적인 해명을 위해서는 Ridley pp. 108-15; Leiter, pp. 264-79; Janaway, pp.
　　202-16을 보라.
133 Janaway, pp. 199-201.

의 문제처럼, 단순히 '이런 식으로 달리 보는 것'으로는 충분하지 않다. 우리는 또한 '달리 보기를 **원해야**' 한다. 셋째, 객관성은 지식을 추구하는 자들에게 적절한 목적이지만, 칸트의 경우처럼 객관성을 '"무관심한 관조"로서' 이해하면 그렇지 않다. 관심과 편파성의 모든 흔적을 제거하려고 하기보다 관심과 편파성을 충족시켜야 하며, 그것들이 지식 추구에 영향을 미치고, 방향을 인도하도록 허용해야 한다. 넷째, 자신의 관심들에 대한 훨씬 더 큰 정도의 익숙함은 특정 종류의 어떠한 주제나, 물음에 관해서든 '자신의 찬성과 반대'에 정통하게 만들 것이다. 이것은 『도덕의 계보』에서 진행 중인 훈련의 중요한 구성 요소다. 왜냐하면 지식의 '객관성'은 여기서 우리가 '자신의 찬성과 반대를 **통제하고**, 그것들을 내놓거나 거두어들이는 능력'의 발휘로 제시되기 때문이다. 다섯째, '객관성'은 오직 사물들을 다수의 관점에서 '보는' 그런 철학자들에 의해서만 도달 가능하다. 왜냐하면 객관성에 도달하는 것은 '다양한 관점과 정서적 해석들을 지식을 위하여 사용할 줄 아는 일'을 전제하기 때문이다.

독자들에게 깊은 친밀감을 계속 표현한 다음 니체는 정식으로 경의를 표하면서 그들을 '나의 친애하는 철학자들'이라고 언급한다. 이런 특정한 방식의 언급은 사실상 독자들의 훈련에서 중요한 단계를 나타낸다. 그는 철학자들에 관한 확장된 논의를 얼마 전 결론지었고, 거기서 고양된 정신성의 최적 조건을 확보하기 위해 금욕적 관행에 기대는 '모성적' 혈통을 확인했다. 좀 더 중요한 점은 그가 이 혈통이 그런 혈통의 양육을 지금까지 후원했던 사제 혈통에서부터 곧 갈라질 수 있다고 추측했다는 사실이다. 즉 독자들을 **철학자들**로 언급하는 가운데 니체는 그들이 금욕적 사제로부터 독립을 선언하는 데 그와 함께하기를 권한다고 할 수 있을 것이다.

그러나 동시에 그는 또한 칸트 및 쇼펜하우어와 연결시키는 반대 종류의 철학함에 독자들이 빚지고 있다는 점을 알고 있다. 그래서 이어지는 금욕적 이상에 대한 탐구를 준비하면서 그는 그들(그리고 자신)에게 '이들 존경스러운 두 철학자의 마음을 끌었던 낡고 위험스러운 개념적 허구에 대해 조심'하라고 경고한다.[134] 이런 허구는 단지 한 가지 종류의 '보기(seeing)', 단지 한 종류의 '눈'만 있으며, '보기'란 '오직 그것을 통해서만 보기가 **어떤 것**을 보기가 되는 그런 능동적이고 해석하는 힘들'을 우리가 적절히 중립화시키도록 (혹은 좀 더 철저하게 우리 자신을 박탈하도록) 요구한다는 믿음을 조장한다.

이런 허구와 싸우려고 노력하는 가운데 니체는 주지하다시피 **단지** 관점적 보기만이, **단지** 관점적 "앎"만이 존재한다'고 반박한다. 이런 '인식하는 자들'을 위한 니체의 일반적 교훈은 지식의 추구가 필연적으로 정서, 관심, 의지를 이용한다는 점이다. 반대편을 향한 어떤 운동도, 즉 탈감정, 탈관심 및 불편부당성을 향한 어떤 움직임도 지식의 추구를 저지할 뿐만 아니라, 또한 '지성을 거세'[135]하려고 위협할 것이다. 그래서 그는 그 각각이 독특한 관점을 낳는 다양한 양식들의 사태에 대해 차례로 접근하기를 요구하는 지식의 추구를 독자들에게 권한다.[136][137] 그래서 이런 '위험하고 낡은 개념적 허구'에 대항한 경고 칙서는 독자

---

134 나는 여기서 Janaway의 도움을 받았다. Janaway, pp. 193-201.

135 TI 5: 1을 보라.

136 니체가 다른 곳에서 설명하듯이, '관점들을 역전시키는' 능력으로 증명되는 다수의 관점에 대한 숙달은 자신을 **지혜롭게**(EH: 'wise' 1) 만들었으며, 이는 세 번째 에세이 제명에서 확인할 수 있듯이, 그가 또한 독자들에게 바라는 일이기도 하다.

137 역주-원문에 있는 다음 내용을 가리킨다고 보인다. "우리가 한 사태에 대해 정서를 **좀 더 많이** 말로 표현하면 할수록, 우리가 이런 동일한 사태에 대해 눈들을, 상이한 눈들을 **좀 더 많이** 동원할 줄 알면 알수록, 이런 사태에 대한 우리의 '개념'이나 '객관성'은 더 완벽해질 것이다.", KSA 5(『도덕의 계보』), III 12.

들이 그들 주변의 더 넓은 세계로 스스로를 개방하게 하고, 그들의 감정이 더 크고, 따라서 더 '객관적인' 경험의 복잡성을 도입하도록 허용하는 초대장의 역할도 한다. 그래서 그는 동료 철학자들이 그들의 '찬성'과 '반대'를 경험하고—즉 구현하고—그런 다음 그것들을 '통제'하고 '내놓거나 거두어들이'도록 재촉한다. 우리가 볼 것처럼, 니체는 곧바로 어떻게 그렇게 하는지 예를 제시할 것이다.

13장

이 전장을 주요 논의에서 벗어난 부분으로 여기고 니체는 11장에서 확인했던 대로, 금욕적 이상들의 의미와 관계있는 '우리 문제'를 고찰한다. 앞서 '금욕적 삶'이 구현한 '자기모순'을 언급한 다음(GM III: 11), 그는 이제 스스로 바로잡으면서 이런 자기모순이 단지 **표면적**(apparent)일 뿐이라고 주장한다. 그에 의하면, 금욕적 삶은 자기모순으로 분류되어 왔다. 왜냐하면 그런 삶의 '실질적 본성'은 지금까지 설명과 묘사가 불가능했기 때문이었다. 뚜렷한 '인간 지식 안의 오래된 **틈**'을 메우려고 작정하고 니체는 금욕적 이상에 대항해 전쟁을 치르고, 금욕적 사제를 탐구하는 **생리학자**의 관점을 채택한다.

관점의 이 같은 전환이 갖는 중요성은 아무리 과장해도 지나치지 않다. 왜냐하면 니체가 금욕적 사제와 금욕적 이상이 가한 손상을 온전히 측정할 수 있는 것은 바로 오직 생리학자로서이기 때문이다. 그리고 이용 가능한 가장 엄격한 학문적인 관점을 채택한 니체의 결정을 가볍게 여겨서도 안 될 것이다. 왜냐하면 그가 다른 곳에서 설명하듯이, '사제는 오직 한 가지 커다란 위험만 알고 있을 뿐이기 때문이다. 그것은 학문, 즉 원인과 결과에 관한 믿을 만한 이해 방식이다.'(A 49) 이제 세련되고, 유리한 생리학자의 관점에 서서 말하면서 니체는 세 번째 에세이에 나오는 가장 새로운 통찰 가운데 하나를 전해준다.

> **금욕적 이상**은 어떤 식으로든 자신을 유지시키고, 자신의 현존을 위해 싸우
> 려는 **퇴락하는 삶의 방어하고, 치유하는 본능**[138 139]에서 **생겨난다**…금욕적
> 이상은 삶의 보존을 위한 **보존**을 위한 책략이다.

우리는 니체가 두 번째 에세이에서 도입한 삶의 대안적 이론을 사용하
는 용도를 여기서 알아차릴 수 있을 것이다. 자신의 지배권을 자연스럽
게 행사함으로써 삶은 스스로 금욕적 이상을 후원하고, 삶의 가치에 대
한 금욕적 이상의 평가 절하를 승인한다. 즉 금욕적 이상이라는 책략에
의해 삶은 가장 아픈 인간들이 그렇지 않았다면 무의미했을 고통에서
어떤 의미와 활력을 얻을 수 있게 해준다. 사실상 이 문장이 확인해 주
듯이, 생리학적 관점이 가진 특징은 그런 관점 덕분에 삶 자체의 더 깊
은 '관심들'을 옹호하기 위한 특권을 니체가 얻었다는 것이다.

　금욕적 이상을 분명하게 생리학적으로 고찰하면서 니체는 이제 그
이상이 유럽 문명의 과정에 끼친 막대한 영향을 통해 표현되는 '커다란
사실'을 폭로한다. 이런 이상의 역사적 '힘'은 사실 '우리가 지금까지 가
졌던 인간 유형, 혹은 최소한 길들여진 인간 유형의 **병약함**'을 보여준
다. 그렇게 많은 인간들이 그토록 열정적으로 금욕적 이상을 취했다는
사실은 우선, 병이 전 세계적으로 유행하게 되었다는 점, 심지어 **정상
적인 것**이 되었다는 점을 의미한다. 둘째, 삶 자체가 이 병든 인간들을
보존하려고 노력하는 가운데 이 이상을 전파해 왔다는 것이다. 셋째,
금욕적 이상은 그 이상이 이용될 수 있는 고객보다 어쩌면 훨씬 더 많

138　여기서 나는 Clark와 Swensen의 제안을 따른다. p. 86.
139　역주-독일어는 '치유'가 아니라 '구원(Heil)하는 본능'으로 되어 있다.

은 고객들에게 처방되어 왔다는 점이다.

　니체는 '다르게 존재하고, 다른 장소에서 존재하려는 체화된 욕망'으로 규정하는 금욕적 사제를 이제 갑자기 고찰한다. 그에 의하면, 이런 욕망은 가장 아픈 인간들이 삶을 포기하지 않게 설득하기 위해 금욕적 사제를 이용한 삶 자체가 그런 욕망이 하도록 압박했던 봉사에 의해 좌절된다. 사제는 자신의 아픈 양에게 집단적 정체성(즉 무리로서의 정체성)과 집단적 의지(즉 사후 삶에서 보복하려는 의지)를 제공함으로써 이런 임무를 수행한다. 다른 곳에 존재하려는 **그의** 욕망은 이런 식으로 적절하게 좌절되고, 승화됨으로써 '다른 장소에서' 그들을 기다리는 보상을 얻을 수 있게 되는 경우에만 **그들의** 살려는 의지를 소생시킨다. 이런 생리학적 분석 덕분에 니체는 '금욕적 사제란 삶을 **보존하고**, 삶에 대해 긍정을 창조하는 가장 커다란 힘들 가운데 속한다'라고 선언한다.

　이런 놀라운 선언을 상세히 설명하지 않고 니체는 인류를 괴롭힌 '병약함'을 논하기 시작한다. 병약함의 근원에 대한 물음에 답하면서 니체는 소름 끼치는 자기 실험에 대한 인간의 '용감한' 선호를 지적한다. 그러나 이 설명은 **왜** 인간이 그렇게 병들게 되었는지 하는 물음에 실제로 답하지 않는다. 그래서 자신의 논증을 완성하기 위해 니체는 금욕적 이상이 **어떻게** 실제로 삶의 긍정을 촉진했는지 폭로한다.

　삶에 대해 부정[금욕적 인간]을 말하는 일은 마법처럼 애정 어린 풍부한 긍정을 드러내 준다: 그가 스스로 **상처를 입을** 때조차…바로 그 상처 자체는 그 후에 그가 **살도록** 강제한다.

니체가 여기서 마법을 언급하는 것은 주목할 만하다. 왜냐하면 그는 나중에 금욕적 사제를 마법사(GM III: 15, 20)라고 지칭하고 있기 때문이다. 생기를 주는 상처에 대한 언급 역시 중요하다. 왜냐하면 이후에 금욕적 사제는 스스로 가하면서 치료하는 상처를 오염시킬 수밖에 없다고 니체가 설명하기 때문이다(GM III: 15).

이 장에서 조금 전에 니체가 금욕적 사제로 이행한 것은 갑작스러웠을 수 있었지만, 논리는 이제 아주 명확하다. 금욕적 사제는 삶이 그에게 봉사하도록 정해 주었던 그런 인간들의 병약함을 악화시키고, 더 건강한 다른 인간들에게 이런 병약함을 퍼뜨리는 데 책임이 있다. 사실 우리가 볼 것처럼, 금욕적 사제는 삶의 '가장 심오한 관심'에 봉사하는 한편, 또한 그 자신의 관심에 봉사하는 방법을 알고 있었던 셈이다.

14장

여기서 니체는 독자들이 아마도 알고 있고, '부인할 수 없는' 사실을 언급하고 있으며, 이는 그가 이제 그들이 인간 유형들 사이의 위계질서에 대한 안목 있는 감각을 지니고 있다고 여긴다는 점을 가리킨다. '독을 사랑한다'고 앞서 주장했던 군중 친화적인 '민주주의자'(GM I: 11)와 달리, 그의 독자들은 이제 정상적인 것이 반드시 최선은 아니라는 점을 간파할 수 있다.

독자들을 생리학자의 우월한 관점으로 이끌어 갔기 때문에 니체는 이제 앞선 가르침을 자세히 설명할 준비가 된 셈이다. 우리가 기억하기에 가장 두려워해야 할 점은 '모든 고상한 종족의 핵심에' 잠복해 있는 '금발의 야수'(GM I: 11)가 아니라, 그런 야수의 소멸 가능성이다. 또 우리가 기억하는 바에 의하면, '**우리의** 가장 큰 위험'은 우리로 하여금 인류 자체에 대해 **지치게** 만드는 '유럽 인류의 축소와 평준화'다(GM I: 12). 이제 알게 된 바에 의하면, 우리의 피로는 단순히 자신들의 병으로 인해 아직 건강한 모든 이와 모든 것에 대해 불가피하게 공격하는 병자들과 우리가 가까이 한 결과다. **원한**의 부식력에 대한 앞선 설명 (GM I: 11)을 이용해 니체는 이제 **'병자들**이 인류의 가장 큰 위험이라고' 선언한다. 왜냐하면 그들은 '삶, 인류 그리고 우리 자신에 대한 우리의 신뢰'를 우리에게 박탈하려고 위협하기 때문이다. 그러므로 병자와 접촉하는 일은 삶 자체가 병자들로 향하도록 정한 사람들에게 제한되어야 한다.

끝으로 그는 자신이 독자들에게 의존하고 있음을 인정함으로써 이 장의 결론을 내린다. '우리'로서 그들이 공유하는 '좋은 교제'는 위에서 언급된 쌍둥이 전염병, 즉 **구역질**과 **동정**에 대해 조심하도록 도울 것이다. 여기서 그는 처음 독자들을 '그의 친구들'이라고 말하고 있으며, 이런 치명적인 전염병이 단지 그들에게만 '유보되었을 수 있다'는 사실을 암시한다. 그는 그들의 공통적인 운명을 인정하기를 삼가지만, 그런 운명이 지닌 타고난 위험의 엄청난 중요성을 분명히 한다. 무에의 의지가 구역질과 동정의 결합에 의해 산출되고, 그와 친구들이 이런 전염병에 특히 취약하다면, 무에의 의지가 적어도 생겨난다면 **그들의** 노력 속에서 그리고 노력을 통해서 생겨날 것 같다. 그러므로 그가 그들을 소환하는 임무는 중요하다. 그들이 무에의 의지를 방지하는 데 실패한다면, 그들은 의식하지 못하는 무에의 의지의 숙주 역할을 아주 잘 할 수 있을 것이다.

15장

건강한 자들이 병자들에게서부터 분리되어야 한다는 점을 확고히 하고 니체는 이제 **'스스로 병든** 의사와 간호사들의 필연성'을 주장한다. 그가 명백하게 주장하기를 원하는 바에 의하면, 삶은 병자들을 고통에 내

맡기려고 하지 않을 것이고, 건강한 자들을 병자들에게 향하도록 강제
하려고 하지도 않을 것이다. 이것은 단지 삶이 어떤 아픈 개인들이 더
아픈 다른 개인들을 돌보게끔 정해 놓았음을 의미할 수 있을 뿐이며,
이는 결국 삶 자체가 분리와 격리 요법을 지지한다는 점을 뜻한다. 그
래서 '금욕적 사제의 의미'는 그보다 더 아픈 사람들을 위해 봉사하도
록 정해졌다는 데 있다. 여기서 우리는 니체와 친구들이 금욕적 사제를
탐구할 때, 금욕적 사제와 유사하게 병과의 지속적인 접촉을 견뎌낼 수
밖에 없다는 사실에 주의해야 한다. 그들 역시 금욕적 사제의 자격이
있는지 여부는 아직 두고 봐야 한다.

금욕적 사제란 '미리 운명 지어진 병든 무리의 구세주, 목자 및 옹호
자'라고 적절하게 인정하고 니체는 이제 금욕적 사제 **역시** 아프다라는
사실이 무엇을 의미하는지 논한다. 그는 즉시 금욕적 사제를 동물 분류
학 내에서 이전에 알려지지 않은 잡종 범주에 집어넣는다. 이런 종류의
동물은 감정의 지배적 표현과 전쟁에 대한 희한하게 성공적인 처리 방
법으로 유명하다.[140] **폭력**을 사용한 전쟁에서는 명백히 싸움에서 발휘
되는 기사 귀족들의 신체 능력[141]이 유리한 반면(GM I: 7), **간계**를 사
용한 전쟁에서는 사제의 기발한 재간이 유리하다. 이제 우리는 다음과
같은 점을 알게 된다. 즉 특히 사제는 **자기 자신을** '새로운 유형'의 야
수로 변화시킬 수 있으며, 그런 야수는 즉시 왜 자신이 모든 건강한 것
들의 가공할 적인지 보여주고자 할 것이다.

---

140 역주-저자에게 직접 이메일로 문의한 결과 이는 금욕적 사제가 직접적으로뿐만
아니라, 간접적으로도 기사 귀족들과 실제로는 싸우지 않기 때문이다.
141 역주-강한 신체와 생기 넘치고 풍요로우며 스스로 억제할 길 없는 넘쳐 나는 건
강 등을 가리킨다고 할 수 있다.

그는 분명 연고와 진통제를 가져온다. 그러나 그는 의사로 행위할 수 있기 전에 먼저 상처를 입혀야 한다. 그래서 그가 부상자의 고통을 가라앉힐 때, **그는 동시에 부상자를 오염시킨다.**

이런 설명에 의하면, 사제는 자신이 나중에 길들이기 위해 목표로 삼으려는 그런 사람들의 도발에 응답하는 가운데 가장 치명적인 형태로 '진화했다.'

사제는 건강하고, 힘 있는 자들에 대항해서 능숙하게 '병든 무리를 방어하'지만, 자신의 무리를 **그 무리 자체**에 대항하여 방어하는 데서 진짜 재능을 보여준다. 무리 안에 숨겨져 있는 '가장 위험한' '폭발물'은 무리의 무력함이 발휘하는 기능으로서 '영속적으로 축적되는' **원한**이다. '무리와 목자'를 똑같이 파괴하고자 위협하는 **원한**의 폭발을 막기 위해 사제는 **원한**의 외적 발산보다는 내적 발산을 획책한다. 그러나 추종자들이 이런 기발한 대안을 수용할 수 있기 전에 그들은 **그들이** 그들 자신의 가장 나쁜 적이었다는 믿음에 도달할 필요가 있었다. 그들은 명백히 거짓된 그런 믿음을 어떻게 받아들이고, 거기에 기반하여 행동하도록 설득당했을까?

독자들이 더 진전된 설명을 필요로 하리라 예상하고, 니체는 고통에 대한 생리학적 설명을 요약한다. 앞서 『도덕의 계보』에서 나온 장면으로 돌아가 니체는 이제 우리에 갇힌 불쌍한 동물이 어떻게 '"양심의 가책"의 발명자가 되었는가'에 대한 이전 설명(GM II: 7)을 부연한다. 그렇게 하는 가운데 니체는 또한 무리의 고통을 오해하고, 그것을 이용한 사제의 관점에 비해 자기 관점이 우위에 있다는 점을 보여준다. 고통에 관한 앞선 논의들(GM II: 7과 비교)을 이용해 니체는 다음을 보여준다.

모든 고통받는 자는 본능적으로 자기 고통의 원인을 찾는다. 더 정확히는 장본인을 찾는다[142]; 좀 더 특별히…**죄가 있는** 장본인…즉 그가 어떤 구실, 혹은 다른 구실 아래 자신의 감정을 실제로, 혹은 가짜로 터뜨릴 수 있는… 그런 **죄가 있는** 장본인: 왜냐하면 그의 감정을 터뜨리는 일은 고통받는 자 측에서 구원을, 즉 **마취**를, 어떤 종류의 고통이든 그것을 줄이기 위해 바랄 수밖에 없는 마약을 얻으려는 가장 커다란 시도를 나타내기 때문이다.

그래서 니체는 **원한**의 축적과 표현을 스스로를 마취시키기 위한 (잔인하지만) 자연스러운 내적 메커니즘으로 여긴다. 즉 그들의 엄청난 **원한**을 발산하려고 하는 가운데 이런 고통받는 자들은 그들의 건강한 억압자들을 실제로 이길 수 있다는 어떤 합리적 기대도 하지 못했다. 그들은 단지 자신들의 고통을 줄이기 원했고, 그들의 억압자들은 그들에게 구원을 가져다주게 될 **원한**의 발산을 위해 가장 가까운 목표를 제공했다.

추종자들의 **원한**을 다른 방향으로 돌리는 가운데 사제는 스스로를 마취시키기 위한 그들의 자연적인 메커니즘을 단지 조절했을 뿐이다. **원한**의 내적인 발산은 그들이 계획한 (그러나 유산된) 외적 발산과 동일한 목적에 이용되었다. 왜냐하면 그런 발산은 '견딜 수 없게 된 괴롭고, 비밀스러운 고통을…줄이기 위해' '폭력적 감정'을 사용했기 때문이다. 이런 조절을 하는 가운데 사제는 또한 마취에 대한 그들의 필요가 너무 커서 죽음에 대한 두려움조차 능가한다는 사실을 발견했다. 결

---

142 Kaufmann과 Hollingdale은 여기서 앞서 '행위자(doer)'(GM I: 13)로 번역했던 Thäter에 대한 번역어로 'agent'를 제안한다. '모든 거짓말이 그 안에서 정당화되는 자기 보존과 자기 긍정을 위한 본능에 의해 추동된 중립적인 독립적 "주체"를 믿을 **필요가 있는** 인간 유형'에 관한 앞선 논의(GM I: 13)를 독자들이 이 지점에서 상기하도록 하는 것이 니체의 의도일 수 있다.

국 그가 개입할 때까지 그들은 그러한 어떠한 발산이든 치명적이고, 복수심이 강한 반응을 유발할 가능성이 있다는 점을 알고 있음에도 불구하고, 억압자들에 대항하여 **원한**을 터뜨릴 준비가 충분히 되어 있었던 셈이다. 그래서 사제는 그렇게 하는 것이 고통을 줄일 것이라는 점을 확신할 수 있다면, 그들은 그들 자신의 절멸에 참여할 것이라는 사실을 깨달았다. 이것은 아프고, 고통받는 자들이 그들의 **무에의 의지**에 관여하도록 쉽게 설득될 수 있다는 점을 뜻한다. 우리가 볼 것처럼, 이런 깨달음은 결국 사제가 자신의 직책을 복수를 위한 수단으로 변화시킬 수 있도록 해줄 것이다.

자신이 어떤 식으로든 할 수 없었던 일, 즉 고통받는 자들이 가진 죽음의 바람에서 그들을 구해주기보다 오히려 사제는 억압자들의 손에서 이루어지는 빠르고, 확실한 죽음과 느리고, 확실한 자기 절멸의 죽음을 교환하도록 설득했다. 물론 그는 이 사실을 인정하지는 않았다. '어떤 식의 구실이든' 바랐던 마취를 결국 제공하게 될 '야만적인' 효과를 자극하는 데 충분할 것이라는 점을 의식하고, 그들의 고통을 덜어주는 한편으로, 또한 그들이 억압자들에 대항하여 요구하는 것을 막아줄 구실, 즉 양심의 가책을 사제는 공들여 만들었다. 이런 독특한 구실은 그들에게 완벽한 범인을 제공했다. 즉 그들 각자가 그 자신의 고통에 대해 비난해야 할 '죄가 있는 장본인'이었다! 즉 그들은 고통받을 **만했기** 때문에 고통받았다. 이 주장은 '아주 뻔뻔하고, 거짓이었'지만, 그럼에도 의도된 목적을 달성했다. 즉 '**원한**의 방향이 **바뀌었던** 것이다.'

16장

독자들을 다시 한번 추켜세우면서 니체는 그들이 '삶이 금욕적 사제를 통해 최소한 **시도했던**' 일을 '추측'할 수 있다고 여긴다. 그들이 이제

'치유력 있는 삶의 본능'에 친숙하다는 니체의 가정은 더 나아가 그들 역시 생리학자의 우월한 관점을 취한다(혹은 적어도 인식한다)는 사실을 암시한다.

금욕적 사제를 통해 삶은 가장 고통받는 인간들에게 그들의 고통과 직면하고, 아마도 고통을 자신들에게 유리하게 만드는 수단을 제공하려고 시도했을 것이다. '자기 훈련, 자기 감시 및 자기 극복'에 이르는 습관을 기를 수 있는 무리로 이 고통받는 자들을 조직함으로써 금욕적 사제는 다른 사람들과 그들 자신으로부터 그들을 보호하는 데 성공했다. 드러나듯이, 삶은 결코 금욕적 사제가 실질적 의사의 역할을 하도록 의도하지 않았다. 그는 단지 '감정 치료법'만 처방하도록 허가받았고, 이는 그가 '아마도 생리학적 의미에서 병의 실질적 **치료**를 해낼 수 없음'을 의미할 것이다. 즉 사제가 병자들을 관리하도록 정해 주면서 삶은 서로 유리한 분리와 격리 요법을 확립하기 위해 이용되었던 '건강한 자와 병자 사이의 **아주 깊은 틈**'만 만들고자 했다.

니체는 다시 한번 독자들을 칭찬함으로써 이 장을 마무리한다. 상세한 삽입 어구 속에서 니체는 세 번째 에세이 내내 인간의 '죄스러움'[143]이 단순히 '생리학적 우울함'이라는 좀 더 기본적인 '사실'에 대한 '해석'일 뿐이라는 점을 증명할 필요가 없다고 가정하고 진행해 왔다는 사실을 밝힌다. 그래서 이 삽입 어구는 더 이상 지배적인 '종교적-도덕적' 관점의 제한 아래 시달리지 않는 독자들의 교육에서 중요한 성취를 나타낸다. 독자들의 진전 덕분에 니체는 금욕적 사제에 관한 생리학적-심리학적 개괄을 완성할 때 **우울함**에 대한 비교적 섬세한 진단에 이제 기댈 수 있을 것이다.

---

143 역주-독일어로 Sündhaftigkeit이다.

17장

니체는 다음과 같은 레토릭적 물음으로 금욕적 사제를 다시 논의한다. '그러나 그는 실제로 **의사인가?**' 그가 독자들에 관해 방금 말한 내용에 비추어 볼 때, 이 물음을 진지하게 의도한 것일 수는 없다. 사실 이 장에서 니체의 목표는 '단지 고통 자체와만 싸우고', 따라서 진짜 치료를 결여하고 있는 각각의 방법들, 즉 우울함을 치료하는 사제의 방법들을 검토하기 시작하는 것이다. 즉 금욕적 사제는 의사가 아니다. 왜냐하면 그는 고통의 실질적 '원인', 즉 '진짜 병'을 다루는 데 실패하기 때문이다.

이 점을 입증하기 위해 니체는 사제의 '종교적-도덕적' 관점을 채택하게 된다. 이런 관점에 서서 니체는 사제의 '천재성'에 대해 진정으로 감탄할 수 있을 뿐만 아니라, 또한 그리스도교 자체를 '기발한 위안 수단의 커다란 보고(寶庫)'로 칭찬할 수 있다. 사제에게 마땅히 주어야 하는 몫을 주고 니체는 곧바로 사제에 대한 감탄을 '제한'해 주는 관점을 채택한다. 그는 이어서 사제가 흔히 다루는 고통을 그와 달리 생리학적으로 설명한다. 이 설명은 사제의 치료 방식이 보여주는 부적절함을 드러내 준다고 할 수 있다.

지금 다루는 경우를 일반화함으로써 니체는 종교의 근원과 지속적 매혹을 '전 세계적 유행병처럼 성장한 어떤 피로 및 무기력'과 아주 오래된 투쟁의 결과로 여긴다. 그에 의하면, 그런 위기들의 주기적 발생은 특히 **'생리학적 억제의 느낌'**[144]이 저지되지 않은 채 확산됨으로써 생겨났다고 이해하면 확실히 개연적이다. 이런 위기들을 진정한 근원, 즉 가령, 인종과 계급의 갑작스러운 '혼합', 인종과 기후의 부정합, 부적절

---

144 역주-독일어로 physiologisches Hemmungsgefühl라고 되어 있다.

한 식습관의 도입, 혹은 병과 악화 조건의 시작 등으로 추적해 들어가기보다 종교는 그런 위기들이 죄를 지은 영혼의 태생적 결함 탓이라고 여긴다.

이런 '억제의 느낌'이 발생한 기원에 대한 니체의 대안적 설명은 사제의 진단과 치료의 힘이 지닌 한계를 보여준다고 할 수 있다. 사실 드러나듯이, 금욕적 사제는 좁은 시각으로 인해 '심리학적-도덕적 영역'의 불가사의한 원인들에 제한된 오직 한 가지 관점만 구사한다. 사실 사제가 알고 있는 한, 자신이 처방한 '단순한 감정 치료법'을 제외하면 어떤 '치료', '어떤 구원'도 존재하지 않는다. 우리가 보았듯이, 이는 또한 사제가 자신의 직책 성공 여부에 관한 믿을 만한 판단자가 아니라는 점을 뜻한다. 좀 더 믿을 만한 방식으로 사제를 평가하기 위해서는 다양한 관점에 대한 능수능란한 접근을 구사하는 누군가에게 향해야 한다.

그러나 그렇게 하기 전에 니체가 보여주는 '[자신의] 찬성과 반대를 **통제하고**, 그것들을 내걸거나 거두어들이는 능력'(GM III: 12)[145]에 주목해 보자. 그리고 이 능력은 결국 금욕적 사제에 관해 니체가 '객관성'을 성취했음을 보여준다. '종교적-도덕적' 관점을 묵살하기보다는 오히려 니체는 그 관점의 유효성이 제한적이며, 제한적이어야 함을 보여준다. 즉 '심리학적-도덕적 영역'의 한계 내에서 사제의 관점은 타당하며, 그의 '치유력 있는' 힘은 도움이 된다. 우리가 보았듯이, 사실상 지금도 그런 관점이 계속 묘사하는 발전 궤도를 따라 인류를 나아가게 했던 것은 우리에 갇힌 동물의 자초한 고통에 대해 사제가 내린 독창적인 진단이었다. 더욱이 이 영역에서 니체가 옹호하는 생리학적 고찰들이

---

145 HH I P6을 보라.

특별히 긴박하지는 않다. 사제가 감정 치료법을 처방할 권위를 얻은 그런 사람들은 생리학적 관점이 보여주는 더 건강한 현존을 스스로 마음속에 그릴 수 없다. 그러므로 니체가 보여주는 생리학적 관점의 우월성은 사제의 '종교적-도덕적' 관점의 제한적 가치를 부인하지 않는다.

사제 관점의 한계를 드러낸 다음, 니체는 끝으로 우울함을 치료하는 사제의 방법에 대한 생리학적 평가를 시작한다. 우리가 예상할 수 있듯이, 이런 방법의 효과는 사제가 치료한다고 제안한 상황의 생리학적 기초에 대한 사제의 무지 때문에 제한된다. 우울함과 싸우는 사제의 첫 번째 방법은 '삶 전반의 느낌을 가장 낮은 지점까지 줄이'려는 시도다. 사제와 추종자들이 이 방법을 의지, 욕구 및 감정에 의해 방해받지 않는 '비이기적' 현존의 추구와 실현이라는 측면에서 서술하는 반면, 이 문제의 생리학적 진리는 '실제로 의식에 들어오지 않은 채 삶이 여전히 존속하게 될 최소한의 신진대사'를 유지하는 것을 이 방법이 목표로 한다는 점이다. 그래서 우리가 보았듯이, 이 방법은 현재의 탈본능적인 형태를 띤 인간 의지가 견딜 수 없는 **의지하지 않기**와 아주 근접한 상황을 낳는다(GM III: 1).

이런 특정한 방법과 관련해서 볼 때 사제는 근본적으로 최면술사다. 왜냐하면 그는 제자들을 우울함과 연결시킬 것 같은 느낌, 열망 및 감정과 영원히 분리된 채 남아 있을 수 있는 무아지경 같은 상황을 그들 안에 낳기를 단순히 원하기 때문이다. 니체에 의하면, 신비주의자와 금욕주의자가 '최고의 상태, **구원** 자체'라고 잘못 생각하는 것이 바로 이런 상태다.

18장

그러나 드러나듯이, 전 장에서 논의된 방법은 단지 드물게만 사용되었

다. 그 방법은 대부분의 아픈 개인들이 갖지 못한 '드문 에너지를 전제
한다.' 우울함을 치료하는 더 일반적인 방법은 고통받는 자의 주의를
자신으로부터 돌리고, 그럼으로써 고통의 느낌을 의식하지 못하게 막
는 **기계적 활동**에 몰입하는 것이다. 니체는 고통받는 자들로 하여금
그렇지 않았더라면 보람 없거나, 모욕적이라고 여겼을 노동의 축복과
미덕을 깨닫도록 도와주는 데 발휘한 '기발함'으로 인해 사제를 칭찬한
다. 즉 적절히 표현하자면, 거의 어떤 형태의 노동이든 노동자들이 고
통에서부터 주의를 돌리게 해주는 경우 용인될 수 있으며, 심지어 열렬
히 수용될 수 있다.

  우울함과 싸우는 세 번째 방법은 사제가 '쉽게 도달할 수 있고, 일상
사가 될 수 있는 **사소한 쾌락**을 처방하는 데' 개입하게 한다. 가장 흔하
게 사제는 '쾌락을 **주는**[혹은 만드는] 쾌락'을 처방하며, 이 쾌락은 결
국 "가장 조심스러운 양으로도 이른바 **힘에의 의지**라는 가장 강하고,
최고로 삶을 긍정하는 충동의 자극을" 촉진한다. 여기서 니체는 자비,
동정, 구호품 주기 및 다른 모든 이타주의의 사회적 표현 바탕에 있는
생리학적 진리를 밝힌다. 즉 타인을 돕는 일은 가장 아픈 사람들에게조
차 타인들에 대한 자연스럽고, 바람직한 '약간의 우월함'이라는 느낌을
기를 기회를 준다. 이런 느낌을 촉진하는 행위와 일상을 처방함으로써
사제는 고통받는 자들이 그렇지 않다면 서로에 대해 향하게 할 수밖
에 없었을지도 모르는 좀 더 노골적인 잔인성의 표출을 무기한 연기시
킨다. 사소한 쾌락의 처방은 또한 개인이 '공동체의 번영'과 자신을 동
일하게 여기도록 촉진함으로써 그 자신의 고통에서부터 주의를 돌리게
하는 '공동체가 주는 힘의 느낌[146]을 일깨우는' 데 기여한다(GM III:

146 역주-독일어로 Gemeinde-Machtgefühl이다.

19). 개인이 무리의 창출과 확장에 분명히 관련되어 있는 정체성을 획득하는 것은 바로 이런 세 번째 방법에 의해서다.[147]

　'로마 시대 기독교의 출발점'으로 돌아가 니체는 우울함을 치료하는 이런 방법이 광범위하게 '의식적으로 사용'되었다는 사실을 발견한다. 도덕상의 노예 반란에 대한 앞선 설명에다가 반가운 세부 사항을 덧붙이면서 니체는 '무리의 형성이 우울함에 대항한 투쟁에서 중요한 승리와 진전'이라고 여긴다. 그리스도교가 고통받는 자들을 돌보고, 그들의 우울함을 치료하는 데 주로 관심을 갖고 머물렀더라면, 사실상 로마 제국의 가장 낮은 계층 안에서 지속적이고, 건설적인 역할을 할 수 있었을 것이다. 그러나 금욕적 사제는 이런 제한된 역할에 오랫동안 만족한 채 머물러 있지 않았다. 우리가 보았듯이, 그는 무리를 창조하는 가운데 단지 무리의 관심들과 일치하는 것으로 보였을 뿐이던 자신의 관심을 추구하기 위한 특별한 기회를 간파했다. 자신의 돌봄에 맡겨진 환자들의 힘에의 의지를 조작할 수 있었기 때문에 사제는 보복을 목표로 삼았다.

　그래서 니체가 암시하는 바에 의하면, 우울증을 치료하는 이 세 번째 방법은 이제 다루게 되는 악명 높은 네 번째 방법의 전개로 자연스럽게 이어진다.

19장

여기서 니체는 우울함과 싸우는 사제의 '무구한' 방법에서 '죄책감이

---

147 이런 세 가지 '무구한' 방법 — '삶의 느낌에 대한 일반적 약화, 기계적 활동 [그리고] 사소한 쾌락'(GM III: 19) — 은 삶이 '모든 고통받는 자들의 나쁜 본능을 그것을 위해 **이용하기로** 했던… 세 가지 목적, [즉] 자기 훈련, 자기 감시 및 자기 극복'(GM III: 16)에 상응한다고 할 수 있을 것이다.

드는' 방법으로 초점을 바꾼다. 이런 전이는 사제 유형에 대한 개괄적 설명에서 중요한 발전을 나타낸다. 왜냐하면 이 구분은 그가 이제 명하는 생리학적 관점 덕분에만 가능하기 때문이다. 그래서 그는 사제가 알 수 없는 것, 즉 사제의 방법은 치료하는 사람들의 고통을 악화시킬 때 '죄책감이 들'게 한다는 점을 안다고 주장한다. 여기서 분명해지는 사실은 금욕적 사제가 실제로 희생자들 안에 그가 차후에 대응하는 필요―좀 더 정확한 생리학적 용어는 **중독**이 될 것이다―를 낳는다는 점이다.

초점의 이런 전이는 또한 금욕적 사제에 대한 니체의 심리학적-생리학적 개괄 범위가 좁아지는 상황에 대응한다. 니체는 단순히 계속해서 금욕적 사제를 지칭하고 있지만, 특수한 역사적 개인, 즉 사제 임무를 이렇게 결정적으로 확산시켰다고 여기는 사도 바울을 실제로 염두에 두고 있다.[148] 니체에 따르면, 제국의 야만적 '민족들'이 가진 건강과 좋은 양심에 대해 분개하고, 그들에 대항하여 무리를 동원하는 방법을 발견했던 자가 바로 바울이었다.[149] 즉 바울은 사제가 사용한 고통과 싸우는 '죄책감이 드는' 방법을 선호했다. 왜냐하면 그런 방법은 또한 그가 개인적 복수의 과제를 추구하도록 해주었기 때문이다. 그래서 19-21장으로 구성된 사제의 '죄책감이 드는' 방법에 대한 검토는 모든 것을 긍정하는 그리스도의 가르침이 아니라, 복수심에 불타는 바울의 가르침으로 니체가 추적하는 그리스도교의 확립을 역사적 맥락으로 전제한다.

여기서 니체는 자신과 독자들이 **생리학**뿐만 아니라 **심리학**에도 정통

---

148 『도덕의 계보』 첫 번째 에세이가 '**원한**과 무력한 복수심에서 생겨난 찬달라 도덕과 **고상한** 도덕 간의 대조'를 보여준다고 주장한 직후 니체는 바울을 '모든 복수의 사도 가운데 가장 위대한 자'로 인정한다(A 45).

149 A 22를 보라.

하다고 말한다.[150] 그는 이 두 학문을 밀접히 연관된 것으로 여기는 반면, 심리학은 지금 현재의 당면 과제와 특히 관련된다. 금욕적 이상에 관해 오래 지속된 '심리학적 오해'를 교정하고 나서(GM III: 13), 니체는 이제 금욕적 사제에 관한 개괄을 완성하는 일을 방해하는 더 강력한 장애물과 마주한다. 우울함에 대항한 투쟁 속에서 사제가 사용한 '좀 더 흥미로운' 방법을 탐색하기 위해 그와 독자들은 이제 '근대의 영혼들이' 스스로와 그들의 동기에 대해 거짓말을 한 '무구함'을 드러내고, 견디어야 한다. 그래서 그는 앞에 놓여 있는 '커다란 위험', 즉 그들이 탐구를 포기하도록 만들 수 있는 '커다란 메스꺼움'을 조심하라고 독자들에게 경고한다. (우리가 보았듯이, 이런 특정한 위험에 대한 민감성은 그들이 '내적 오염과 병이 숨기고 있는 벌레 먹은 부패가 뿜어내는 역겨운 연기'(GM III: 14)에 전례 없이 노출되어 생긴 산물이다.) 그래서 이런 경고의 긴박성은 분명해진다. 왜냐하면 그들은 다음과 같은 도덕 자체의 역겨운 생리학적 진리와 이제 막 마주칠 것이기 때문이다. 즉 그를 돌보고, 존경하느라 유럽 문명 자체의 문화 자원이 소진되었던 이른바 '선한' 개인은 사실 데카당이다.[151]

처음에는 주요 논의에서 이탈한 것처럼 보였던 부분에서 니체는 '근대의 책들'과 그 책들을 쓴 '선한 자들'에 대해 비판을 확대한다. 이런 '선한 자'들은 철저하게 도덕화되었기 때문에, 니체가 선호한다고 주장하는 '정직한' 거짓말을 할 수 없다. 그는 '신중한 자'란 '오늘날 자신에 관해 한 가지 단일하고, 정직한 말을 쓸' 만큼 무모할 것이라고 결론을 내린다. 그래서 이런 명백한 이탈의 유효성은 분명해진다. 즉 니체는

---

150 『도덕의 계보』를 재검토하는 가운데 니체는 '이 책이 최초의 사제 심리학을 포함하고 있다'고 자랑한다(EH: gm).

151 EH: 'destiny' 6을 보라.

자신에 대해 (그리고 독자들에 대해) 한 가지의 '정직한 말' 혹은 둘을 그것도 '근대의 책' 속에서 할 준비를 하고 있으며, 자신이 그렇게 할 만큼 '바보스러울' 수 있다는 점을 미리 인정하고 있다. 그러나 그는 단념하지 않는다.

그래서 이 장은 독자들의 훈련에서 위태롭지만 중요한 단계의 성취를 나타낸다. 결국 심리학자들로서 그들은 사제가 열망하라고 가르쳤던 마취를 추구하는 그런 죄인들에게서 감정의 광란을 조직하기 위해 그가 사용한 수단을 탐구할 준비가 된 셈이다. 그래서 그들의 탐구는 그들이 내부로 향해서 사제가 하는 돌봄의 생리학적 전제 조건과 효과를 가능한 한 정직하게 서술하도록 요구한다. 그렇게 하는 가운데 그들은 탐구를 멈추게 하거나, 지연시킬 수 있는 그들 내부의 '도덕주의적 허위' 사례들과 만날 것 같다. 특히 그들은 우울함을 치료하는 사제의 '죄책감이 드는 방법'을 자신들이 향유하고 있음은 물론 그 방법에 스스로 연루되어 있다는 진실과 직면할 준비가 아직 안 되어 있을지도 모른다.

이 점은 당연하다고 할 수 있다. 왜냐하면 이런 감정의 광란에 관한 너무 인간적인 진리는 사제나, 혹은 감정의 광란이 자신들 안에서 조직된 사람들에게 특히 달갑지 않기 때문이다. 우리가 볼 것처럼, 사실 사제가 성공한 비밀은 '죄책감이 드는' 방법이 추종자들에게 **무에의 의지**, 즉 그들의 현존 조건 자체를 파괴하려는 의지를 자극했다는 사실이다. 니체와 동료 심리학자들이 인정하기 꺼리는 사실은 아마도 무에의 의지가 모든 인간에게 타고난 것이며, **그리고** 자극하기에 너무 쉽다는 점일 것이다. 다른 것들 가운데서도 이 점은 사제가 끼친 해악의 희생자들이 단지 거의 드물게만 자기 자신들을 희생자로 여긴다는 사실을 뜻한다. 그들은 사제가 그들 안에 자극할 수 있는 '감정의 광란'을 열렬

히 갈망하며, 그들의 열망을 만족시켜 준 데 대해 영원히 감사한다. 니
체가 사제에 대항한 반론을 펼치려는 경우, 사제가 파괴했던 사람들의
증언에 기댈 수 없을 것이다.

20장

전 장에서 제안된 '도덕'의 유효성은 즉시 명확해진다. 니체는 그와 동
료 심리학자들이 **그들 자신**에 대한 어떤 불신을 뿌리칠 수 없다'고 자
인한다. 아마도 그들 역시 자기 소모적인 감정의 폭발이 가진 매력을
반감시킬 수 있는 어떤 것, 즉 인간 본성 안에서 무조건적으로 **선한** 어
떤 것, 삶에 대한 흔들릴 수 없는 어떤 애착같은 것을 발견할 필요가 있
을 것이다. 아마도 그들은 또한 무에의 의지가 적어도 발생한다면, 단
지 가장 극단적인 정신병의 경우에만 발생한다고 가장할 필요가 있을
지 모른다. 그렇다면 그들의 탐구는 실패할 것이며, 금욕적 사제의 심
리학은 수수께끼로 남을 것이다.

이 지점에서 니체의 양심은 다시 한번 스스로를 내세운다. 즉 더욱이
이전처럼 그 양심은 그를 앞으로 나아가게 한다. 신중하든 아니면 바보
같든(혹은 둘 다든), 그는 이제 전 장에서 '근대의 책들'과 그 책들을 쓰
고, 읽는 '선한 자들'에 대해 내린 평가를 자신에게 적용한다. 뚜렷한
자기 폭로의 몸짓으로[152] 니체는 그와 독자들이 우울함과 싸우기 위해
금욕적 사제가 사용하는 '죄책감이 드는 방법'에 대한 심리학적 탐구를
수행하는 과제를 수행하기에는 아마도 '너무 선'할 것이라고 기꺼이 인
정한다.[153] 특히 그들은 이런 '감정의 광란'이 그것에 대해 구미를 당기

---

152 프로이트는 특히 '파괴 본능의 아이디어'를 향한 '옹호적 태도'를 암시하는 그 자
신의 한계를 니체와 유사하게, 개인적으로 고려한다(p. 67).
153 '너무 선하다'는 것은 또한 금욕적 이상에 의해 고무된 '죽을 수밖에 없는 **대다수**'

는 맛을 보여주는 충동, 즉 자기 파괴와 자기 해체를 향한 그들 자신이
가진 디오니소스적 충동의 매력을 인정하기에는 '너무 선할'지도 모른
다. 어쨌든 이런 자기 폭로의 몸짓은 또한 우리가 보았듯이, 자신의 관
점이나 책무에 어떤 한계도 인정하지 않는 금욕적 사제와 니체를 구분
하는 데 도움이 된다.

논의의 초점을 '우리 문제'로 돌리면서 니체는 주요 논의의 또 다른
틈을 메우려는 의도를 공표한다. 우울함의 생리학적 기초에 대해 이제
알았기 때문에 결국 우리는 두 번째 에세이에서 나온 우리에 갇힌 동물
이 두 가지 별개의 경우에 자초한 고통을 치료할 때 어떻게 가르침을
받는지 배울 준비가 된 셈이다. 여기서 니체는 양심의 가책이 가하는
고통은 단지 주의를 돌리는 역할을 하는 강력한 감정의 '폭발'에 의해
서만 감소할 수 있고, 이는 결국 사제가 하는 대표적 형태의 치료법인
'감정의 광란'을 낳는다는 점을 확인한다. 물론 우리가 보았듯이, 이 치
료법은 단지 일시적 구원만 제공한다. 일단 주의를 돌리는 치료법의 효
과가 가라앉으면, 우리에 갇힌 동물은 이전보다 훨씬 더 아프며, 훨씬
더 강한 감정의 폭발을 필요로 한다. 즉 이 방법은 '죄책감이 들게 한
다.' 왜냐하면 그 방법은 그 방법을 처방받은 사람들의 물리적 고통을
악화시키기 때문이다.[154]

그래서 우울함과 싸우기 위해 사용하는 사제의 '죄책감이 드는' 방법
은 양심의 가책이 행하는 기발한 '착취'를 이용한다. 우리가 보았듯이,
사제는 본능적 공격성의 내적 발산에 수반하는 자초한 고통을 겪는 우

가 '이 세계'와 마주해서 '스스로를 보려고 시도하는' 방식이다(GM III: 1). 그러므로
니체는 그와 동료 심리학자들이 (아직 의식되지 않은) 금욕적 이상에 대한 그들의 충
성으로 눈이 멀게 되었다는 사실을 표시하고자 한 것일 수 있다.
154 이 처방에 대한 상세한 설명을 위해서는 EH: 'wise' 6을 보라.

리에 갇힌 동물을 치료하기 위해 처음 개입했다(GM II: 16). '다듬어지지 않은 상태의 죄책감'에 직면하여 사제는 그 죄책감을 제거하는 것은 물론 그 느낌을 진단하는 데 무력했다. 대신 자기 자신의 자기혐오와 자기 비난의 경험에 의존하여 사제는 우리에 갇힌 동물이 자신 안에서 고통의 원인을 찾도록 권했다.[155] 그래서 사제는 우리에 갇힌 동물들에게 고통에 대한 정당화, 즉 고통이란 그의 악행과 깨진 약속에 대해 당연히 받을 만한 **형벌**이라는 정당화를 제공했고, 고통의 증상과 싸우기 위한 효과적인 방법을 발전시켰다. 양심의 가책이라고 적절하게 진단됨으로써 우리에 갇힌 동물이 자살을 생각하게 만들었던 자초한 고통은 예상대로 영감과 고양된 활력의 원천이 되었다. 즉 사제의 도움으로 우리에 갇힌 동물은 자신이 또한 이런 공격성을 발산하는 목표였음에도 불구하고, 동물적 공격성을 터뜨리는 데서 다시 한번 기쁨을 얻을 줄 알게 되었다. 무리의 삶에 고유한 기분 전환, 가령 상호 부조, 비참함을 사랑하는 교제, 소진시키는 기계적 노동, 약간의 우월함에 대한 일시적인 경험 등으로 보충됨으로써 이런 식으로 습득된 고통에 대한 취미는 우리에 갇힌 동물이 그렇지 않았더라면 비참했을 현존을 효과적으로 정당화시키게 했다.

우리가 알게 된 바에 의하면(GM II: 22), 그리스도교의 출현과 함께, 우리에 갇힌 동물은 우리가 지금 '죄책감이 든다'고 알고 있는 방법을 선호함으로써 '무구한' 치료법을 포기했다. 사제가 두 번째로 개입하여, 우리에 갇힌 동물들을 좀 더 강력한 형태의 감정 치료법으로 치료하겠다고 제안하는 행태를 이제 이해할 수 있다. 자신이 알고 있는 유일한 속임수에 다시 한번 의존하여 사제는 우리에 갇힌 동물에게 내

---

155 우리가 보았듯이, 사제 유형은 스스로 그 관습과 법을 폐지했다고 알고 있는 공동체가 자신에 대해 한 비난을 내재화했다는 특징을 갖는다(D 9).

부로 향하라고 설득했다. 이번에 우리에 갇힌 동물은 자신의 부채가 너무 커서 돌이킬 수 없다는 점을 발견했다. 더 이상 단순히 **채무자**가 아니라, 그는 스스로가 **죄인**임을 알았다. 우리가 지금 이해하는 바에 의하면, 그는 자신이 열망했던 규칙적이고, 계속 증가하는 양의 마취를 얻을 수 있는 **무제한적** 형벌이라는 숨막히는 가능성 때문에 이런 점을 발견하도록 설득당했다. 즉 사제의 도움으로 우리에 갇힌 동물은 오직 가장 타락한 죄인들에게만 소용 있는 열망, 즉 의식을 뒤흔드는 감정의 광란에 대한 열망을 발전시켰다. 여기서 우리는 확장된 두 번째 금욕적 이상의 확립을 목격한다.

사제가 **죄인**의 역사적 산출에 연루되었음을 보여줌으로써 니체는 겉보기에 분리된 첫 번째 에세이와 두 번째 에세이의 논의를 연결시키도록 해준다. 사실 그리스도교의 출현에 대한 언급은 우리가 줄곧 의심해 왔던 바를 확인해 준다. 즉 도덕상의 노예 반란 배후에 있는 창조적 천재는 바로 금욕적 사제였다는 것이다. 노예들의 **원한**을 임신시켜서, 그들이 결국 **선**을 고통과, **악**을 고귀함과 같게 만들었던 자가 바로 그였다(GM I: 10). 더욱이 우리가 지금 알고 있듯이, 도덕상의 노예 반란은 서기 1세기 특별한 금욕적 사제, 즉 사도 바울의 창조적 천재성 아래서 결실을 맺었다. 그의 독특한 기여는 두 번째 에세이에서 나온 우리에 갇힌 동물을 괴롭혔던 고통에 대해 새롭고, 강력한 진단을 제공한 것이었다. 즉 바울은 노예, 병자 및 채무자들을 똑같이 죄책감을 지닌 죄를 지은 **죄인들**로 단번에 변형시켰다.

그리스도교의 출현에 대한 이런 언급은 또한 니체가 결국 금욕적 사제가 저지른 **실질적** 해악에 주의를 돌리도록 만든다. 우리가 보았듯이, 금욕적 이상과 사제의 관계는 '힘의 수단이자, [그리고] 자격증'(GM III: 1)으로서 그 이상의 **유용성**에 부분적으로 근거하고 있다. 사실 힘

에 대한 사제의 욕망은 그가 우울함을 치료하는 '죄책감이 드는' 방법
에 대한 특별한 친밀감을 어떻게 그리고 왜 발전시켰는지 설명한다. 그
의 모든 치료 방법이 추종자들에게 고통으로부터 임시적인 구원을 제
공했던 반면, '죄책감이 드는' 방법은 또한 그가 자기 직책의 범위를 확
대하게 해준다. 이 방법에 기댐으로써 그는 추종자들에게 심화되는 의
존 관계를 기를 뿐만 아니라, 또한 그들이 새로운 제자들을 모으도록
만든다. 그래서 니체는 사제가 자신의 '왕국은 이 세계의 왕국이 아니
다'라는 예수의 주장을 여전히 반복할 자격이 있는지 레토릭적으로 의
문을 표하면서 이 장의 결론을 내린다. 그가 그럴 자격이 없다면, 다른
어떤 것, 즉 분명 이 세계의 어떤 것이 사제의 직책에 의해 진행되고 있
음이 틀림없다.

21장

니체는 우울함을 치료하기 위해 사제가 사용한 '죄책감이 드는' 방법이
처방받은 사람들을 실제로 **이롭게 했다**고 믿는 자가 과연 있을지 레
토릭적으로 물어봄으로써 이 장을 시작한다. 그는 어떤 사람들이 이 방
법으로 **향상**되었다는 점을 기꺼이 인정한다. 그러나 이는 단지 '향상'
이 **길들이기**, **약화** 등등으로 이해되는 경우에 한해서다.[156]

　니체의 조롱은 논의 초점의 중요한 전이를 나타낸다. 지금까지 그는
자신의 돌봄에 맡겨진 아프고, 고통받는 자들에게 사제가 저지른 해악
을 서술하는 데 만족했다. 그가 보여주었듯이 (그리고 여기서 확정하
듯이), 우울함을 다루기 위해 사제가 사용한 '죄책감이 드는 방법'은 아
픈 자들을 항상 더 아프게 만든다. 그러나 금욕적 이상을 더 폭넓게 반

156　TI 9: 36을 보라.

박하려는 경우, 니체는 이제 이 방법이 좀 더 보편적으로 파괴적임을 입증해야 한다. 그래서 그는 이 문장에서 암묵적이지만, 사제의 권력 다툼에 의해 희생자가 된 자들을 확인한다. 즉 그들은 그 과정에서 '길들여지고', '약화되고', '무력화된' 건강하고, 운 좋은 야수적 인간들이다.[157][158] (여기서 '아프고, 괴로워하는, 우울한 사람들'에 대해 말하지 않고 있다는 사실은 니체가 다음 문장에서 그 자들의 곤경을 명시적으로 고려하게 될 때, 분명해진다.) **향상**시키기 위해 **길들이고, 길들이기** 위해 **아프게** 할 필요가 있는 그런 강하고, 야수적인 개인들까지 자신의 의뢰인들을 확장할 때, 사제는 진정 위험하게 되고, 사제의 직책은 보편적으로 파괴적인 것이 되었던 셈이다.

더욱이 '금욕적 사제가 이 치료법으로 승리했던 어디에서든 병은 깊이**와 폭**에 있어 놀라운 속도로 퍼졌다'는 사실을 역사는 보여주고 있다(강조는 필자 첨가). 이는 단지 다음을 의미할 수 있을 뿐이다. 즉 우울함과 싸우기 위해 사제가 사용한 '죄책감이 드는' 방법은 이미 고통받는 자의 괴로움을 악화시키고, **그리고** 그가 계속해서 치료할 수 있는 **새로운 환자들을 만든다**는 것이다. 우리가 보았듯이, 그가 새로운 환자들을 자신의 무리에 동화시키는 데 있어 핵심은 아주 당연하게 죽도록 허용(그리고 심지어 고무)되어야 하는 그런 사람들을 포함해 **모든** 환자들에 대해 자신의 충성을 맹세하도록 만든 **동정**에 관한 무분별한 가르침이다. 즉 '점점 더 퍼지는 동정의 도덕'(GM P5)을 촉진

---

157 이런 해석은 '교회'와 '고상한 튜턴족'을 개선하려는 교회의 노력에 관한 논의로 뒷받침된다(TI 7: 2).
158 역주-각주 157에 나온 튜턴족(라틴어: Teutones, Teutoni, 고대 그리스어: Τεύτονες)은 로마 작가들이 언급한 고대 부족이다. 튜턴족은 대개 게르만족으로 분류되며, 기원전 2세기 말 로마 공화정의 전쟁인 킴브리 전쟁에 참여한 것으로 잘 알려져 있다.

함으로써 사제는 계속 확대되는 죄인 의뢰인들에게 자신의 책무가 점점 더 불가결하게 되리라고 확신했다. 사실상 우리가 이제 이해할 수 있듯이, 우울함을 치료하기 위해 사용하는 이런 '죄책감이 드는 방법'을 사제가 선호한 것은 그가 아픈 자들의 관리를 통해 간접적으로 추구했던 개인적 과제가 더 중요함을 보여준다.

사제의 개인적 과제는 명백히 자신의 적에 대해 '거대하고, 이상할 정도로'(GM I: 7) 자라난 오래된 증오의 결과다. 그러나 적들을 직접 공격하기보다 사제는 고귀한 방식의 삶을 가능하게 하는 물질적이고, 사회적인 조건을 파괴하기 위해 죄인으로 구성된 군대를 파견한다. 고귀한 야수에 대한 자신의 희한한 힘을 우연히 발견하고 나서(GM III: 15), 사제는 고귀한 가치 평가 방식을 사용하는 누구든 갖고 있는 좋은 양심에 독 뿌리기를 자신의 제자들에게 전형적으로 예증한다.[159] 그는 단순히 힘 자체를 위해 힘을 축적하거나, 혹은 추종자들의 비참함을 위한 더 많은 동료를 모집하기 위해서뿐만 아니라, 그들의 행복과 행운에 대해 그가 분개하는 건강하고, 고상한 주인 유형들에게 보복하기 위해 세속적 지배를 확장하고자 한다. 그가 그런 과정에서 파괴했던 '병든 양들'은 건강한 자들에게 대항한 교활한 전쟁에서 생겨난 단순히 부수적인 피해일 뿐이다.

이 지점에서 우리는 금욕적 사제에 대해 니체가 한 개괄적 설명에서 확인되지 않은 역사적 맥락을 다시 한번 인정하는 편이 온당할 것이다. 우리가 보았듯이, 우울함과 싸우기 위해 사용하는 '죄책감이 드는' 방법을 선호하게 된 자는 바울이었고, 야만인과 야수들을 치료하기(길들이기) 위해 이 방법을 처음 사용한 사람도 바울이었다. 즉 경멸당한 '민

---

159 사제가 말했을지 모르는 이야기의 사례는 고린도인들에게 보낸 첫째 편지 1.27-8에 나온다. 또 A 45를 보라.

족들'에 기대어 보복하는 가운데 바울은 '로마'에 대한 '유대'의 최종적
승리를 배후 조종했다.

> [바울]이 알아냈던 것은 '세계적 불길'¹⁶⁰을 일으키기 위해 유대주의와 동떨
> 어진 작은 분파라고 할 수 있는 그리스도교 운동을 사용할 수 있는 방법이
> 었다: 즉 '십자가 위의 신'이라는 상징으로 바닥에 있는 모든 이를…엄청난
> 힘으로 통합할 수 있는 방법이었다.(A 58)

이 문장이 암시하듯이, 『도덕의 계보』에서 자신의 반대자 이름을 거명
하지 않기로 선택했을 만큼 바울에 대한 니체의 적대감은 아주 컸을 수
있다. '모든 개인적 싸움이 배제되고', 그래서 '공격이…선한 의지, 때때
로 심지어 감사의 증거'(EH: 'wise' 7)인 경우에만, 전쟁을 하기로 결
정했기 때문에 이름 없고, 얼굴 없는 금욕적 사제에게 좀 더 일반적으
로 초점을 맞추는 것 외에 니체에게는 다른 어떤 선택지도 없었을지
모른다.

　사실 세 번째 에세이를 통틀어 니체는 금욕적 사제를 금욕적 이상의
파괴적 효과로 인해 **비난하지** 않도록 조심해 왔다. 17-21장에서 목표
는 금욕적 사제가 진정한 의사로 여겨질 수 없으며, 왜 그런지를 보여
주는 것이었다. 오직 자신의 돌봄에 맡겨진 아픈 환자들을 보호하도록
정해져 있었기에 스스로 그들이 가진 이국적 건강에 대해 분개했던 그
런 더 높은 유형들은 물론 아주 다양한 인간 유형들을 금욕적 사제가
보호하기를 기대할 수는 없다. 그래서 니체에 의하면, 금욕적 사제는

160　역주-독일어 원문에는 Weltbrand로 되어 있다. 이는 문자 그대로 세계적 불길을
가리키지만, 비유적으로는 세계 전쟁을 의미하기도 한다. 여기서는 그리스도교의 확
산을 뜻한다고 보면 좋을 듯싶다.

자신의 책무를 '좋은 양심을 갖고' 행하며, '그 유용성에 대한 가장 깊은 믿음'을 갖고, 그가 사용하는 죄책감이 드는 방법을 처방하며, '그가 일으킨 비참함'으로 인해 개인적으로 고통받는다(GM III: 20). 퇴락하는 형태의 삶을 보호하는 임무를 맡았기 때문에 사제는 특히 자신이 보존하는 퇴락하는 형태들이 전반적인 삶의 다양성을 저하시키려고 위협하는 경우, 삶 또한 그의 보존 노력을 **제한하기** 위해 작용한다는 점을 아마 상상할 수 없을 것이다.[161] 즉 자신의 어떠한 잘못을 통해서도 사제는 삶의 더 높은 관심을 존중하는 것은 물론 인정하지 못한다. 그는 진정한 의사라고 여겨질 수 없다. 왜냐하면 삶은 그가 이런 능력으로 봉사하도록 의도하지도, 훈련시키지도 않았기 때문이다. 우리가 볼 것처럼, 이는 또한 스스로 자기 극복의 법칙에 복종하라는 삶의 명령에 그가 주의를 기울이는 것은 물론 그런 명령을 듣는 것조차 기대할 수 없음을 뜻한다.

그렇다면 사제는 의사가 성취해야 하는 일과 **정반대**를 시도한다는 사실을 알고 놀라서는 안 될 것이다.[162] 적들에 대한 보복을 추구하는 가운데 사제는 바로 그가 분개하는 더 건강한 유형들을 몰아내기 위하여 아프고, 퇴락하는 인간들을 보존한다. 니체가 다른 곳에서 설명하고 있듯이, 자국어로 **동정**이라고 알려진 것, 즉 '치유할 수 없는 자들'의 보존을 위한 이러한 병적인 관여로 인해 사제는 가장 결정적으로 생리학자와 구분된다.

---

161 TI 9: 36을 보라.
162 또한 '의사, 구세주로 보였던' 소크라테스를 논의하는 맥락에서 니체는 '스스로를 데카당스로부터 탈출시키기 위해' '철학자와 도덕주의자들'이 선택한 '수단'이…'단지 또 다른 데카당스의 표현'이라고 주장한다(TI 2: 11).

생리학자는 퇴락하는 부분의 **제거**를 요구한다; 그는 퇴락하는 것과 모든 유
대를 부정한다; 그는 퇴락하는 것에 대한 동정과 가장 멀다. 그러나 사제는
정확히 전체, 즉 인간의 퇴락을 원한다: 그런 이유로 그는 퇴락하는 것을 **보
존한다**. 이 대가로 그는 지배한다(EH 'dawn' 2).[163]

이 문단은 또한 니체 자신과 금욕적 사제를 한 번에 구분하기 위한 그
럴듯한 전략을 보여준다. 우리가 보았듯이, 니체는 자신을 금욕적 사제
의 반대자이자, 생리학자로 여긴다. 『도덕의 계보』가 인류의 '퇴락하는
부분의 제거'에 대한 어떠한 명시적 '요구'도 포함하고 있지 않지만, 니
체가 독자들을 곧 그리로 이끌게 될 임무는 그들이 그리스도교 도덕에
남아 있는 모든 것의 제거를 긍정하도록 요구한다. 이어지는 『도덕의
계보』의 여러 장들에서 사실 니체는 자기 자신을 생리학자**이자** 의사로
제시한다. 왜냐하면 그는 실제로 자신이 요구하는 제거를 **수행하기**를
자원하기 때문이다. 우리가 볼 것처럼, 의사로서 그를 진정으로 테스트
하는 일은 또한 금욕적 사제로부터 그의 독립을 진정으로 테스트하는
일이다. 결국 그는 치료하는 수술용 메스를 **스스로**에게 향하게 하여,
자신의 지적 양심을 유지시키는 남아 있는 진리에의 의지를 제거해야
한다.

금욕적 사제에 대한 생리학적이고, 심리학적인 탐구의 결론을 내면
서 그는 금욕적 이상에 대한 고발장을 공표한다.

나는 이 이상만큼 유럽인들의 **건강**과 인종적 힘에 대해 그토록 파괴적인 영
향을 미쳤던 그 밖의 어떤 것도 거의 알지 못한다. 우리는 어떤 과장도 없이

---

163 A 7을 보라.

그 이상을 유럽인 건강의 역사에서 **진정한 재앙**이라고 부를 수 있을지 모른다.

이 공표는 뒤따르는 논의를 위한 기반을 제공한다. 왜냐하면 이 공표는 그 이상에 대한 가장 가혹한 비판자들조차 감히 추측할 수 있었던 것보다 훨씬 더 금욕적 이상이 해롭다고 주장하고 있기 때문이다. 생리학적 관점의 우위를 증명했기 때문에 이제 그는 또한 의사라는 점을 보여야 한다. 그는 오직 삶의 풍부한 다양성을 위협하는 퇴락을 제거함으로써만 이를 성취할 수 있다.

22장

표면적으로는 금욕적 사제로 끝낸 다음, 니체는 약간 옆길로 새서,[164] 금욕적 사제가 '또한 **예술과 문학**에서 **취미**도 파괴했다'고 주장한다. 여기서 니체가 지적하는 경우는 지금까지 이루어진 그것의 수용이 그가 자신의 '독특한' 취미와 과거 '이천 년'을 정의했던 '파괴된' 취미를 대조하도록 해주었던 그리스도교 신약 성서다. 금욕적 이상에 대한 이런 특이한 비판을 하는 가운데 그는 자신의 '좋은 취미'(GM III: 19)에 대한 이전의 의심들을 명백히 불식시킬 수 있다.

여기서 니체는 보름스(Worms)의 루터와 마찬가지로 다른 아무것도 할 수 없이 서 있다.[165] 그는 '자신의 나쁜 취미에 대한 용기'를 가졌다.

---

164 다음 장 첫 문장에서 니체는 '건강과 취미'의 파괴를 금욕적 사제가 아니라, 금욕적 이상의 탓으로 여긴다(GM III: 23).

165 역주-보름스는 보름스 의회, 혹은 보름스 제국 회의가 열린 곳을 말한다. 이 회의는 1521년 3월 신성 로마 제국 황제 카를 6세가 소집했으며, 루터를 소환해 그의 견해를 심의했다. 루터는 자신의 입장을 철회하는 것을 거부했고, 최후 진술로 다음과 같은 말을 남겼다. "여기 내가 서 있습니다. 나는 다른 아무것도 할 수 없습니다. 하느님

물론 니체는 '신과…직접 말할' 자격이 있다고 주장했던 '농부' 루터의 '촌스러운' 취미와 특히 비교했을 때, 자신의 나쁜 취미를 결코 **나쁘다**고 여기지 않았다. 여기서 니체는 금욕적 이상이 사실상 그리스도인들에게 비할 데 없는 허영을 부추겼다고 시사한다. 루터의 예가 확인시켜 준다고 할 수 있는 것처럼, 그리스도인들은 신의 이름을 공표할 자격이 있을 뿐만 아니라, 또한 그들의 신이 불만스러워하는 모든 농부의 사소한 불평을 들어주는 것 이상으로 더 좋은 어떤 일도 할 필요가 없는 것처럼 아주 비공식적인 방식으로 신과 관계할 자격이 있다고 느낀다.

  니체는 루터의 경우에서부터 다음과 같은 결론을 내린다. 즉 '금욕적 이상은 결코 어디에서도 좋은 예법을 길러 주는 학교가 아니었음은 물론 좋은 취미를 길러 주는 학교도 아니었다.' 그에 의하면, 이는 금욕적 이상이 '절제에 대한 혐오'를 표현하고, '극단적인 것(non plus ultra)'이기 때문에 그렇다. (우리가 보았듯이, 금욕적 사제는 자기 관할 구역에 어떤 한계도 인정하지 않으며, 자신의 책무로부터 이익을 얻을 사람과 그렇지 않을 사람 간의 어떠한 구분에도 동의하기를 사실상 거부한다.) 이것이 니체가 독자들에게서 존중, 자제, 침묵, 인내 및 무엇보다 좋은 취미의 덕을 기르려고 했던 이유다. 그들이 이런 덕을 소유하면, 이는 그들 자신을 금욕적 사제와 구분하려는 노력을 용이하게 해줄 것이다.

23장

금욕적 이상이 파괴했던 많은 것들을 계속 나열하기보다 니체는 자기 자신과 독자들에게 세 번째 에세이의 목표가 '이 이상이 **했던** 것이 아

저를 도와주소서.'

니라, 단지 그것이 **의미**하는 것을 밝히는 일'이라는 점을 상기시킨다. 그는 계속해서 가장 심오하고, 놀라운 중요성을 가진 금욕적 이상의 의미를 밝힌다고 볼 수 있는 일련의 레토릭적 물음을 던진다.

> 이 이상의 **힘**, 그 힘의 엄청난 본성은 무엇을 의미하는가? 왜 그 이상은 이 정도까지 번성할 수 있었는가? 왜 그 이상은 오히려 저지되지 않았던가? 금욕적 이상은 하나의 의지를 표현한다: **대립하는 이상**을 표현할 수 있는 대립하는 의지는 **어디** 있는가?(GM III : 23)

특히 얼핏 보면 니체가 이미 이 물음들에 답한 것처럼 보일 수 있다. 금욕적 이상이 표현한 의지는 '그 이상에 따라 존재 권리가 성립하거나, 몰락하는' 금욕적 사제가 구현한다(GM III : 11). 그렇다면 아마도 대립하는 이상을 표현하는 대립하는 의지는 10장에서 그의 의기양양한 첫 출현이 예견된 새로운 철학자가 구현할 것이다. 즉 금욕적 이상은 아직 상대를 만나지 못했다. 왜냐하면 새로운 철학자는 아직 스스로를 금욕적 사제의 후원에서부터 해방시키지 못했기 때문이다. 새로운 철학자가 스스로의 힘으로 온전히 독립된 현존을 확립할 때, 그는 대립하는 이상을 표현하는 대립하는 의지를 발휘할 것이다. 그러나 그 때까지 우리는 금욕적 이상의 유망한 대안과 만나기를 기대해서는 안 될 것이다.

이 마지막 요점은 또 다른 해석 노선을 암시한다. 이런 레토릭적 물음들을 제기하는 가운데 니체는 최고 독자들이 금욕적 이상에 대해 스스로 하는 반대의 본성을 오인하고 있음을 깨닫게 만들고 싶어 한다.[166]

---

166 이 장에 대한 해석은 Gemes(p. 191.)의 도움을 받았다.

그래서 그가 이 장에서 시작한 간접적 의사소통은 독자들에게 세 가지 점을 설득시키기 위한 것이라고 할 수 있다. 1) 학자로서 그들은 대안적 이상을 제공하거나, 촉진한다는 의미에서가 아니라, 금욕적 이상의 힘을 그 이상 자체에 대항하게 만든다는 의미에서 반대한다.[167] 2) 지금까지 그들의 반대는 금욕적 이상에서 이미 맥이 빠져 있고, 낡은 것만 제거하는 데 성공해 왔다. 그리고 3) 그들의 반대가 지금까지 금욕적 이상을 손상시키지 못했지만, 그들은 역사적으로 그 이상의 소멸을 용이하게 (그리고 아마도 재촉)할 수 있는 위치에 있다. 우리가 볼 것처럼, 그들은 그들 안에 표현되고, 구현된 금욕적 이상에 반대함으로써 그렇게 할 수 있을 것이다. 그러나 그렇게 하기 위해 그들은 우선, 스스로를 금욕적 이상의 옹호자로 인정해야 한다.

이런 레토릭적 물음들을 제기하고 난 직후 니체는 **학문**(학자의 탐구)이 금욕적 이상의 대안을 표현한다는 주장을 고려한다. 학문을 선택한 것은 전혀 자의적이지 않다. 그의 목표 청중을 구성하는 독자들은 스스로를 과학자(혹은 학자)로 여길 뿐만 아니라, 또한 그들의 학문 활동을 금욕적 이상에 적대적이라고 이해할 것 같다. 그들이 학문을 금욕적 이상의 자연적인 대립물로 간주한다는 점에서 틀리지 않았지만, 그들은 아직 그들 자신이 하는 학문 활동의 독특한 역사적 의미를 깨닫는 데는 실패한다. 그래서 그는 그들에게 다음을 알려준다.

오늘날 학문은 … 금욕적 이상의 대립물이 아니라, 오히려 **가장 최종적 형태의 금욕적 이상, 가장 고귀한 형태의 금욕적 이상**이다. 이것이 당신들에게 이상하게 들리는가?

---

167   Loeb를 보라.

이런 주장을 내세우는 것은 니체가 금욕적 이상을 탐구하는 데 있어 중요한 발전을 나타낸다. 그는 금욕적 이상의 권위가 이제 구원하는 진리에 대한 믿음을 보유한 그런 학자들에게만 동기를 부여하는 지점까지 쇠퇴했음을 이어서 보여줄 것이다. 이상하게 들릴지 몰라도, 더욱 중요한 점은 니체가 독자들에게 **그들이** 이 문단에서 언급하는 금욕적 학자들이라는 점을 설득시키려고 시도한다는 사실이다.

그는 독자들에게 냉혹한 선택지처럼 보이는 것을 제시함으로써 이 과정을 시작한다. 몇몇 학자들이 진리를 위해 금욕적 탐구를 한다고 주장한 다음, 그는 대부분의 학자들은 그들을 안내하는 이상, 목적, 의지 혹은 믿음이 주는 혜택 없이 연구를 추구한다는 점을 인정한다. 이 후자의 집단을 염두에 두고, 그는 '학문이란 오늘날 모든 종류의 불만, 불신, 괴롭히는 벌레, **자기 경멸**, [그리고] 양심의 가책'을 **숨기는 장소**라고 주장한다. 학문에 대한 이런 식의 접근은 학문이 이제 그 실행자들에게 '자기 마취의 수단으로' 이용된다는 사실을 관찰자와 학자들로부터 똑같이 숨긴다. 여기서 함축은 다음과 같다. 그의 독자들, 즉 독자적인 학자들은 의식하지 못하고 금욕적 이상을 옹호하는 자들과 관계가 있거나, '단지 한 가지, 즉 **의식을 되찾는 일**만 두려워하는⋯그런 **환자들**'과 관계가 있다. 의식하지 못하고 금욕적 이상을 옹호하는 자들의 입장이 독자들에게 이상하게 보일지 몰라도, 이는 그들이 기껏해야 반쯤 의식이 나간 현존을 영위한다는 생각보다는 확실히 더 낫다.

24장

니체는 이제 전 장에서 언급했던 '드문 예외'를 고려한다. 우리가 주류 학문이 금욕적 이상에 대립하지 않는다는 점에 동의한다고 해도, 학자들 가운데 '드문 경우'는 그렇게 할 수 있는 것이 가능하지 않을까? 특히 그는 '철학자와 학자들 가운데 남아 있는 최후의 이상주의자들'이 '금욕적 이상의 바람직한 **반대자들**, 반(反)이상주의자들일 수 있는'지 묻는다. **그들이** 그렇다고 믿는다는 사실은 금욕적 이상에 대한 반대를 선언하는 '진지함'과 '열정'으로부터 볼 때 충분히 명확하다. 그들이 스스로를 '반이상주의자들'로 여기는 일이 잘못은 아니지만, 그들은 반대의 목표, 즉 금욕적 이상이 그들에게 외적이고, 관련 없다는 잘못된 생각 아래 시달리고 있다. 그들은 스스로에게 반대하기로 결정하는 경우에만 금욕적 이상의 반대자로서의 운명을 깨달을 것이다. 왜냐하면 그들은 최후로 남아 있는 금욕적 이상의 옹호자이기 때문이다.

이 지점에서 니체는 다시 한번 목표 청중을 위해 말한다고 여긴다. 그의 주장에 의하면 '우리 "인식하는 자들"'은 '점차 모든 종류의 믿는 자들에 대해 불신하게 되었다.' 왜냐하면 강한 믿음은 대개 믿는 자들 쪽에서 일어나는 자기기만의 가능성을 보여주기 때문이다. 그래서 그는 스스로 금욕적 이상의 반대자라고 상상하는 그런 '최후의 이상주의자들'에게도 이것이 참인지 독자들에게 묻는다. 이 물음의 레토릭적 요지를 간파하기 위해 다음 사실에 주목해 보자. 즉 여기서 **불신**에 대한 니체의 언급은 그와 최고 독자들이 그들에게 요구되는 정직한 심리학적 탐구를 행하기에 아마도 '너무 선하다'는 사실을 인정하고 있는 곳, 즉 20장 시작하는 문장들을 상기시킨다. 물론 그 지점에서 그들의 불신은 **그들 자신**에게 향해 있는 것으로 명확히 확인된다. 이 지점에서 그들의 불신은 그와 같이 분명하게 확인되지 않지만, 다시 한번 그들 자신을 향해 있다. 왜냐하면 **그들이** 이 장에서 니체가 언급하는 '최후의 이상주의자들'이기 때문이다. 그래서 니체와 동료 '인식하는 자들'은 그들이 이미 충분한 이유를 갖고 불신하게 되었던 그런 믿는 자들 **가운데** 속한다. 물론 이는 그들이 결국 불신을 그들 자신에게까지 확대해야

한다는 점을 의미하며, 이것이 정확히 니체가 그들이 하도록 의도한 행
위다.

　독자들에게 거울을 비춰주고 나서, 그는 이제 거울이 비추는 이미지
속에서 그들이 스스로를 보도록 도와야 한다. 그러나 이는 쉬운 일이
아니다. 왜냐하면 그는 그들이 즉시 가장 거부할 것 같은 측면 아래 자
신들이 속한다고, 다시 말해 스스로가 믿는 자라고, **믿음**의 기사라고
깨닫도록 할 필요가 있기 때문이다. 최고 독자들을 그들이 이 장에서
나온 '최후의 이상주의자들'이라는 깨달음으로 안내하기 위해서 그는
이제 두 가지 간접적인 전략을 시행한다.[168] 첫 번째 전략은 이런 '최후
의 이상주의자들'을 마치 제삼자(혹은 '그들')인 것처럼 서술하는 한
편, 또한 그들이 그 자신 및 그의 '우리'와 친근함을 강조하는 것이다.
그래서 이들 '최후의 이상주의자들'에 관해 이어지는 논의에서 그는 또
한 자신과 동료 '인식하는 자들'에게 부여하는 덕, 속성 그리고 업적이
그들에게 속한다고 여긴다.[169][170] 더욱이 니체가 기꺼이 인정하듯이, 그
는 '아마도 이 모든 것을 너무 가까이에서부터 알고 있으며', 이는 자유
정신이라고 잘못 **주장**하는 그런 사람들과 친밀하고, 개인적인 친분을
암시한다.[171] 그러나 그는 이들 '최후의 이상주의자들'의 남아 있는 충
실함을 독자들에게 속한다고 여기기 바로 직전에 멈춘다. 우리가 볼 것

168　Gemes, p. 206을 보라.
169　가령, "…오늘날 부정을 말하는 자들(Nay-sayers)과 외부자들(outsides)"에 대한
언급은 우리가 볼 것처럼, 그가 실제로 GM III : 27에서 인용하는 GS 357에 나오는
'우리'에 대한 서술을 상기시킨다.
170　역주-니체가 『즐거운 학문』 357에서 주로 언급하는 '우리'는 독일인을 가리키는
말이 아니라, 선한 유럽인을 뜻한다고 할 수 있다. "이러한 엄격함으로 인해 우리가 바
로 **선한** 유럽인이며, 유럽의 가장 오래되고, 가장 용감한 자기 극복의 상속인이다.",
KSA 3(『즐거운 학문』), 357.
171　그는 분명 자신과 '우리'를 HH I P7에 등장하는 "자유정신"과 같다고 여긴다.

처럼, 니체는 다른 곳에서는 기꺼이 그렇게 했음에도 불구하고, 사실이 장 내내 금욕적 이상에 대한 자신의 충성을 맹세하는 일을 뚜렷하게 뒷전으로 미룬다.

그에 의하면, 이들 '최후의 이상주의자들'은 아직 자유정신이 아니다. 왜냐하면 그들의 '무조건적인 진리에의 의지'는 **형이상학적 가치, 진리의 절대적 가치**'에 대한 그들의 믿음을 드러내기 때문이다. 여기서 니체의 논증은 약간 압축적이지만, 그는 명백히 다음을 주장하고자 한다. (1) 이상주의가 학문의 실천에 영향을 미치고 동기를 부여하는 한, 이상주의는 **진리에의 의지**의 힘 덕분에 그런 것이며, (2) 진리에의 의지는 의식되지 않은 **진리에 대한 믿음**에 기대고, 이 믿음은 결국 (3) 진리의 가치를 **절대적** 가치로 간주하며, (4) 이는 **형이상학적** 가치이고, (5) 이 가치는 **금욕적 이상**의 타당성을 전제한다. 사실 금욕적 이상에 대한 의식되지 않은 충성이 없다면, 이들 '최후의 이상주의자들'은 스스로 '의식을 되찾는 일'을 가로막는 수단으로 학문 연구를 추구하는 그런 '평범한 괜찮은 노동자들'과 구분될 수 없을 것이다(GM III: 23).

이런 분석을 뒷받침하기 위해 니체는 **어떻게 우리는 또한 여전히 경건한가**라는 놀랄 만한 제목을 달고 있는 『즐거운 학문』 344번 아포리즘[172]을 상세히 인용한다. 보충적인 두 번째 간접적 전략을 시작하면서 니체는 『도덕의 계보』의 독자들에게 아직 직접 전하기를 꺼리는 진리와 통찰을 전하기 위해 『즐거운 학문』에서 끌어온 문단에 기댄다. 『도덕의 계보』의 원래 텍스트 내용은 니체와 독자들을 이 장에서 나온 '최후의 이상주의자들'과 같다고 여기게 만들지 못하지만, 『즐거운 학문』에서

---

172 역주-이 아포리즘은 진리에의 의지를 다루고 있으며, 버나드 윌리엄스(Bernard Williams)가 절대적 진리를 부정했으나, 진실성(Wahrhaftigkeit, truthfulness)을 옹호한 철학자로 니체를 독특하게 해석하는 실마리가 되는 곳이라고 할 수 있다.

인용한 텍스트는 그와 동료 '인식하는 자들'이 '최후의 이상주의자들'을 특징짓는 진리에 대한 믿음과 전적으로 얽혀 있다는 사실을 전혀 의심하지 않게 해준다. 이런 전략은 분명 『즐거운 학문』 344번 아포리즘에 대한 독해에서 이미 알고 있는(있어야 하는) 점을 헌신적인 독자들에게 상기시키고, 이런 다시 발견한 통찰을 스스로에게 적용하도록 만들게 하기 위한 것이라고 할 수 있다. 그래서 그는 두 번째로 다음과 같이 적고 있다.

> 우리 오늘날의 지식인들, 우리 신이 없는 자들이자, 반(反)형이상학자들 역시 진리가 **신성하다는**…수천 년 된 믿음에 의해 점화된 불길에서부터 여전히 **우리의 불꽃**을 얻는다.

특히 니체가 독자들에게 권하는 더 큰 맥락(즉 『즐거운 학문』 344번 아포리즘, 『즐거운 학문』 V권 전체 및 『아침놀』 1886년 서문)에서 고려해 볼 때, 이 발췌문은 그와 동료 '인식하는 자들'을 이 장에서 나온 '최후의 이상주의자들'이라고 확인해 준다.

'멈춰서 다음을 결정하기 위해 살피는 일'이 필요하다고 여기고 니체는 발췌된 문단이 결론을 내린 물음에 대한 답변을 시도한다. 그는 다음과 같이 묻는다. 즉 '신 자신이 우리의 **가장 오래된** 거짓말로 입증된다면', 우리는 우리의 학문적인 학구적 추구를 뒷받침하는 유사한 종류의 거짓말을 폭로할 수밖에 없지 않은가? 즉 그리스도교 신에 대한 믿음의 포기가 나타내는 진보를 계속하기 원한다면, 우리는 후계자 신에 대한 충성을 의심할 필요가 있을 것이다. 앞서 독자들에게 그들이 '최후의 이상주의자들'과 공유하는 근친성에 대해 경고했다면, 니체는 여기서 최고 독자들을 다른 모든 이상주의자와 분리시키는 **임무**를 공표한다.

> 금욕적 이상이 지닌 신에 대한 믿음이 부정되는 순간부터, **새로운 문제가 발**
> **생한다**: 진리의 **가치** 문제. 진리에의 의지는 비판을 요구한다―그렇다면
> 우리 자신의 임무를 다음과 같이 정의해 보자―진리의 가치를 이번만은 시
> 험 삼아[173] **의심**해야 한다.

이처럼 이런 새로운 문제의 출현은 도덕 계보학자가 니체의 도덕 계보
학에서 중심 초점이 됨에 따라『도덕의 계보』의 논의를 최신으로 만들
어 준다. 사실『도덕의 계보』나머지 부분에서 니체는 탐구를 끝내려는
모든 노력에도 사실상 확장된 탐구를 결론지으려고 시도하는 어색하
고, 가끔은 흥미로운 입장에 스스로 처해 있음을 발견한다. 무대 위에
서 방황하고 나서 니체는 이제 자신이 더 이상 단순히 유럽 도덕의 역
사를 기록하고 있는 것이 아니라, 그 역사를 또한 산출하고 있다고 여
긴다.

　이 문장이 가리키듯이, 니체는 동료 '인식하는 자들'에게 금욕적 이
상의 최종적 옹호자로서 그들에게 축적된 이점에 대해 설득하기를 바
란다. 그래서 그는 그와 그들이 진리에의 의지와 독특하고, 이중적인
관계에 있다고 밝힌다. 진정 믿는 자들로서 그들은 구원하는 진리의 힘
에 대한 믿음을 마음대로 포기할 수 없다. 그러나 그들이 이용 가능한

173　Kaufmann과 Hollingdale은 차라투스트라 이후 니체가 활동했던 시기에 점점 더
중요성을 띠는 용어인 독일어 부사 **versuchsweise**의 번역으로 '시험(실험)적으로'를
제안한다. **Versuch**는 **시험(실험)**, 혹은 **시도**를 의미하지만, 또한 **유혹** 내지 **꾐**을 암시
한다. 니체는『비극의 탄생』새로운 판에 붙인 1886년 서문을 '자기비판의 시
도'(Versuch einer Selnstkritik)라고 불렀다. 그는 또한 '다가오고 있다'고 여긴 새로
운 종류의 철학자를 가리키는 이름으로 **유혹자**(Versucher)를 제안한다(BGE 42).

힘을 비축하고 있는 만큼, 그들은 진리에의 의지에 대한 **비판**을 위해 그들의 진리에의 의지를 사용할 수 있다. 더 열등한 이상주의자들과는 달리 그들은 진리에 관한 진리를 말하려고 감행할 수 있다. 물론 그들의 비판은 '시험 삼아' 진행될 수밖에 없다. 왜냐하면 그들이 진리의 가치에 대해 제기하는 어떤 물음도 그들이 진리 자체에 변함없이 부여하고 있는 '절대적 가치'에서부터 항상 권위를 얻을 수밖에 없기 때문이다. 사실상 우리가 볼 것처럼, 진리에 관한 진리는 필연적으로 복잡할 수 있다.

좀 더 독특하게 니체적인 또 다른 의미에서 이런 진리 비판은 **시험 삼아** 진행될 수밖에 없다. 니체와 동료 '인식하는 자들'이 진리의 신성함에 대한 최후의 신봉자 가운데 속한다면, 그들은 진리 비판을 **자기 자신들에게** 대항하도록 만드는 것밖에 거의 다른 선택의 여지가 없을 것이다. (니체가 이 장에서 그런 척 가장하듯이, 그들이 이런 비판을 다른 사람들을 향해 시작하더라도, 그들은 결국 진리의 가치에 관한 그들 자신의 비과학적인 평가를 의심해야 한다.) 그래서 진리에 대한 '시험적인' 비판은 니체가 갱신된 힘과 회복된 건강의 표시로 한층 더 권하게 되는 **자기를 향한** 비판에 그들이 참여하게끔 요구할 것이다. 우리가 볼 것처럼, 사실상 자기를 향한 비판의 요구는 니체가 그리스도교 도덕의 파괴에 대해 한 예상 가능한 기여의 핵심이다.

25장

니체는 23장에서 제기했던 물음에 대해 다른 이들이 했던 답변을 하지 말라고 독자들에게 경고함으로써 이 장을 시작한다. 그가 반복하듯이, 학문은 금욕적 이상의 '자연적인 반대자'가 아니며, 금욕적 이상은 심지어 '학문의 내적 발전을 추진하는 힘을 대변한다고 말해'질 수 있을지 모른다. 금욕적 이상에 관한 이전 분석을 기반으로 니체는 이제 학문이 금욕적 이상의 '외부'만 '공격'하며, 단지 비본질적인 '겉모습과 가면'만 제거할 뿐이라고 주장한다. 하지만 여기서 니체가 금욕적 이상에 반대하는 원천으로 학문(혹은 학자의 탐구)을 묵살하는 것처럼 보이는 가운데, 상당한 모험을 하고 있다는 사실에 주목해야 한다. 학문이 현재는 금욕적 이상의 살아 있는 핵심과 대립하고 있지 않지만, 특히 진리에의 의지에 대한 시험적 비판을 감행하려고 하는 그런 학자들이 학문을 금욕적 이상과 대립하게 만드는 경우, 그런데도 학문은 금욕적 이상의 살아 있는 핵심과 대립하게 될 수 있을 것이다.

학문의 옹호자들이 지금까지 금욕적 이상에 대한 자신들의 적대감으로 오인했던 것은 사실 금욕적 이상의 정제와 개선에 기여해 왔다. 권위가 감소된 상태에 처해 있는 금욕적 이상을 둘러싸고 있는 생명 없는 겉껍질을 벗겨냄으로써 학자들은 금욕적 이상의 생생한 핵심을 떼어내, '자유롭게 해주는' 데 실제로 성공했다. 독자들의 감각을 훈련시키는 데 다시 한번 주의를 기울이면서 니체는 학문과 금욕적 이상이 **필연적으로 협력자**'라는 '사실에 [그들의] 눈과 귀를 열어 놓도록' 촉구한다. 물론 이는 금욕적 이상에 대한 어떠한 믿을 만한 도전은 또한 학문에 대해서도 행해져야 하며, 그 역도 성립함을 뜻한다. 왜냐하면 '그들은 단지 함께 물리칠 수 있고, 의심할 수 있기 때문이다.'

이 동맹의 기초는 특히 니체가 최고 독자들이 자신들을 향한 (그리고 아마도 자기 소모적인) 공격, 즉 이런 동맹에 대한 공격에서 그와 함께하도록 설득하기를 바라는 만큼 주목할 가치가 있다.

이 양자, 즉 학문과 금욕적 이상 둘 모두 진리란 평가될 수 없고, 비판될 수 없다는 동일한 믿음…에 의존한다…

여기서 니체의 요점은 '최후의 이상주의자들'이 자신들의 생명력과 동기를 구원하는 진리의 힘에 대한 의식되지 않은 믿음에서 끌어낸다는 사실이다. 진리의 가치를 학문적으로 결정하기보다 그들은 진리의 추구와 소유가 매우 소중하다는 사실을 믿음의 문제로서 단순히 가정한다. 진리에 대한 그들의 믿음은 결국 그들의 학자 정신을 인도하는 자학적인 목표들뿐만 아니라, 그들의 연구 실행을 조직하는 자기 제어의 훈련에 힘을 실어 준다. 그래서 진리에 대한 그들의 믿음은 그들이 진리를 **필요**로 한다는 더 깊은 확신을 드러낸다. 진리를 외골수로 추구하는 일에 못 미치는 어떤 것도 잘못된 그들의 본성을 만회해 주지 못할 것이다.

이 사실을 뒷받침하기 위해 니체는 코페르니쿠스가 지구를 소위 우주의 중심적 위치에서 제거한 이래 학문 진보는 '인류가 자신에 대한 이전의 존경을 단념'하도록 노력해 왔다고 주장한다. 자기혐오적인 영국 심리학자들에 대한 이전 판단을 반복하면서(GM I: 1), 니체는 근대의 학문 진보가 금욕적 이상의 비밀스런 동기 유발을 증명한다고 주장한다. 그러나 우리가 볼 것처럼, 그는 또한 학문적 탐구에서 이런 인간 혐오적인 경향을 활용하기를 바란다. 그가 최고 독자들이 맡도록 유도하는 임무는 그들이 고귀한 계통의 상속자임을 가장 뚜렷하게 확인해 주는 '지적 양심'의 기반이기도 한 진리에의 의지가 지닌 권위의 신빙성을 없애는 조직적 활동에 독자들을 참여시킬 것이다.

26장

학문이 (아직) 금욕적 이상과 대립한다는 주장을 무너뜨린 다음 니체는 이제 근대 역사 기록학의 지위를 탐구한다. 이 탐구는 니체가 반유대주의자들을 포함해 가짜 이상들을 조장하는 다른 모든 이들까지 포함시키는 '관조적 역사가들'의 엉터리 관념론에 대하여 장황하게 비난하기 위한 구실을 제공한다.

27장

이런 엉터리 관념론자들을 '어제와 오늘'로 밀쳐 버리고, 니체는 유일하게 인류의 **미래**에 관련된 '**우리** 문제, 금욕적 이상의 **의미**라는 문제'에 초점을 맞춘다. 학문과 금욕적 이상의 동맹에 대한 이전 설명을 상기시키면서(GM III: 25), 그는 이제 **진리에의 의지**를 금욕적 이상의 순수한 '핵심'으로 확인한다. 여기서 그가 함축하는 바는 과학자와 학자들의 점증하는 반대로 인해 금욕적 이상이 지금 우리가 진리에의 의지로 확인할 수 있는 생생한 핵심을 드러냈다는 사실이다. 물론 이는 장차 금욕적 이상에 대항하는 자들이 이제 그 이상의 고무하는 진리에의 의지에 반대해야 한다는 점을 의미하며, 이런 행위는 진리에의 의지의 옹호자로서 그들이 다른 선택의 여지 없이 하는 것이다. 즉 결국 학문은 여전히 금욕적 이상에 반대할 수 있지만, 이는 오직 니체가 목표로 하는 청중을 구성하는 그런 학자들이 스스로를 향해 진리에의 의지에 대한 비판을 기꺼이 개시할 경우에만 그럴 수 있다.

그래서 우리는 니체가 23-26장에서 추구한다고 가장했던 '대립하는 의지'는 진리에의 의지에 다름 아니라는 것을 알게 된다. 진리에의 의지가 표현하는 '대립하는 이상'은 금욕적 이상의 대안이 아니고, 그 이상을 배제하는 것도 아니며, 사실상 가장 순수하고 가장 농축된 형태의 금욕적 이상이다. 근대 후기에 독특한 이런 형태의 금욕적 이상은 진리에 대한 학문적 추구와 구분될 수 없다. 둘은 동일한 '하나의 목표', 즉 아마도 인간 조건의 잘못된 본성을 회복시키게 될지 모르는 진리 자체의 추구에서 정당화된다. 진리에의 의지 속에서 금욕적 이상은

드디어 자신의 '어울리는 짝'을 만났던 것이다. 왜냐하면 진리에의 의
지 또한

> 어떠한 다른 해석도, 어떠한 다른 목표도 허용하지 않기 때문이다…그것은
> 어떤 힘에도 복종하지 않으며, 다른 모든 힘에 대한 자신의 우위, 즉 다른
> 모든 힘에 대한 절대적 **서열 우위**[174]를 믿는다.(GM III: 23)

밝혀지듯이, 그렇다면 '금욕적 이상의 바람직한 대립자들, 즉 **반이상주
의자들**'(GM III: 24)은 니체와 동료 '지식인들' 이외의 누구도 아니다.
이는 물론 그들이 이제 그들의 진리에의 의지를 그 자체와 대립하게 만
드는 경우에 한해서 그렇다. 요컨대 그들의 임무는 진리에 대한 진리를
말하는 것이며, 이것은 정확히 학문의 옹호자들이 지금까지 실패해 왔
던 일이다. 우리가 볼 것처럼, 이런 임무를 수행하는 데 성공한다면, 그
들은 그리스도교 도덕의 파괴를 재촉할 것이다.

   그래서 니체는 '무조건적이고 정직한 무신론'을 금욕적 이상의 '대립
물'로 여겨서는 안 된다는 점을 분명히 한다. '이 시대의 좀 더 정신적
인 개인들'이 무신론을 실천하기는 했지만, 무신론은 우리가 지금 이해
하는 것처럼, 가장 순수한 형태의 금욕적 이상인 진리에의 의지를 이용
한다. 물론 이것은 니체가 이 장에서 찬양하는 무신론이 '무조건적이지'
도 '정직하지'도 않다는 점을 의미한다. 왜냐하면 무신론은 지금까지 진
리에 대한 기본적인 믿음을 진보와 성공의 조건으로 인정하는 데 실패
했기 때문이다. 이 무신론자들은 **'신에 대한 믿음에 포함된 거짓말'**을
스스로 금지했을지 모르지만, 평가할 수 없는 진리의 가치를 명시하는

---

174 역주–독일어로는 Rang–Distanz이며, 필자는 이를 superiority of rank로 옮겼다.

데 포함된 거짓말을 아직 스스로 금지하지는 못했다. 여기서 니체가 분명히 이런 무신론자 집단에 자신을 포함시키고 있다는 사실에 주목해야 하며, 이는 『도덕의 계보』에서 그가 자기 자신과 그의 '우리'를 24장에서 나온 '최후의 이상주의자들'에 포함시키는 경우와 유사하다.

다음으로, 그는 '아주 엄격하게 볼 때 **무엇이** 실제로 그리스도교 신을 **이겼는가?**'라는 물음의 답이 나오는 『즐거운 학문』 357번 아포리즘을 독자들이 참조하도록 한다. 『즐거운 학문』 357번 아포리즘에서 가져온 문장은 ('모든 위대한 것들'은 법칙에 의해 겪을 수밖에 없는 '자기 지양'의 사례로 나중에 확인하고 있는) 그리스도교의 자기 극복을 서술하면서 시작해 그와 친구들이 정당한 '상속자'가 되는 '자기 극복'에 관한 논의로 끝난다.[175] 이 두 과정은 그와 동료 '선한 유럽인들'이 그들에게 '어떤 대가를 치르든 지적 결백'을 요구하는 세련된 '양심'[176]의 문제로 실천하는 학문적 '엄격함'에 의해 결합된다.

이 특정한 지점에서 『즐거운 학문』 357번 아포리즘에서 인용한 문장에 기댐으로써 니체는 진리를 말하는 단순한 행위가 그리스도교의 자기 극복을 위한 촉매제 역할을 할 수도 있는 역사적 변형의 지점에 그와 그들이 와 있음을 최고 독자들에게 알려주고자 한다. 그가 암시하는 바에 의하면, **그들**이 진리에 대한 진리를 말할 수 있다면, 그리스도교 도덕의 죽음은 확정될 것이다. 인용한 문장에 이어 바로 그는 크든 작든 모든 사물에서 복종을 명하는 지금까지 알려지지 않은 '삶의 법칙'을 거론한다.

---

175 '도덕의 자기 극복'에 관해서는 EH: 'destiny' 3; BGE 32를 보라.
176 『즐거운 학문』 357에서 니체는 '무조건적이고, 정직한 무신론'을 '유럽적 양심이…성취한 승리'로 인정한다. 그는 GM III: 27에 포함시키기 위해 (의식하지 못하고) 이 문장을 변경한다.

모든 위대한 것들은 자기 지양의 행위를 통해 자기 자신을 파괴한다. 그래
서 삶의 법칙, 즉 삶의 본성 안에 있는 필연적인 '자기 극복'의 법칙이 사실
로 주장될 것이다. —결국 입법자는 스스로 다음과 같은 명령을 받는다: **'네
스스로 정립한 법칙에 복종하라(patere legem, quam ipse tulisti).'**

'삶의 법칙'에 대한 이런 호소는 인용한 문장에서 서술된 두 과정의 수
렴이 임박했다는 사실을 명백히 알려준다고 할 수 있다. 그래서 니체는
겉보기에는 평범한 그들의 **자기 극복** 노력이 그리스도교 도덕의 **자기
지양**과 수렴할 수 있고, 실제로 그런 자기 지양을 촉진할 수 있다는 흥
미로운 가능성을 독자들에게 보여준다.

　23-27장에서 사용한 간접적 방식의 의사소통을 유지하면서 니체는
그들 자신의 입법에 복종하도록—역시 라틴어로!—요구된 입법자들
이 누군지 확인해 주지 않는다. 그러나 니체가 지금까지 말해온 내용에
서부터 볼 때 인용한 문장에서 '선한 유럽인들'이라고 여긴 자신과 최
고 독자들, 즉 '무조건적이고, 정직한 무신론자'을 의미한다고 추정
할 수 있다. 대담하게 그리스도교 신에게 불리한 재결[177]을 한 다음 그
들은 이제 그들 안에 살고 있는 신에게 불리한 재결을 하도록 요구된
다. 더욱이 인용한 문장이 가리키듯이, 그들은 자신들의 양심이 스스로
를 내세우는 '엄격함' 덕분에 특히 그들 자신의 입법에 복종할 자격이
있다. 유럽 문명 전체를 바로잡도록 요구하고 나서, 그들은 이제 스스
로를 바로잡도록 요구해야 한다. 결국 그들이 다른 사람들에게 요구했
던 '지적 결백'을 스스로에게 요구함으로써 지적 결백을 유지시키는 생
생한 핵심, 즉 진리에의 의지에 대항해 양심을 돌려야 한다. 그들은 구

177　역주-법률 용어로 옳고 그름을 가려 결정한다는 의미다.

원하는 진리의 힘에 대한 확인되지 않는 믿음에 더 이상 의존해서는 안
된다.

　니체는 다음과 같이 계속한다. 그리스도교 도덕에서 생존 가능한 것
으로 남아 있는 모든 것이라고 할 수 있는 그리스도교식 진실성이 '"모
든 진리에의 의지의 의미는 무엇인가?"라는 물음을 제기할 때' '가장 놀
라운 추론', —즉 '자신에 대항한 추론'을 끌어낼 것이다. 니체가 그리
스도교식 진실성을 대변하여 이 물음을 제기할 당사자들의 이름을 거
명하지 않지만, 이 물음 자체는 앞서 자신과 독자들을 위해 정의했던
'과제'를 생각하게 한다(GM III: 24). 그래서 우리는 그리스도교식 진
실성이 그리스도교 도덕에 대한 치명적인 도전을 나타낼 때, **그들이** 가
장 유리한 상황에 있는 그리스도교식 진실성을 대변할 것이라고 분명
히 결론 내릴 수 있을 것이다.[178] 즉 진리에의 의지를 전례 없이 스스로
와 직면하게 함으로써 그들은 그런 의지가 결코 거기에 대하여 진실한
적이 없었던 믿음, 진리에 대한 의식되지 않은 믿음에 의존하고 있다는
사실을 드러낼 것이다. 더욱이 우리가 보았듯이, 도덕에 대한 그들의
도전은 궁극적으로 **자기**-비판적[179]일 수밖에 없다. 왜냐하면 **그들이** 지
금 파괴하고자 하는 도덕의 진정한 마지막 제자들이기 때문이다. 즉 진
리에의 의지는 그와 친구들이 스스로에 대해 행하는 시험 속에서 그리
고 그 시험을 통해서 결국 '스스로를 **문제**로 의식'하게 될 것이다.

　여기서 우리는 니체가 전사들이 모으도록 훈련시켰던 지혜에 포함된

178　니체는 또한 D P4에서 그의 '우리'를 위해 이런 역할을 주장한다.
179　그들의 진리에의 의지를 의문시하는 행위의 자기 지시적 본성은 '모든 가치의 전
도'를 미리 보여주거나, 혹은 아마도 그 전도를 용이하게 한다고 말할 수 있다. 니체는
다른 곳에서 이런 전도를 '내 안에서 체화되고, 천재가 된 것으로서 인류가 한 최고의
자기 성찰 행위'(EH: 'destiny' 1)라고 서술하고 있다.

내용이 무엇인지 가장 명확하게 이해하게 된다(GM III: E).[180] '삶의 법칙'에 의한 명령처럼, 입법자는 자신의 입법에 복종할 수밖에 없다. 그러나 우리가 보았듯이, 입법자는 또한 아마도 따르거나 무시할 수 있는 복종하라는 **명령**을 받는다. 그가 어쨌든 복종할 수밖에 없지만, 이런 명령에 대한 그의 이해력은 그가 자기 의지의 표현으로서 그렇게 하도록 만든다. 그래서 지혜는 우리가 우리 의지를 '삶의 법칙'과 나란히 만듦으로써 수행할 수 있는 우리 자신의 자기 극복 필연성을 긍정하는 데서 증명된다. 즉 '지혜는 항상 전사만을 사랑한다.'(GM III: 1) 왜냐하면 전사는 고양된 이해력으로 이끄는 덕들을 배양하기 때문이다. 전사들은 그들 자신과 삶에 대한 그들의 권리에 대해 **무관심**하다. 그들은 인류가 지금까지 진지하게 여긴 (도덕과 진리를 포함한) 모든 것을 **조롱**한다. 그리고 그들은 훨씬 더 큰 힘의 소비를 추구하는 가운데 가치 있는 저항을 하는 모든 것에 대해 **폭력적**이다(GM III: E). 니체의 독자들이 지혜롭다면, 그들은 다른 사람들에게 지시했던 법칙에 자발적으로 복종하라는 명령을 수용할 것이고, **그리고** 따를 것이다. 그의 독자들이 아직 지혜롭지 않다면, 그들은 그 명령을 무시하거나, 그것이 다른 입법자들을 대상으로 한다고 추정할 것이다. 그럴 경우 그들은 '삶의 법칙'에 대한 불가피한 복종을 그들의 의지에 반하는 것으로 그리고 아마도 삶 자체에 대한 반대로 경험할 것이다.

이 장은 두 번째 에세이에서 나온 니체의 안내를 따라 허용 가능성을 검토해야 하는 몇 가지 제법 커다란 약속들로 끝난다. 이 약속들을 표명하는 가운데 니체는 두 번째 에세이 말미에서 했듯이, '더 젊고, "미래를 더 가득 가진" 그리고 더 강한' 누군가(GM II: 25)를 스스로 가로

---

180 그들이 얻는다고 주장하는 지혜는 니체가 다른 곳에서 **'비극적 지혜'**(EH: BT 3)라고 부르는 것과 관련될 수 있다.

막지도 않고, 따르지도 않는다. 아마도 그가 금욕적 이상과 치른 전쟁의 결과로 '더 젊고, "미래를 더 가득 가지"고, 더 강하'게 되었다고 할 수 있을 것이다.[181] 명석한 (그리고 '지적으로 결백한') 양심을 갖고, 그는 아마도 자신 있게 다음을 약속할 것이다.

> 그래서 진리에의 의지는 자기의식을 얻는다—거기에 대해서는 어떤 의심도 있을 수 없다—도덕은 이제 점차 **소멸**할 것이다. 이것은 다음 두 세기 동안 유럽에 남아 있는 백 가지 장면 가운데 위대한 장면이다—모든 장면 가운데 가장 두렵고, 가장 의심스럽고 그리고 아마도 또한 가장 희망적인 장면일 것이다.[182]

진리에의 의지가 스스로를 문제로 의식하게 되고, 그리스도교 도덕이 그 결과 사라질 것이라는 점에 대해 '어떤 의심'도 없다면, 니체와 알려지지 않은 친구들은 이 사건들이 일어나게 하기 위해 어떤 일도 할 필요가 없다. 그래서 중요한 물음은 그들이 장차 전개될 장면에 스스로 참여하는지 그리고 어떻게 스스로 참여하는지가 될 것이다. 그리스도교 도덕의 몰락은 단순히 그들에게 일어날 것인가, 아니면 그들이 적극적으로 그 몰락을 촉진할 것인가? 그들은 스스로를 이 재앙의 무력한 희생자로 경험할 것인가, 아니면 자랑스럽고, 의기양양한 주인으로서 경험할 것인가? 그들은 이 장면을 수동적인 구경꾼으로 견딜 것인가, 아니면 독자적인 배우로서 무대를 차지할 것인가?

그들의 참여 지분은 전혀 하찮지 않다. 그들이 도덕의 자기 극복에서

---

181 그는 GS 371에서 동일한 내용을 보여준다.
182 연극(Schauspiel)에 대한 니체의 이런 언급은 '우리 존재에 대한 옛 희극 시인'이 상연했던 '디오니소스적 드라마'에 대한 앞선 언급을 상기시킨다고 할 수 있다.

마지막 장면을 주도하는 데 성공한다면, 진리에의 의지는 그들 **안에서** **그리고** 그들을 **통해서** 최종적이고, 결정적으로 중요한 추론을 끌어낼 것이다. 이 경우 그들은 진리에 대한 그들의 믿음, 금욕적 이상에 대한 그들의 의존 그리고 그리스도교 도덕에 대한 그들의 남아 있는 맹신을 빼앗길 것이고, 그것도 아마도 폭력적으로 그렇게 될 것이다. 변형의 이미지가 전달해 준다고 할 수 있듯이(GM III: 10), 이런 규모의 변형을 겪는 주인공은—애벌레든 금욕적 사제든—그런 변형 과정을 견디고 살아남을 것 같지 않다. 니체와 알려지지 않은 친구들이 그리스도교 도덕에 대한 이런 공격을 견디고 살아남는다면, —그리고 『도덕의 계보』에서 그들의 생존은 전혀 보장되지 않았다—그들은 스스로 자신들의 '무조건적이고 정직한 무신론'이라는 희박한 '공기'만 공연히 들이마시고 있음을 발견할지 모른다. 다음 장에서 더 명확하게 보겠지만, 사실상 니체가 이들 알려지지 않은 친구들이 수행하도록 설득하는 과제는 솔직하게 말하면 **자살 임무**라고 할 수 있을지 모른다.[183]

그는 이 장을 우울하면서도 희망적인 언급으로 끝낸다. 그의 약속에 의하면, 다가올 세기는 우리의 자기 절멸에 대한 욕구를 자극하고, 인간종을 멸종에 처하게 할 수 있는 대변동과 격변을 목격할 것이다. 혹은 그렇지 않으면 바로 이 동일한 혼란은 도덕의 자기 극복, 탈금욕적 이상의 수립 그리고 탈도덕적 인간 역사 시기의 출현에 기여할 것이다. 우리가 보았듯이, 모든 것은 니체의 독자들이 다가올 장면에 어떻게 대응하느냐에 달렸다. 그들이 스스로를 지혜를 얻을 자격이 있도록 만드는 데 성공하지 못한다면, 그들은 그리스도교 도덕의 몰락을 의미 있는 현존을 영위하려는 노력에 대한 매우 파괴적인 재난으로 받아들일 것

---

183 Loeb를 보라.

같다. 그러나 그들이 지혜롭다면, 무대 위에서 자리를 잡고 스스로 앞에 놓인 탈도덕적 미래를 바라보고, 긍정할 수 있을 것이다.

28장

여기서 니체는 특별히 세 번째 에세이의 진행 과정에서 제시했던 주요 논의를 재검토한다. 그는 특히 금욕적 이상의 의미에 대한 대안적 설명을 마침내 결론 내는 데 관심을 둔다.

그는 인간 동물의 발전사에서 일어났던 '가장 근본적인 변화'를 설명한 내용에다 중요한 사항을 보탬으로써 시작한다(GM II: 16). 『도덕의 계보』 마지막 장에서 니체는 마침내 의지가 이전에 작동했던 닫힌 본능 조절 체계로부터 갑자기 이탈했을 때 **의지**에 발생했던 일을 설명한다.

> **이것**이 정확히 금욕적 이상이 의미하는 바이다: 어떤 것이 **결여**되어 있다, 인간은 두려운 **공허함**에 의해 둘러싸여 있었다―그는 자기 자신을 정당화할 줄, 설명할 줄, 긍정할 줄 몰랐다…'나는 **왜** 고통받는가?'라는 절박한 물음에 대한 어떤 대답도 없었다.

부재함으로써 '두려운 공허함'을 일으켰던 이름 붙여지지 않은 이 '어떤 것'은 니체가 세 번째 에세이 앞에 붙인 아포리즘에서 확인되었다. 거기서 그는 다음과 같이 설명했다. '인간 의지의 근본 사태…[는] **공허함에 대한** 인간 의지의 **공포**이다: 인간 의지는 목표를 **필요로 한다**―그래서 인간 의지는 의지하지 **않기**보다는 오히려 **무**를 의지한다'(GM III: 1).

두 번째 에세이 16장에서 서술한 전례 없는 변화에 앞서 인간 동물은 다른 동물들과 공유했던 목표, 즉 '자신의 모든 힘을 쏟아서, 최대한

의 힘의 느낌을 성취할 수 있는 최고로 유리한 조건'에 도달하고자 자연스럽게 노력했다(GM III: 7). 본능에 의존하지 못하도록 갑자기 방해받고, 시민사회의 모든 사람을 괴롭힌 자초한 고통을 새롭게 짊어짐으로써 인간 동물은 더 이상 평상시처럼 지낼 수 없었다. 인간 동물은 그것을 추구함으로써 익숙해졌던 힘의 느낌을 전해줄 목표를 처음으로 스스로 결정할 수밖에 없었다. 그래서 니체는 **의지하지 않기**, 즉 바람직한 힘의 느낌을 낳는 최소한의 정서적 투자[184]를 해내는 데 실패하기(혹은 해내는 것을 거부하기)라는 선택지를 단순히 실행 가능하지 않은 일로 취급한다. 살고, 번영하고, 그리고 성장하기 위해서 인간 동물은 그 자신의 현존 조건을 파괴하고자 의지하는 것 외에 다른 어떤 선택지도 갖지 못해도 **의지**할 수밖에 없다. 즉 그는 세계에 대한 자신의 정서적 개입을 유지할 수밖에 없다.

그러나 당분간 그런 목표는 제시되지 않았다. 의지를 급작스럽고 불안한 미래로 투사할 수 없었기 때문에 인간 동물은 고통스럽고, 목표가 없는 자기 현존의 의미를 물을 수밖에 없었다. 실존적 위기가 뒤따랐고, '자살을 유발하는 니힐리즘'의 가능성이 그럴듯하고, 바람직하게 되었다. 이런 위기에 대응하여 삶은 금욕적 사제라는 직책을 통해 이런 아픈 동물들이 그들의 실존적 고통에도 불구하고, 좀 더 정확히는 그런 고통 때문에 계속해서 살도록 설득했던 금욕적 이상을 고안했다. 금욕적 이상은 그들에게 고통에 대한 중요한 해석을 제공함으로써 위기를 줄였다. 그들은 고통을 받을 **만하기** 때문에 고통받는다. 즉 금욕적 사제의 조언에 따라 인간 동물은 양심의 가책이라는 종을 보존하는 병에

---

184   역주-니체가 말하는 힘에의 의지가 정서나, 느낌의 차원도 포함한다고 간주하면, 이런 식의 표현이나 바로 몇 줄 아래 나오는 '정서적 개입'과 같은 표현은 이해할 만하다.

걸렸던 것이다.

니체는 계속해서 겉보기에 저항할 수 없는 금욕적 이상의 매력을 설명해 주는 심리학적 원리를 폭로한다. 통상적 견해와 반대로 인간은 '고통 자체를 거부하지 **않고**', 그들에게 '그 고통에 대한 **의미**가 나타나면', 고통을 바라며, '심지어 그 고통을 추구하기도 한다.' 우리가 보았듯이, 금욕적 이상은 이 불쌍하고, 우리에 갇힌 동물들이 그들의 고통을 해석하게 해줄 뿐만 아니라, 또한 그들이 고통을 열망하고, 죄를 지은 죄인들을 위한 마취, 고통에 수반되는 마취를 열망하게끔 훈련시켰다. 도달할 수도 없고, 부인할 수도 없는 목표를 인간 동물에게 부과함으로써 금욕적 이상은 의지를 구했다. 그러나 니체는 다음과 같이 재빨리 덧붙인다. 즉 금욕적 이상의 막대한 영향은 그 자체의 어떠한 긍정적 속성 때문이 아니라, 그것이 의미를 전달하는 일에서 누렸던 독점 탓이라는 것이다. 이것은 금욕적 이상에 대한 이전 설명에 덧붙인 중요한 첨가다. 왜냐하면 이는 결국 왜 그러한 파괴적 이상이 그처럼 엄청난 힘을 축적할 수 있었는지 설명해 주기 때문이다.

> 사람들이 대개 믿는 것처럼, 신이 사제들 배후에서 작용하고 있기 때문이 아니라, **부득이** 그랬다. 즉 그 이상이 지금까지 유일한 이상이었고, 어떤 경쟁자도 없었기 때문이다.(EH: gm)

이로부터 세 번째 에세이의 주도적 물음에 대한 니체의 대답이 나온다. 즉 금욕적 이상의 우세는 다른 어떤 이상도 고려와 선택을 위해 제시되지 않았다는 사실을 **의미한다.**[185] 인간의 도덕적인 역사 시기를 통

---

185 『도덕의 계보』를 재검토하면서 니체는 자신의 차라투스트라를 '대립하는 이상'의 원천으로 여긴다(EH: gm).

틀어 문화 체제 아래서 인간은 금욕적 이상을 수용하는 것밖에 다른
어떤 선택지도 갖지 못했다. 즉 인류는 본성에 의해서도, 선택에 의해
서도 금욕적인 것이 아니라, 단지 이용 가능한 대안적 이상의 부족 때
문에 금욕적이다. 우리에게 아직 알려지지 않은 이유들로 인해 삶은
모든 인간이 금욕적 이상의 기치 아래 자기 향상과 자기완성의 기획을
추구하도록 요구했다. 인간 동물의 발전에서 도덕적 시기가 거의 종말
에 가까웠기 때문에, 니체는 그 이후 시기의 핵심적 활동들을 조직할
수 있는 중심으로 또 다른 이상의 부흥을 예견한다.[186][187] 이후 시기에
탈금욕적인 다른 목표들을 추구함으로써 인간들이 계속적인 생존을 가
능하게 할 활력과 목적을 얻게 되기를 니체는 바란다.

　밝혀야 할 마지막 단계의 의미가 남아 있다. 돌연 현재 시제로 바꾸

---

[186]　GM P7; II: 24; III: 3; III: 10에서 니체는 그 이상이 가까워졌다는 사실을, 자
신을 장난스럽게 조롱하는 자신의 능력과 연결시켜 설명하는 후속 이상을 암시한다.
또한 GS 382를 보라.

[187]　역주-앞의 각주에서 언급하고 있는 『즐거운 학문』 382번 아포리즘은 '위대한 건
강'이라는 제목을 달고 있으며, 이상과 관련된 내용은 다음과 같다. 중요한 부분이기
때문에 다소 길지만 인용한다. "또 다른 하나의 이상이 우리 앞으로 달려오고 있다. 그
것은 놀랍고 유혹적이고 위험에 가득 찬 이상이다. 이 이상을 우리는 누구에게도 권유
하고 싶어 하지 않는다. 왜냐하면 우리는 그 누구에게도 **그것에 대한 권리**를 그리 쉽게
인정하지 않기 때문이다. 지금까지 신성하다고, 선하다고, 불가침적이라고 신적이라
고 불리었던 모든 것을 상대로 해서 순진하게, 즉 의지를 갖지 않고 넘칠 정도의 충만
함과 강력함으로부터 유희하는 정신의 이상…그런 이상이란 가끔은 아주 **비인간적**으
로 나타날 것이기도 한 인간적이고, 초인간적인 행복과 선의라는 이상이다. 그런 이상
이 비인간적으로 나타나는 경우는 다음과 같다. 예를 들어 기존의 전반적인 지상의 진
지함 옆에서, 몸짓이나 말이나 소리나 시선이나 도덕이나 과제에서 드러나는 온갖 종
류의 장엄함 옆에서, 그 이상이 그런 진지함과 엄격함에 대한 의도치 않은 생생한 패
러디처럼 제시될 때다. 그리고 그 모든 것에도 불구하고 그런 이상을 통해 아마도 **위
대한 진지함**이 비로소 시작될 것이고, 진정한 의문 부호가 비로소 찍힐 것이며, 영혼
의 운명이 바뀌고, 바늘이 움직이고, 비극이 **시작될** 것이다…", KSA 3(『즐거운 학
문』), 382.

어 니체는 독자들에게 마지막 도전 한 가지를 제시한다.

> 우리는 금욕적 이상에서 방향성을 얻었던 그런 모든 의지 행위가 **무엇을** 표
> 현하는지 더 이상 스스로 숨길 수 없다.…이 모든 것은—그것을 과감하게
> 파악해 보자—**무에의 의지**를 의미한다…

이것이 세 번째 에세이가 불규칙하지만 꾸준하게 만들어 왔던 요점이
다.[188] 금욕적 이상의 우세가 **의미하는 것**은 결국 지금까지 인간 동물의
생존이 **무에의 의지**의 베일에 가려진 표현 덕분에 보장되어 왔다는 사
실이다. 금욕적 이상은 인간 동물이 스스로를 지탱해 주는 의미와 목적
에 도달하게 해 주었지만, 이는 단지 현존의 조건을 파괴하는 조직적
활동에 의심하지 않고 스스로 참여하는 경우에 한해서였다. 즉 니체는
책임 있는 동물을 사육하는 데 거둔 자연의 성공이 인류의 미래를 대가
로 성취되었을까 봐 걱정한다. 자연은 지금까지 인간 동물을 생존하도
록 선택해 왔지만, 미래의 선택 가능성을 줄이는 방식으로 그렇게 했던
셈이다.

아주 최근까지 금욕적 이상은 자살을 유발하는 니힐리즘에 이르는
문을 닫는 데 성공해 왔다. 우리가 지금 깨닫는 바에 의하면, 금욕적 이
상은 하나의 목표를 촉진함으로써 그렇게 했다. 그 목표란 자기 제어이
며, 그런 자기 제어를 추구함으로써 금욕적 이상을 고수하는 자들은 교
묘하게 가장되고, 오래 지속된 자기 절멸 프로그램에 참여했다. 무에의
의지를 제거하기보다 금욕적 이상은 단순히 (그리고 교묘하게) 그것을

---

188 여기서 그는 드디어 '[금욕적 이상이] 의미하는 것; 그것이 가리키는 것; 그 배후
에, 그 아래, 그 속에 감춰져 있는 것; 의문 부호와 오해로 뒤덮인 채 잠정적이고, 불
분명하게 표현된 것'(GM III: 23)을 드러낸다.

'신성한 의도의 덮개 아래' 가장했다(GM III: 21). 구원의 약속은 명예로운 자기 제어의 실행과 수치스러운 자살의 실행을 아주 진지하게 구분하기 위한 유용한 구실을 모든 유형의 금욕주의자들에게 제공했다. 그러나 니체에 의하면, 이런 기발한 책략은 종에 대한 유용성을 거의 다 소진했다. 금욕적 이상의 권위가 쇠퇴함에 따라, 금욕적 이상의 고객은 천천히 줄었다. 사실 금욕적 이상은 대부분의 인간들에 대해 더 이상 어떠한 유의미한 영향력도 행사하지 못한다. 그 이상이 생겨났던 목적인 '자살을 유발하는 니힐리즘'의 억제책으로서 금욕적 이상은 더 이상 대체로 효과적이지 못하다.

그러나 몇몇 인간들의 경우 금욕적 이상은 자기 개선과 자기완성으로 나아가게 하는 효과적인 추진력으로 남아 있다. 우리가 보았듯이, 니체는 독자들 가운데 '최후의 이상주의자들'이 진리에의 의지에 대한 최종적이고, 결정적으로 중요한 자기 검토 행위를 주도하도록 촉구할 때, 금욕적 이상에 기댄다. 그러나 그들의 진리에의 의지가 '금욕적 이상으로부터 방향을 얻는' 만큼, 그 의지 역시 무에의 의지를 비호할 수밖에 없다. 이것은 니체와 알려지지 않은 그의 친구들이 금욕적 이상의 옹호자로서 최종적으로 남아 있는 그들 자신의 현존 조건들을 파괴하려는 공통된 의지를 공유한다는 점을 뜻한다. 가령, 그들이 그들의 정체성과 목적을 위해 진리에의 의지에 의존하고 있지만, 그럼에도 그들은 자신들의 '온전한 존재' '의미'를 진리에의 의지가 '스스로를 문제로 의식하게' 되도록 강제하는 조직적 활동에서 발견한다(GM III: 27). 여기서 드디어 다음과 같은 사실이 명확하게 된다. 즉 니체는 그리스도교 도덕이라는 몰락하는 체계를 공격하기 위해 무에의 의지의 파괴적인 힘을 이용하려고 작정하고 있다는 것이다. 그리스도교 도덕의 종말을 주도하자고 제안하는 가운데 그와 알려지지 않은 그의 친구들은 스스로 그 아래서 의미 있는 현존을 가까스로 보장해 왔던 바로 그 조건들에 대해 실질적으로 전쟁을 선포할 것이다.

그래서 무에의 의지에 니체가 관여하고 있다는 사실은 이따금 등장하는 바람, 즉 그리스도교 도덕의 몰락을 꾀하는 과정에서 소모되려는 순교자 같은 바람을 표현하는 이유를 설명해 준다.[189] 그와 이런 임무를 함께하는 데 동의하는 독자들은 아마도 그가 불필요하고, 자기 소모적인 파괴 행위와 결부시키는 흡사 에로스와 같은 기쁨을 경험하려는 바람으로 인해 그렇게 할 것이다. 이런 측면에서 그가 그리스도교 도덕의 없애기 힘든 나머지 부분에 대한 이런 공격을 견디고 살아남게 될 것이라는 어떤 실질적 보장도 독자들에게 하지 않는다는 점은 니체의 공이 될 수 있을지 모른다. 이 임무의 목적은 인류가 생존을 위한 선택을 가장 잘 보장해 주게 될 변형을 계속해서 겪을 수 있도록 그들 자신을 대가로 치르더라도[190] 도덕의 자기 파괴를 주도하는 일이다.

이것이 니체가 『도덕의 계보』에서 목표로 하고 있는 청중에게 전하기를 바란 지혜의 본질이다. 그래서 니체는 차라투스트라가 독자들에게 전사가 되라고 촉구하도록 요청함으로써 세 번째 에세이를 시작한 것이다. 단지 전사로서만 그들은 우리 자신의 현존에 대한 '무관심하고', 미온적인 애착에서 표현된 지혜를 얻을 수 있다(GM III: E).[191] 사실상 우리는 니체와 알려지지 않은 그의 친구들이 자신들의 죽는 방식을 통해서만 금욕적 사제와 스스로를 구분할 것이라는 사실을 드디어

---

189 이런 바람을 전형적으로 표현하면서 니체는 다음과 같이 언급한다. '우리는 도덕을 **넘어** 곧장 항해한다. 우리는 우리의 항해를 그리로 감행함으로써 우리 자신의 도덕에서 남아 있는 것을 분쇄하고, 아마도 파괴할 것이다―그러나 중요한 것은 우리다!' (BGE 23)

190 Loeb를 보라.

191 TI 9: 38을 보라.

알 수 있다. 사제가 복종하라는 요구를 단순히 거부하고, 퇴락하는 형
태의 마지막 삶에 집요하게 집착하는 반면, 니체와 그의 친구들은 의사
의 맹세를 마음에 새기고,[192] 다른 모든 진전된 퇴락의 사례들 또한 파
괴할 수 있도록 그들 자신을 파괴할 시간을 맞춘다. 그렇게 하는 가운
데 그들은 니체가 다른 곳에서 '사고 없이, 습격 없이'(TI 9: 36) 죽기
로 한 사람들이 자유롭고, 의식적으로 결정함으로써 부자연스러운 죽
음과 구분되는 **자연스러운 죽음**'이라고 부른 것을 스스로 준비한다.

　금욕적 이상의 쇠퇴는 그리스도교 도덕에 대한 자기 소모적인 공격
에서 니체와 함께하지 못하는 우리들에게 무엇을 의미하는가? 우리의
현재 곤경에 대한 니체의 진단에 따르면, 우리 대부분은 이미 지향하는
이상 없이 사는 데 익숙해져 있다. 우리들 중 몇몇은 자살을 유발하는
니힐리즘의 전망에 의해 유혹당하고 있는 반면, 대부분은 우리 삶을 형
성하는 다양한 임무와 일상사로부터 적절한 의미와 목적을 용케도 도
출해 낸다. 이런 임무와 일상사는 전설의 재료가 될 수는 없지만, 그것
들은 우리를 바쁘고, 생산적이며, 기능적이고, 상당히 만족스럽게 그럭
저럭 유지해 준다. (이런 측면에서 우리는 스스로 인정하고 싶어 하는
것보다 '최후의 인간'과 훨씬 가깝게 닮아 있을지 모른다[Z P5].[193]) 확
실히 우리의 만족감은 특히 그것이 죽은 신에 대한 우리의 남아 있는
믿음에 의존하는 경우, 인위적이고, 무상할 수 있다. 신의 죽음이 가진
온전한 의미가 결국 우리를 엄습할 때, 우리는 지향하는 이상이 제공하
는 방향과 목적 없이는 살 수 없다는 사실을 발견할 수 있을지 모른다.

　그러나 니체는 인류가 금욕적 이상의 쇠퇴를 견뎌낼 수 있다는 희망
을 갖고 있다. 그 오랜 지배 기간 동안 그리고 특히 지난 이천 년 동안

192　TI 9: 36을 보라.
193　Ridley, pp. 150–2.

금욕적 이상은 우리를 바꾸었고, 우리를 그 이미지 속에서 다시 만들었으며, 타고난 예술가적 기교가 된 것을 우리 안에 길러 냈다. 금욕적 이상은 우리를 도덕적으로 만들었다. 이는 유감스럽지만, 도덕에서 벗어나기 위한 불가피한 전제 조건이다. 금욕적 이상은 우리가 지금 그 안에 존재하는 다양한 자기 본위적 관계에 우리를 길들였으며, 이런 관계들이 야기한 자초한 고통과 지연된 만족에 익숙하게 만들었다. 금욕적 이상은 새로운 철학자가 아직 명시되지 않은 어떤 미래의 용도를 위해 우리가 쓰도록 도울 수 있는 이따금 넘치는 역량을 지닌 정신을 우리에게 부여했다. 『도덕의 계보』에서 니체가 염두에 둔 목적을 위해 가장 중요한 점은 금욕적 이상의 지배가 자연이 우리를 위해 확립했던 (그리고 이어서 개정했던) '사육' 기획을 인류가 완성할 수 있게 만들었다는 사실이다. 이런 완성이 특히 우리를 기다리는 재앙과 격변의 측면에서 아무리 있음 직하지 않게 보여도, 그 완성은 **단지** 금욕적 이상이 완성을 형성하는 데 미친 영향의 결과로**만** 가능하다.

요약

세 번째 에세이는 금욕적 이상이 **예술가, 철학자, 사제, 학자 및 전사**를 포함한 다양한 지지층에게 많은 것을 의미해 왔음을 보여준다. 이런 의미의 다양성은 결국 다음을 뜻한다. 즉 금욕적 이상의 우세는 인간 동물이 자연적 본능에서부터의 비자발적인 소외를 견뎌낼 수 있게 했던 문화에 고유하다는 점이다. 즉 금욕적 이상은 인간이 본성상 금욕적이기 때문이 아니라, 어떤 다른 대안적 이상도 선택을 위해 제시되지 않았기 때문에 지배해 왔던 셈이다.

그러나 이 시기가 끝나감에 따라 금욕적 이상은 쇠퇴하고 있다는 사실이 명확해진다. 신의 죽음이 계속 더 광범위하게 인정되었기 때문에,

금욕적 이상은 더 이상 고통을 통한 구원이라는 믿을 만한 약속을 일반적으로 표명할 수 없다. 금욕적 이상의 권위가 점점 사라짐에 따라, 우리는 그 성공의 비밀을 드디어 간파할 수 있다. 금욕적 이상은 무에의 의지를 자극함으로써 인간 동물을 구원해 왔다. 금욕적 이상의 후원 아래 인간 동물은 기본적인 힘의 느낌과 생기를 유지하지만, 이는 단지 바로 현존의 조건 자체를 의심하지 않고 파괴하는 노력 덕분에만 그렇다. 인간 동물의 당면한 미래를 보증하는 가운데 금욕적 이상은 인간종의 먼 미래를 의심스럽게 만들었던 셈이다. 금욕적 이상에 대해 어떤 식으로든 계속 기대는 경우 인류가 소멸할지도 모른다고 두려워하면서 니체는 금욕적 이상의 쇠퇴와 그에 상응하는 그리스도교 도덕의 몰락을 가속화하고자 노력한다.

자신의 역사적 상황이 허용한 유일한 기회를 이용하기를 바라면서 니체는 자신이 금욕적 이상의 최후 옹호자들로 간접적으로 확인한 최고 독자들이 그리스도교 도덕의 자기 파괴에서 최후의 장면을 주도하는 데 그와 함께하도록 이끈다. 그리스도교식 진실성의 대리자로 활동하면서 그들은 진리의 가치를 시험 삼아 의심할 것이며, 그럼으로써 진리에의 의지가 진리에 대한 **믿음**에 스스로 의존하고 있음을 인정하도록 강제하려고 할 것이다. 이런 모험에서 그들이 성공한다면 그것은 그리스도교 도덕의 죽음과 새로운 탈도덕적 시대의 탄생을 나타낼 것이다. 물론 니체와 알려지지 않은 그의 친구들은 그 과정에서 소멸할 것 같으며, 이것이 니체가 세 번째 에세이 제명에서 『차라투스트라는 이렇게 말했다』에서부터 인용된 전쟁의 특정한 덕들에 대한 훈련을 권했던 이유다. 아마도 그리스도교 도덕에 대한 이런 마지막 공격에서 그와 함께하는 알려지지 않은 친구들은 인류를 금욕적 이상으로부터 해방시키는 과정에서 소모되려는 니체의 바람을 공유할 것이다.

연구해 볼 물음

1. **금욕적 이상**은 무엇이며, 그 일차적인 기능은 무엇인가?

2. 니체가 묘사하고 있는 '모성적' 철학자의 의미는 무엇인가?

3. **금욕적 사제**는 누구이며, '도덕상의 노예 반란'에서 그의 역할은 무엇인가?

4. 왜 니체는 금욕적 사제가 진정한 의사가 **아니라**고 주장하는가?

5. **무에의 의지**는 무엇이며, 우리는 그 도래를 어떻게 준비할 수 있을 것인가?

최초의 수용과 영향

1887년『도덕의 계보』출간은 유럽 전체에 걸쳐 니체와 그의 저술에 대한 관심이 전반적으로 커진 상황과 일치했다. 그는 독자들의 양과 질에 대해 계속 한탄했지만, 유럽의 지적 장면에서 자신이 등장한 것을 아주 잘 알고 있었다. 바로 다음 해 니체는 자신의 영향력이 확장되는 영역을 의식하면서 다음과 같이 적고 있다.

> [독일 외에도] 내 독자들은 도처에 있다. 이들은 **엄선된** 지성인들이자, 높은 지위와 의무 속에서 훈련된 믿을 만한 인격들이다. 내 독자들 가운데는 심지어 진짜 천재들도 있다. 비엔나, 상트페테르부르크, 스톡홀름, 코펜하겐, 파리, 뉴욕 등 어디에서든 나는 발견되었다.(EH: ‘good books’ 2)

코펜하겐에 대한 니체의 언급은 특히 주목할 만하다. 왜냐하면 이 언급은『도덕의 계보』의 최초 수용 및 영향과 직접 관련되기 때문이다.『도덕의 계보』무료 복사본을 받고, 덴마크의 유명 작가 브란데스(Georg Brandes, 1842-1927)는 니체에게 다음과 같이 답했다. ‘당신은 내가 함께 대화하고 싶은 몇 안 되는 사람 중 하나입니다.’[1] 이런 초대에 우쭐해서 니체는 사교적인 편지로 답했고, 두 사람은 서신 교환을 시작했

다. 자신의 새로운 지인을 '독일 작가들 가운데 의심의 여지 없이 가장
흥미진진한 자'[2]로 여기면서, 브란데스는 1888년 봄 코펜하겐 대학에서
니체에 대한 일련의 대중 강좌를 준비했다.[3] 오직 『도덕의 계보』 독해
에만 기대어 브란데스는 니체 철학을 '귀족적 급진주의'[4]로 이루어진
것으로 특징지었으며, 니체는 다시 이 견해를 자신에 관해 이제껏 읽었
던 '가장 현명한 것'이라고 판단했다.[5] 또 다른 서신 교환자에 대한 편
지에서 니체는 '모든 급진적 당파'(사회주의자, 니힐리스트, 반유대주
의자, 정통 그리스도인, 바그너주의자)가 자신에게 부여한 '경이롭고,
거의 신비스러운 존경'을 자랑스럽게 언급했다.[6] 10년 뒤 브란데스는
니체가 얼마나 영향력이 있게 되었는지 곰곰이 생각한 뒤, 니체의 '이
름이 그 당시부터 전 세계로 흘러넘쳤으며, 이 순간 우리 동시대인 가
운데 가장 유명한 사람 가운데 하나'라고 말한다.[7] 물론 니체의 유명세
는 1889년 광기에 빠진 니체 자신에게는 전혀 알려지지 않았다. 브란
데스에게 쓴 1889년 1월 4일자 소인이 찍힌 마지막 메모에는 **십자가에
못 박힌 자**라고 서명되어 있다.[8]

　이 일화가 암시하듯이, 『도덕의 계보』 출간은 니체 저술에 대한 관심
이 전반적으로 폭증한 사태에 기여했다. 1890년대 유럽을 통틀어 니체
는 브란데스가 주목했듯이, **세기말** 유럽 문화를 특징지었던 모든 '본

---

1   Hayman, p. 314에서 인용.
2   Hayman, p. 314에서 인용.
3   Hayman, pp. 316-18 ; Brandes, pp. 82-3.
4   Brandes, p. 63.
5   Brandes, p. 64.
6   Letter to Franz Overbeck on 24 March 1887. SB, Vol. 8, No. 820, p. 48.
7   Brandes, p. 59.
8   Brandes, p. 97.

능'에 대해 그가 반대했음에도 불구하고,[9] 당대의 주도적 사상가로 칭
송되었다. 사실 『도덕의 계보』의 초기 수용은 분명 다양한 방향에서 이
루어졌다. 니체의 영감은 정치적 스펙트럼을 가로지르고, 넘어서서 다
양한 당파와 운동들의 대표자들에게 영향을 미쳤다. 브란데스가 니체
를 반시대적인 귀족주의적 공감으로 인해 칭송했던 반면, 다른 비판자
들은 그의 저술이 세기말 혼란과 무질서에 대한 보편적 인식의 확산을
유도한다고 비난했다. 가령, 영향력 있는 심리학자 노르다우(Max Nor-
dau, 1849-1923)[10]는 무정부주의자, 개인주의자 및 자유로운 탐구자가
되려는 사람들에 대해 니체가 끼친 불건전한 영향을 매도했다.[11] 1892
년에 노르다우는 다음과 같이 언급했다. '의심할 여지 없이 현실의 니
체 무리는 타고난 천치 범죄자들과 듣기 좋은 말에 취한 숙맥으로 구성
되어 있다.'[12] 니체를 끊임없이 따라다니는 '병적인 자기중심주의'에 대
한 진단을 확증하려고 노력하는 가운데 노르다우는 매우 강한 니체의
'사디즘'을 '근원'으로 볼 수 있는 중심 주장들이 담긴 『도덕의 계보』를
제멋대로 인용했다.[13]

이런 판단의 가혹함이 확인해 주듯이, 『도덕의 계보』의 초기 평판이
니체에게 전적으로 자랑스러운 것만은 아니었다. 노르다우와 같은 반
응들은 쉽게 반박되었던 반면, 『도덕의 계보』에 대한 더 암울한 다른
해석들은 더 심각하고, 지속적인 것으로 드러났다. 소위 '주인 인

---

9   Brandes, p. 104.
10   역주-유대계 독일의 의사이자 작가이기도 했으며, 유대 민족주의자로서 팔레스
타인이야말로 유대인의 안식처로 유대인이 가서 살아야 할 땅이라고 믿는 시온주의자
들의 가치관 형성에 주도적 역할을 했다.
11   Nordau, pp. 470-2.
12   Nordau, p. 469.
13   Nordau, p. 451.

종'(GM I: 5)에 대한 비웃음, 유대인의 '통속적이고, 도덕적인 천재성'
에 대한 칭찬(GM I: 16), 바그너의 「파르지팔」에 대한 조롱(GM III:
3-4), 루터를 무시하는 취급(GM III: 22), 반유대주의자와 아리안 열
광주의자들에 대한 명백한 경멸(GM III: 27) 그리고 '부정할 수 없이,
명백한 독일 정신의 정체(停滯)'에 대한 진단(GM III: 27)에도 불구하
고, 니체는 비스마르크 당시 독일에서 일어났던 외국 혐오증을 일으키
는 민족주의에 공감하는 사상가로 많은 독자들에 의해 수용되었다. 그
이후 20세기에 『도덕의 계보』의 논쟁적인 스타일과 선동적인 레토릭은
나치 이데올로그 보이믈러(Alfred Bäumler)를 포함해 반유대주의자와
독일 민족주의자들[14]에 속한 헌신적인 독자층의 마음을 끌었다.[15]

많은 학자들이 언급했듯이, 반유대주의자, 독일 민족주의자, 아리안
지상주의자 및 나치 옹호자들에 의한 니체 전용(appropriation)은 니체
의 실제 저술들에 대한 공격적 오독은 아니지만, 극히 선택적인 독해를
기반으로 해서만 가능했다. 물론 정확히 이런 종류의 오독은 니체의 누
이동생 엘리자베스가 부추겼으며, 그녀는 식민지 파라과이에서의 모
험[16]이 실패한 다음 독일로 돌아왔을 때, 자신의 오빠를 우파 극단주의
에 속하는 일종의 다목적 예언가로 내세우려고 획책했다.[17] 그녀의 동
료와 아첨꾼 무리에는 무솔리니와 히틀러가 포함되어 있었으며, 그녀
의 확신에 의하면, 그 둘은 자기 오빠의 철학 정신을 구현하고 있었다.

누이동생의 기회주의적인 교묘한 책략에도 불구하고, 우리는 나치의
니체 전용에 결국 영향을 미쳤던 특정한 오독이 마법으로 만들어졌다

---

14   Aschheim, pp. 161-3.
15   Aschheim, pp. 249-51.
16   역주-1부 역주 3 참조.
17   Safranski, pp. 317-18, 또한 MacIntyre, p. 149-58.

고 결론을 내리는 데는 조심해야 한다. 니체는 어떠한 의미에서도 원래 나치는 아니지만, 『도덕의 계보』의 도발적이고, '논쟁적인' 주장에 대해서뿐만 아니라, 그 주장을 하기 위해 사용된 레토릭적 전략에 대해서도 확실히 책임이 있다. 특히 우리가 보았듯이, 그는 독자들이 그들의 반유대적인 편견을 자신에게 투사하도록 부추겼던 위험한 레토릭적 전략을 선택한 책임이 있다. **차라투스트라**가 흥분을 잘 하는 반유대주의자들의 관심을 끌었다는 점을 잘 알고 있었다면, 그는 아주 충분히 예상을 하면서 『도덕의 계보』에 있는 몇 가지 오해할 만한 언급과 암시들을 기꺼이 재고할 수 있었을 것이다.

그에게는 또한 확산될 수밖에 없었던 『도덕의 계보』에 대한 오해를 좀 더 힘 있고, 단호하게 막는 데 실패한 책임이 어느 정도 있다. 가령, 자신의 추종자들이 반유대주의자들 가운데 속하게 하는 것을 막으려고 니체가 분명히 바랐다면 『도덕의 계보』에서 아주 표준적이고, 부정적인 유형의 유대인들에 기대어 논의를 펴는 일을 쉽게 하지 않았을 것이다. '로마 대 유대, 유대 대 로마'를 유럽의 역사와 문화를 정의해 왔던 투쟁의 '상징'으로 제시하고 나서(GM I: 16), 그는 자신의 독자들 몇몇이 그들의 제국에 찬성하는 반유대적인 대의명분을 위해 『도덕의 계보』를 열심히 선택할 것이라는 점을 확실히 알았다. (혹은 그러리라고 의심해야 했을 것이다.) 마찬가지로 그리스도교와 사도 바울을 『도덕의 계보』에서 비판의 주요 목표로 거명하기를 꺼린 일―그가 『안티크리스트』와 『이 사람을 보라』에서 『도덕의 계보』를 재검토할 때는 포기했던 레토릭적 책략―때문에 어떤 독자들이 『도덕의 계보』를 그리스도교에 찬성하는 장광설로 오해할 것이라고 의심했어야 할 것이다. 물론 니체는 또한 주지하다시피 단순한 근대 독자들이 그를 어떤 용도로 이용할지 신경 쓰지 않는다고 주장했다. 우리가 이런 주장을 진정한 바람의

표현으로 진지하게 받아들인다면, ―이를 권하지 않는다― 그런 바람
은 니체가 원하는 대로 이루어졌다고 할 수 있을지 모르며, 『도덕의 계
보』는 정확히 그런 바람에 마땅한 독자층의 마음을 끌었던 셈이다.

『도덕의 계보』가 나중에 미친 영향

『도덕의 계보』에서 인간 행위를 추동하는 무의식적이고, 도덕과 무관
한 충동에 니체가 기댄 것은 심층 심리학과 정신분석학의 발전에 깊은
영향을 주었다. 특히 이 점과 관련하여 프로이트(Sigmund Freud,
1856-1936), 융(Carl Jung, 1875-1961), 아들러(Alfred Adler, 1870-
1937)를 포함하여 이 연구 분야의 선구적인 인물에 대한 영향은 주목
할 만하다.

　모든 문명화된 인간에게 요구되는 동물적 공격성의 섭취에 관련된
가설, 즉 두 번째 에세이의 중심 가설은 특히 영향력이 있었다. 이 가설
은 1929년 걸작 『문명과 그 불만』의 중심에 문명의 기원에 대한 이와
유사한 설명을 두었던 프로이트 같은 권위자가 채택했고, 발전시켰
다.[18] 행복의 성취를 본능의 자발적 만족과 연결시키면서 프로이트는
자기 검열, 자기 제어 및 자기 징계에 대한 증폭하는 요구가 문명화된
인간의 불행(혹은 '불만')을 가져오기에 충분하다는 니체의 의심을 확
증했다.[19] 그가 추측하는 바에 의하면, 시민사회의 상대적인[20] 평화와

18　Freud, pp. 70-1.
19　Strachey에 의해 civilization으로 번역된 단어는 Kultur이다. 『도덕의 계보』를 번
　　역하면서 Kaufmann과 Hollingdale은 Cultur를 대개 culture로 번역한다.
20　역주-자연 상태에 상대적이라는 의미라고 이해할 수 있다.

번영을 누리고자 한다면, 우리는 공격적이고, 파괴적인 에너지의 내적 발산에 수반하는 타협의 여지없는 불만에 직면하기 위한 전략을 발전시켜야 한다. 프로이트의 결론에 의하면, 인류의 미래는 에로스에 속하거나, 죽음에 속할 수 있다.[21]

『도덕의 계보』의 영향은 프로이트를 통해 프로이트와 유사한 방식으로 니체가 제시한 가설의 더 넓은 사회학적 함축을 탐색하는 데 관심이 있었던 많은 학자들에게 전파되었다. 『에로스와 문명』에서 마르쿠제(Herbert Marcuse, 1898-1979)는 문명에 대해 지나치게 비관주의적인 프로이트의 관점을 교정하기 위해 니체에게 기댔다. 니체가 『도덕의 계보』를 마무리하는 잠재적으로 희망 섞인 언급을 반복하면서 마르쿠제는 자발적인 에로스의 표현과 더 친밀한 것으로 드러날 수 있는 덜 까다로운 현실 원리의 가능성을 제시했다. 『도덕의 계보』의 영향, 특히 현대 사회의 병약함에 대해 이 저술이 내린 논쟁적인 진단의 영향은 또한 프롬(Erich Fromm, 1900-80), 메이(Rollo May, 1904-94) 및 브라운(Norman O. Brown, 1913-2002)을 포함한 다른 사회 심리학자들의 작품에서 확인할 수 있다.

근대 후기 유럽 문화에 대한 니체의 진단이 가진 더 큰 사회학적 함축은 20세기 많은 저명한 저술가들에게 영향을 미쳤다. 쇼(G. B. Shaw, 1856-1950), 로렌스(D. H. Lawrence, 1885-1930), 헤세(Hermann Hesse, 1877-1962), 만(Thomas Mann, 1875-1955), 지드(André Gide 1869-1951), 카프카(Franz Kafka, 1883-1924), 카잔차키스(Nikos Kazantzakis, 1883-1957)와 같은 다양한 작가들은 퇴행, 죄, 절망, 소외, 걱정 및 불안을 포함한 근대 후기의 불만을 분석하고,

---

21 Freud, p. 92.

어떤 개인들이 질식시킬 듯한 문명의 요구에서 벗어나는 데 (혹은 그런 요구를 연기하는 데) 성공할 수 있는지에 대한 가능성을 탐구하는 가운데 니체에 의해 영감을 받았다. 좀 더 일반적으로 니체는 '신의 죽음'에 수반하는 위기에 대한 긍정적이고, 진정한 대응을 발휘하는 일에 관심을 가졌던 철학과 문학에서 **실존주의** 운동의 창시자로 인정된다. 실존주의 발전에 대한 니체의 영향은 하이데거(Martin Heidegger, 1889-1976), 사르트르(Jean Paul Sartre, 1905-80), 까뮈(Albert Camus, 1913-60), 부버(Martin Buber, 1878-1965), 틸리히(Paul Tillich, 1886-1965) 및 말로(Andre Malraux, 1901-76)와 같은 작가들의 저술에서 가장 분명하게 나타난다.

니체는 또한 20세기 문학적, 미적, 정치적, 문화적 비평의 발전을 자극했던 '의심의 해석학'에 기여한 것으로도 널리 알려져 있다. 철학자 리꾀르(Paul Ricoeur, 1913-2005)에 따르면, 마르크스 및 프로이트와 함께 니체는 다음과 같은 '의심의 대가'[22]로 간주되어야 한다.

> 그는 단지 '파괴적' 비판에 의해서만이 아니라, **해석** 기술의 발명에 의해 좀 더 진정한 말을 위한, 진리(Truth)의 새로운 지배를 위한 지평을 열었다.[23]

니체가 발전시킨 독특한 '해석 기술'은 20세기 독자들이 철학, 과학, 역사, 문학, 종교, 예술, 정신분석 및 정치를 포함해 인간이 노력해 온 넓은 범위의 분야에 걸쳐 정통에 도전하도록 영감을 주었다. 가령, 우리가 『도덕의 계보』에서 보듯이, 니체는 달갑지 않은 계보학적 비판의 관점에서 시든 도덕적 편견을 폭로하고, 기존의 관습을 전복하며, 수용된

---

22   Ricoeur, pp. 32-6.
23   Ricoeur, p. 33.

지혜를 뒤집고, 근대 후기 유럽 문화의 부풀려진 우상들을 씻어내기 위해 새로운 '해석의 기술'을 사용한다. 또한 우리가 『도덕의 계보』에서 보듯이, 그는 이런 의심들을 단순히 독자들을 즐겁게 하기 위해서만이 아니라, 또한 그들이 스스로 의심하고 대면할 것 같지 않은 편견들을 숙지시키기 위해 제기한다. 그가 믿기에, 고양된 의심의 요법은 필요하다. 왜냐하면 우리 '근대인들'은 우리 자신의 축소와 파괴에 공모하게 되었기 때문이다. 도덕의 실천을 통해 우리 자신에 대한 우리의 가장 높은 희망과 열망은 무에의 의지와 위험스럽게 얽히게 되었던 것이다.

또 『도덕의 계보』에서 드러난 새로운 '해석 기술'은 프랑크푸르트학파의 충실한 일꾼 아도르노(Theodor Adorno, 1903-63)와 호르크하이머(Max Horkheimer, 1895-1973)를 포함해서 비판 이론의 발전과 결부된 주도적 인물 몇 사람에게 영향을 미쳤다. 그들의 공저 『계몽의 변증법』(1947)은 『도덕의 계보』 세 번째 에세이에 나오는 니체의 학문 비판에서 나타난 몇 가지 통찰을 발전시켰다. 또 '의심의 대가'로서 니체의 영향은 폴 드 만(Paul de Man, 1919-83), 자크 데리다(Jacques Derrida, 1930-2004), 모리스 블랑쇼(Maurice Blanchot, 1907-2003), 사라 코프만(Sarah Kofman, 1934-94), 질 들뢰즈(Gilles Deleuze, 1925-95)와 같은 20세기 철학자와 비평가들의 저술에서 눈에 띈다. 각자의 다양한 방식으로 이들 저술가들은 우선, 의심할 수 없는 것을 의심하는 니체의 계보학적 실천을 이어받고자 하며, 둘째로, 이런 실천을 텍스트적, 사회적, 법적 및 정치적 관심에 적용시키려고 시도한다.

사회과학 연구에 대한 『도덕의 계보』의 영향은 역사와 인류학에 대한 포스트-구조주의적 접근의 발전에서 가장 두드러지게 나타난다. 니체의 가장 저명한 상속자 중 하나는 프랑스의 역사가이자, 철학자인 푸코(Michel Foucault, 1926-84)이며, 그는 니체에 대한 빚을 공개적으로 인정하면서 간혹 자신의 탐구를 '계보학'이라는 표제하에 수행했다. 니체가 『도덕의 계보』에서 가장 순종적인 학문의 실행자들에게 진리에 대한 의식되지 않은 그들의 믿음을 숙지시키기 위해 노력했듯이, 푸코는 사회과학의 지배적인 담론에 암암리에 영향을 미친 편견과 권력 관계를 폭로하려고 시도했다. 『사물의 질서』(1966)에서 푸코는 근대 학문의 실천을 가능하게 만들었던 에피스테메[24]를 기록할 수 있게 해준 사회과학의 '고고학'을 기도한다. 『감시와 처벌: 감옥의 탄생』(1975)에서 그는 『도덕의 계보』 두 번째 에세이에 나오는 형벌에 대한 중요한 논의를 바탕으로 이를 발전시킨다. 끝으로, 『성의 역사』에 관한 세 권의 탐구는 특히 근대적 주체를 성적 정상과 도착을 정의하려는 '학문적' 시도의 맥락에서 정의하면서 근대적 주체의 계보학을 제시한다.

인류학과 민족학의 발전에 대한 『도덕의 계보』의 영향은 『안티 오이디푸스』(1972)에서 『도덕의 계보』란 '근대 민족학의 위대한 책'[25]으로 간주되어야 한다고 선언한 들뢰즈와 가타리에 의해 확인된다. 그들은 원시 인간 사회가 몸에 '새기고', '부호화하고', 그리고 '흔적을 내는' 기억 유도 과정을 통해 인간 집단성의 조건을 **창조**할 필요가 있었다는 점을 『도덕의 계보』가 강조했기 때문에 특히 큰 영향을 받았다.[26]

---

24   역주-원래 에피스테메(episteme)는 그리스 철학에서 단순한 주관적 의견이나, 믿음(doxa)과 대립되는 객관적으로 검증된 이론적 지식을 뜻했다. 한편, 푸코가 말하는 에피스테메는 한 시대의 담론이나, 행위 등을 포괄적으로 규정하는 지식의 단층을 의미한다. 그런 특정한 에피스테메를 발굴해 내는 작업이 푸코가 말하는 고고학이라고 할 수 있다.

25   Deleuze and Guattari, p. 190.

26   Deleuze and Guattari, p. 190.

니체 연구를 계속하고 싶은 독자들은 영미권 이차 문헌 가운데 소중한
해설서 여러 권을 활용할 수 있을 것이다. Walter Kaufmann의 획기적
인 책, Walter Kaufmann's groundbreaking book, *Nietzsche: Philoso-
pher, Psychologist, Antichrist* (Princeton University Press, 1950)는 니
체 철학의 주요 테마들에 대해 접근하기 쉽고, 영향력 있는 안내서다.
Kaufmann의 책은 겉보기에 이질적인 니체의 가르침과 통찰의 내적
일관성에 집중했다는 점에서 특히 주목할 만하다.

   좀 더 최근의 주목할 만한 해석으로 다음이 있다: Richard Schacht's
Nietzsche (Routledge & Kegan Paul, 1983)는 전통적인 철학적 논쟁
에 대해 니체가 한 기여를 철저하게 검토하고 있다. Alexander Ne-
hamas의 *Nietzsche: Life as Literature* (Harvard University Press,
1985)는 잘 묘사된 문학적 모델을 바탕으로 자신의 삶을 보여주려는
시도라는 측면에서 니체 철학을 살핀다. Alan White의 *Within Ni-
etzsche's Labyrinth* (Routledge, 1990)는 니체가 제시한 가장 암울한
가르침들의 긍정적 핵심을 꿰뚫고자 노력한다. Paul van Tongeren의
Reinterpreting Modern Culture (Purdue University Press, 2000)는 현
대 문화에 대한 니체의 비판을 포괄적으로 소개하고자 한다. David Al-
lison의 *Reading the New Nietzsche* (Rowman & Littlefield, 2000)는
니체의 (『도덕의 계보』를 포함해) 가장 중요한 책 네 권에 대해 생생하

고, 읽기 쉬운 해석을 제공한다. 그리고 Robert Solomon의 *Living with Nietzsche* (Oxford University Press, 2003)는 실존 철학자로서 니체의 지속적인 매력을 보여준다. *The Good European: Nietzsche's Work Sites in Word and Image* (University of Chicago Press, 1997)에서 David Krell과 Donald Bates는 니체가 살고, 일했던 다양한 환경에 관한 사진으로 니체 철학에 대한 유익한 설명을 보완하고 있다. 니체 철학에 대한 또 다른 가치 있는 소개는 Robert Wicks가 쓴 *Stanford Encyclopedia of Philosophy* (at http://plato.stanford.edu/entries/nietzsche/) 항목에서 발견할 수 있다.

좀 더 전문적으로 초점을 맞춘 훌륭한 책들로 다음이 있다. John Wilcox의 *Truth and Value in Nietzsche* (University of Michigan Press, 1974)는 인식론과 가치 이론에 대한 니체의 기여를 검토한다. Bernd Magnus' *Nietzsche's Existential Imperative* (Indiana University Press, 1978)는 영원회귀 학설에 대한 영향력 있는 해석을 발전시킨다. Gary Shapiro의 *Nietzschean Narratives* (Indiana University Press, 1989)는 니체의 가장 야심적인 작품들에 영향을 미친 논의의 실마리를 풀어낸다. Henry Staten의 *Nietzsche's Voice* (Cornell University Press, 1990)는 가장 개인적인 니체 저술들의 '리비도 경제'를 서술한다. Maudemarie Clark의 *Nietzsche on Truth and Philosophy* (Cambridge University Press, 1990)는 진리의 본성에 대해 니체가 이해한 내용의 발전을 세심하게 분석한다. Alan Schrift의 *Nietzsche and the Question of Interpretation* (Routledge, 1990)은 해석학적인 유럽 철학 전통에 미친 니체의 영향을 평가한다. Laurence Lampert의 *Nietzsche and Modern Times* (Yale University Press, 1993)는 니체를 베이컨 및 데카르트와 함께 근대 철학의 비의적 기획 안에 위치시킨다. Babette

Babich의 *Nietzsche's Philosophy of Science* (SUNY Press, 1994)는 현대 과학 이론과 실천에 대한 니체의 비판을 검토한다. Graham Parkes의 *Composing the Soul* (University of Chicago Press, 1994)은 니체가 제시한 심층 심리학적 모델의 발전을 포괄적으로 설명한다. 그리고 R. Kevin Hill의 *Nietzsche's Critiques* (Oxford University Press, 2003)는 니체의 비판적 방법이 지닌 칸트식 구조를 조명한다. Julian Young의 *Nietzsche's Philosophy of Religion* (Cambridge University Press, 2006)은 소위 니체의 무신론이 틀렸음을 밝히고, 그의 지속적인 종교적 개입의 핵심을 분명히 그려낸다. 그리고 Bernard Reginster의 *The Affirmation of Life* (Harvard University Press, 2006)는 니힐리즘을 극복하려는 니체의 시도를 주의 깊게 평가한다. 주목할 만한 논문집으로는 다음과 같은 것들이 있다. *Nietzsche: A Critical Reader*, ed. Peter Sedgwick (Blackwell, 1995); *The Cambridge Companion to Nietzsche*, eds Bernd Magnus and Kathleen Higgins (Cambridge University Press, 1996); *Nietzsche*, eds John Richardson and Brian Leiter (Oxford University Press, 2001); *A Nietzschean Bestiary*, eds Ralph Acampora and Christa Davis Acampora (Rowman & Littlefield, 2004).

이용할 수 있는 훌륭한 니체 전기는 다음과 같다. R. J. Hollingdale의 *Nietzsche: The Man and his Philosophy* (Cambridge University Press, 2005); Ronald Hayman의 *Nietzsche: A Critical Life* (Penguin, 1982); and Rüdiger Safranski의 *Nietzsche: A Philosophical Biography* (W. W. Norton, 2002). 『도덕의 계보』 독자들은 좀 더 제한된 초점을 가진 다음 두 전기에 관심을 가질지 모른다. Ben MacIntyre의 *Forgotten Fatherland* (Farrar Straus Giroux, 1992)는 엘리자베스 니체(Elisabeth Förster-Nietzsche)가 식민지와 유럽에서 겪은 불운을 설명한다. Robin Small의 *Nietzsche and Rée: A Star Friendship* (Oxford University Press, 2005)은 파울 레 박사와 니체 간의 우정 형성과 해체를 밝힌다.

『차라투스트라는 이렇게 말했다』에 대한 더 깊은 이해를 얻기를 원하는 『도덕의 계보』 독자들은 운이 좋다. 지난 25년간 출간된 몇 가지 소중한 해설서에는 다음과 같은 것들이 있다. Laurence Lampert의 *Nietzsche's Teaching* (Yale University Press, 1986); Kathleen Higgins의 *Nietzsche's Zarathustra* (Temple University Press, 1987); Greg Whitlock의 *Returning to Sils Maria* (Peter Lang, 1990); Stanley Rosen의 *The Mask of Enlightenment* (Cambridge University Press, 1995); Robert Gooding-Williams의 *Zarathustra's Dionysian Modernism* (Stanford University Press, 2001); and T. K. Seung의 *Nietzsche's Epic of the Soul* (Lexington Books, 2005).

지난 30년간 또 정치적 사상가로서 니체에 대한 관심이 폭발했다. Tracy Strong의 획기적 책 *Friedrich Nietzsche and the Politics of Transfiguration* (University of California Press, 1975)은 인간과 인간 사회의 철저한 재구성을 계획한 니체의 기여를 광범위하게 다룬다. *Nietzsche and Political Thought* (MIT Press, 1988)에서 Mark Warren은 유럽 니힐리즘에 대한 니체의 진단을 검토하고, 니체 정치사상의 한계를 서술한다. Bruce Detwiler의 *Nietzsche and the Politics of Aristocratic Radicalism* (University of Chicago Press, 1990)은 급진적 정치에 대한 니체의 실험을 호의적으로 다룬다. Leslie Paul Thiele's *Friedrich Nietzsche and the Politics of the Soul* (Princeton University Press, 1990)은 영웅적 개인의 영혼을 기를 가능성에 니체가 몰두한 사

실의 정치적 함축을 탐구한다. *An Introduction to Nietzsche as Political Thinker: The Perfect Nihilist* (Cambridge University Press, 1994)에서 Keith Ansell-Pearson은 니체가 현대 정치 철학에 대해 한 다양한 기여를 신중하게 따져 본다. *Nietzsche: The Ethics of an Immoralist* (Harvard University Press, 1995)에서 Peter Berkowitz는 니체의 '비도덕주의'가 스스로 도달할 수 없다고 알고 있었던 목표—자기 신격화—를 실질적으로 가리킨다는 흥미로운 테제를 제시한다. David Owen의 훌륭한 연구인 *Nietzsche, Politics and Modernity* (Sage, 1995)는 근대 후기의 지배적 이상들, 즉 특히 정치적 자유주의 발생과 관련된 이상들을 니체가 반대한 사실을 균형 있게 평가한다. *A Nietzschean Defense of Democracy* (Open Court, 1995)에서 Lawrence Hatab는 민주주의적 운동과 개혁에 대해 대단히 파괴적인 니체의 반박을 견뎌낸다고 볼 수 있는 논쟁적(agonistic) 민주주의 모델을 강하게 옹호한다. *The Art of Power* (Lexington Books, 2007)에서 Diego von Vacano는 미적 형식과 내용을 정치 철학에 통합하려는 니체와 마키아벨리의 시도를 검토한다.

많은 재능 있는 학자들이 『도덕의 계보』를 연구 대상으로 선택해 왔다. Gilles Deleuze의 획기적 책, *Nietzsche and Philosophy* (Columbia University Press, 1983)는 두 번째 에세이에 나오는 **원한**으로부터 양심의 가책으로의 '이행'에 관한 영향력 있는 논의를 포함하고 있다. *Anti-Oedipus* (University of Minnesota Press, 1983)에서 Deleuze와 Félix Guattari는 근대 자본주의에 대한 탈정신분석학적 비판을 발전시킬 때, 『도덕의 계보』에 광범위하게 기대고 있다. Eric Blondel의 박식한 책, *Nietzsche: The Body and Culture* (Stanford University Press, 1991)는 몸과 문화를 진단하는 데 포함된 니체와 아주 유사한 기획들에 영향을 미친 연속성을 탐구한다. *Nietzsche's Genealogy* (Cornell University Press, 1995)에서 Randall Havas는 기발하게 『도덕의 계보』 (그리고 다른 저술들)가 니체의 비판적이고, 역사적인 방법을 상징한 다고 해석한다. Keith Ansell-Pearson의 예지력 있는 책, *Viroid Life* (Routledge, 1997)는 『도덕의 계보』에서 제시된 통찰들을 '신의 죽음' 에 뒤따를 수 있는 트랜스-휴먼적 미래에 관한 표현으로 바꾼다. *Nietzsche and the Problem of Sovereignty* (University of Illinois Press, 1997)에서 Richard White는 주권성(혹은 지배)이라는 중심 개념을 조 명하는 『도덕의 계보』(그리고 다른 저술들)에 대한 해석을 발전시킨 다. Aaron Ridley의 대단히 훌륭한 책, *Nietzsche's Conscience* (Cornell University Press, 1998)는 『도덕의 계보』에 나오는 니체의 주요 논의 를 호의적으로 재구성하는 한편, 또한 이 논의를 곤경에 빠트리는 실수 와 긴장을 밝힌다. Raymond Geuss의 인상적인 논문 모음집인 *Morality, Culture, and History* (Cambridge University Press, 1999)는 『도덕 의 계보』의 기획과 직접 관련된 두 장을 포함하고 있다. *Nietzsche's Ethics and his War on 'Morality'* (Oxford University Press, 1999)에 서 Simon May는 니체가 그리스도교 도덕에 대해 가한 비판의 정치적 맥락을 깊이 있게 검토한다. Brian Leiter의 정교한 연구, *Nietzsche on Morality* (Routledge, 2001)는 『도덕의 계보』의 몇 가지 가장 중요한 장과 논의를 상세히 해설한다. John Richardson의 가치 있는 책, *Nietzsche's New Darwinism* (Oxford University Press, 2004)은 니체가 『도덕의 계보』에서 (그리고 다른 곳에서) 옹호하고자 한 자연 선택 방 식에 대한 설득력 있는 해석을 제공한다. David Owen의 반가운 새 책, *Nietzsche's Genealogy of Morals* (Acumen, 2007)는 니체가 주장한 '모 든 가치의 전도'에 대해 『도덕의 계보』가 계획적으로 기여한 점을 엄격

하고, 명확하게 설명한다. 끝으로, Christopher Janaway의 최근 저술, *Beyond Selflessness: Reading Nietzsche's Genealogy* (Oxford University Press, 2007)는『도덕의 계보』에 관한 훌륭하고, 섬세한 독해를 제공하고 있으며, 쇼펜하우어 및 레와 니체가 스스로 거리를 두려는 분투의 복잡성을 조명하고 있다. 두 가지 편집된 책을 여기서 언급할 만하다. Richard Schacht의 *Nietzsche, Genealogy, Morality* (University of California Press, 1994); Christa Davis Acampora의 *Nietzsche's On the Genealogy of Morals: Critical Essays* (Rowman & Littlefield, 2006). 끝으로, Clark와 Swensen, Smith, Diethe 각각이 출간한『도덕의 계보』번역본은 모두『도덕의 계보』를 읽는 데 도움을 주는 소개 에세이와 설명을 포함하고 있는『도덕의 계보』에 관한 여러 편집본에 모두 등장한다.

참고문헌

Acampora, C. D. (2006) 'On sovereignty and overhumanity: why it matters how we read Nietzsche's *Genealogy* II: 2', in *Nietzsche's* On the Genealogy of Morals: *Critical Essays*, ed. Christa Davis Acampora. Lanham, MD: Rowman & Littlefield, pp. 147-62.

Aschheim, S. E. (1992) *The Nietzsche Legacy in Germany 1890-1990*. Berkeley: University of California Press.

Ansell Pearson, K. (1997) *Viroid Life: Perspectives on Nietzsche and the Transhuman Condition*. London: Routledge.

Brandes, G. (1914) *Friedrich Nietzsche*, trans. A. G. Chater. London: William Heinemann.

Deleuze, G. and Guattari, F. (1983) *Anti-Oedipus: Capitalism and Schizophrenia*, trans. Robert Hurley, Mark Seem and Helen R. Lane. Minneapolis: University of Minnesota Press.

Freud, S. (1961) *Civilization and Its Discontents*, trans. James Strachey. New York: W. W. Norton & Co.

Gemes, K. (2006) '"We remain of necessity strangers to ourselves": the key message of Nietzsche's *Genealogy*', in *Nietzsche's* On the Genealogy of Morals: *Critical Essays*, ed. Christa Davis Acampora. Lanham, MD: Rowman & Littlefield, pp. 191-208.

Hatab, L. (1997) *A Nietzschean Defense of Democracy*. Chicago: Open Court.

Hayman, R. (1982) *Nietzsche: A Critical Life*. New York: Penguin Books.

Janaway, C. (2007) *Beyond Selflessness: Reading Nietzsche's* Genealogy. Oxford: Oxford University Press.

Leiter, B. (2001) *Nietzsche on Morality*. London: Routledge.

Loeb, P. S. (2007) 'Suicide, meaning, and redemption', in *Nietzsche on Time and History*, ed. Manuel Dries. Berlin: Walter de Gruyter.

MacIntyre, B. (1992) *Forgotten Fatherland: The Search for Elisabeth Nietzsche*. New York: Farrar Straus Giroux.

Migotti, M. (2006) 'Slave morality, Socrates, and the Bushmen: a critical introduction to *On the Genealogy of Morality, Essay I*', in *Nietzsche's On the Genealogy of Morals: Critical Essays*, ed. Christa Davis Acampora. Lanham, MD: Rowman & Littlefield, pp. 109–30.

Nietzsche, F. (1980) *Sämtliche Werke: Kritische Studienausgabe in 15 Bänden*, ed. G. Colli and M. Montinari. Berlin: dtv/de Gruyter.

_____ (1986) *Sämtliche Briefe: Kritische Studienausgabe in 8 Bänden*, ed. G. Colli and M. Montinari. Berlin: dtv/de Gruyter.

_____ (1996) *On the Genealogy of Morals*, trans. Douglas Smith. Oxford: Oxford University Press.

_____ (1998) *On the Genealogy of Morality*, trans. Maudemarie Clark and Alan J. Swensen. Indianapolis: Hackett.

_____ (2006) *On the Genealogy of Morality*, trans. Carol Diethe, ed. Keith Ansell Pearson. Cambridge: Cambridge University Press.

Nordau, M. (1993) *Degeneration*, trans. unattributed. Lincoln, NE: University of Nebraska Press.

Orkin, J. D. (2005) ˙Nietzsche's Greatest Handicap: A Comparative Analysis of Zahavi's Handicap Principle and *On the Genealogy of Morals*˙. Unpublished seminar paper, Pennsylvania State University, University Park, PA.

Owen, D. (2007) *Nietzsche's Genealogy of Morality*. Stocksfield: Acumen Publishing.

Pippin, R. B. (2006) ˙Lightning and Flash, Agent and Deed (GM 1:6–17),˝ in *Nietzsche's* On the Genealogy of Morals: *Critical Essays*, ed. Christa Davis Acampora. Lanham, MD: Rowman & Littlefield, pp. 131–145.

Richardson, J. (2004) *Nietzsche's New Darwinism*. Oxford: Oxford University Press.

Ricoeur, P. (1970) *Freud and Philosophy: An Essay on Interpretation*, trans. Denis Savage. New Haven: Yale University Press.

Ridley, A. (1998) *Nietzsche's Conscience: Six Character Studies from the Genealogy*. Ithaca, NY: Cornell University Press.

Risse, M. (2001) ˙The Second Treatise in *On the Genealogy of Morality*: Nietzsche on the origin of the bad conscience˙, in *European Journal of Philosophy* 9:1, 55–81.

Safranski, R. (2002) *Nietzsche: A Philosophical Biography*, trans. Shelley Frisch. New York: W. W. Norton.

Spencer, H. (1866) *The Principles of Biology, Volume I*. New York: D. Appleton and Co.

Thatcher, D. S. (1989) ˙*Zur Genealogie der Moral*: some textual annotations˙, *Nietzsche-Studien* 18, 587–99.

White, R. (1997) *Nietzsche and the Problem of Sovereignty*. Champaign, IL:

University of Illinois Press.

Wilcox, J. T. (1997) 'What aphorism does Nietzsche explicate in *Genealogy of Morals*, Essay III?' in *Journal of the History of Philosophy* XXXV/4, 593–610.

Yovel, Y. (1998) *Dark Riddle: Hegel, Nietzsche, and the Jews*. University Park, PA: Penn State Press.

Zahavi, A. and Zahavi, A. (1997) *The Handicap Principle: A Missing Piece of Darwin's Puzzle*. Oxford: Oxford University Press.

찾아보기